PREFACIO POR NANCY PEARCEY

EN DEFENSA DE LA FE DE NUESTROS HIJOS

*Enseñando a sus hijos a desafiar
las mentiras de la cultura*

HILLARY MORGAN FERRER
Editora General

"Actualmente, y como nunca antes, nuestros hijos tienen acceso a todo tipo de información, incluyendo ataques contra el cristianismo y la existencia de Dios. Los jóvenes enfrentan el escepticismo mucho antes de entrar a la universidad y el colegio. Lo encuentran en línea aun estando todavía *viviendo en casa*. Esa es la razón por la que nosotros como *padres* somos los primeros apologetas que tendrán nuestros hijos. *En defensa de la fe de nuestros hijos* es un libro que le ayudará a entender los desafíos para que pueda responder a las preguntas de sus hijos y prepararlos para ser seguidores convencidos de Cristo".

J. Warner Wallace
Detective en el programa Caso Frío ("Cold Case"), profesor adjunto de Apologética de la Universidad Biola; autor de los libros Caso frío del Cristianismo ("God´s crime scene") y Fe forense ("Forensic Faith") y creador de la academia de elaboradores de casos para niños.

En defensa de la fe de nuestros hijos, es una mirada incisiva y divertida a las ideas falsas en las que se ahogan los niños de hoy en día, a menudo bajo las narices de madres cristianas bien intencionadas, pero que no lo saben. Me encanta que va directo al corazón del problema en cada capítulo del libro, con suficiente información para proveer un contexto que nos ayude y los puntos principales para entender el tema, pero no tan profundo que nos deje apabulladas. Si cada madre cristiana leyera y aplicara intencionalmente este libro en su papel de mamá, transformaría de forma definitiva a la siguiente generación. *Por favor*, léalo y luego compártalo con una amiga.

Natasha Crain
Oradora nacional, bloguera y autora de Cómo Mantener a sus Hijos del Lado de Dios "(Keeping your Kids on God´s Side") y Cómo Hablar con sus Hijos acerca de Dios ("Talking with your Kids about God").

Es muy emocionante ver que este libro por fin salió a la luz. Recientemente ha habido un movimiento muy significativo de mujeres dentro de la iglesia que han enarbolado el papel preponderante de la apologética a la hora de criar a la siguiente generación. *En defensa de la fe de nuestros hijos* es el resultado de su colaboración mutua, oraciones y experiencias. Esto nos ofrece tanto las meditaciones sobre la cultura contemporánea como la forma práctica de conectar a los jóvenes con las verdades bíblicas. Desearía que todas las mujeres cristianas leyeran este libro y se lo recomendaran a sus amigas.

Sean Mcdowell, PhD
Autor, conferencista, profesor

¡Estoy muy emocionada por ver un libro de este calibre escrito para madres! *En defensa de la fe de nuestros hijos* es atractivo y accesible, sin minimizar la seriedad del tema que aborda. Estoy muy complacida de manera personal porque se incluyen los capítulos acerca del así llamado cristianismo progresivo y el postmodernismo. Los lectores obtendrán herramientas útiles para desenmascarar algunas de las ideologías más peligrosas que han impregnado a nuestra cultura contemporánea y podrán equipar a sus hijos para actuar en concordancia.

Melissa Cain Travis, PhD
Autora de La Ciencia y la Mente del Creador: Lo que la Conversación Entre la Fe y la Ciencia Revela Acerca de Dios ("Science and the Mind of the Maker: What the Conversation between Faith and Science Reveals About God).

¡Sobresaliente! *En defensa de la fe de nuestros hijos* describe con gran destreza las mentiras de la cultura, cómo reconocerlas y cómo derrotarlas de manera lógica y compasiva. Encontramos humor en este libro, como el método del discernimiento de masticar y escupir para saber si el progresismo, feminismo, socialismo y otros *ismos* están de acuerdo o se alejan de las enseñanzas bíblicas. Los capítulos concluyen con preguntas para meditar, lo cual es perfecto para usarlo en grupos pequeños.

Jean E. Jones
Coautora de Descubriendo el Gozo en Filipenses ("Discovering Joy in Philippians") y Descubriendo a Jesús en el Antiguo Testamento ("Discovering Jesus in the Old Testament").

Este equipo de mujeres pensadoras bajo el liderazgo de Hillary Morgan Ferrer ha logrado hacer atractivo, accesible, inteligente y relevante un libro de Apologética. Abordan y responden las preguntas que intimidan a los padres cristianos y lo hacen con gozo y humor, lo cual es una habilidad muy peculiar, Este es el tipo de libro que las iglesias deben adquirir en grandes cantidades para que todo mundo pueda leerlo y discutirlo. Este libro de seguro fortalecerá la confianza de las familias cristianas y será un parteaguas a todo lo largo y ancho del mundo.

Craig J. Hazen, PhD
Apologista de la Universidad de Biola, Autor de Oración Temeraria ("Fearless Prayer")

¡Brillante, lleno de humor, conversacional, un libro que todo mundo debe leer! Porque trata de la importancia de la Apologética para cualquiera que se interese en las generaciones actuales y las futuras. Esta perspectiva fresca, presentada por mujeres, es exactamente lo que se necesita en la Apologética. Todo mundo, no solo los padres, deben aprender el método del discernimiento de masticar y escupir, cómo RUGIR como una madre y asumir las consecuencias del robo lingüístico. El claro llamado de la mamá osa es providencial, "si te metes con nuestros hijos, ¡vamos a derribar tus argumentos!"

Laurie A. Stewart
Presidenta de Mujeres en la Apologética

En defensa de la fe de nuestros hijos es una brillante colaboración para todas las mujeres que están preocupadas por las mentiras e ideologías que se han infiltrado tanto en nuestra sociedad como en la iglesia, y que se oponen al conocimiento de Dios. Es para las madres que quieren proteger la mente y el alma de sus hijos. *La Mamá cuidadosa* le equipará para responder a las preguntas difíciles, promoverá en usted y sus hijos el pensamiento crítico y le animará, a través de la oración y la conversación, a crecer en su fe. Este libro inspirará y fortalecerá a su familia, y lo recomiendo ampliamente para que esté en todos los hogares, en grupos pequeños y en su iglesia.

Rodney Lake
Director nacional de la fundación de Nueva Zelanda
"Es importante cómo pensamos".

El libro de la *Mamá cuidadosa* aterriza en la escena de la Apologética para ayudar a las mamás cristianas a navegar por las arenas movedizas y, con frecuencia peligrosas, de la ideología de la cultura occidental postmoderna. Las autoras entienden que al mismo tiempo que las mamás tienen dificultad para invertir tiempo para aprender Apologética, están preocupadas por lo que sus hijos están aprendiendo de los influyentes personajes culturales. Así que las mamás cuidadosashan provisto respuestas a nivel accesible, utilizando historias y el humor para vivir una experiencia informativa que se puede disfrutar, al mismo tiempo que tienen un acercamiento compasivo y amoroso para tratar los temas difíciles. Este libro preparará a las mamás a ¡RUGIR como una madre osa!

Mary Jo Sharp
Profesora asistente der Apologética en la Universidad Bautista de Houston. Directora del ministerio Apologética Cristiana de Confianza.

EN DEFENSA DE LA FE DE NUESTROS HIJOS

Nancy Pearcey

HILLARY MORGAN FERRER
Editora General

CENTRO DE LITERATURA CRISTIANA

Colombia:
ventasint@clccolombia.com
editorial@clccolombia.com

Chile:
Cruzada de Literatura Cristiana
santiago@clcchile.com
Santiago de Chile

Ecuador:
Centro de Literatura Cristiana
ventasbodega@clcecuador.com
Quito

México:
www.clcmexicodistribuciones.com
direccion@clc-mexico.com
editorial@clccolombia.com

Panamá:
Centro de Literatura Cristiana
viaespana@clcpanama.net - 2298100
Panamá

Perú:
Jr. Pachitea 264
Lima, 15001 - +51 991914716
libreria1_clcperu@yahoo.com

Uruguay:
Centro de Literatura Cristiana
libros@clcuruguay.com
Montevideo

USA:
CLC Ministries International
churd@clcpublications.com
Fort Washington, PA

Venezuela:
Centro de Literatura Cristiana
distribucion@clcvenezuela.com
Valencia

EDITORIAL CLC
Diagonal 61D Bis No. 24-50
Bogotá, D.C., Colombia
editorial@clccolombia.com /www.clccolombia.com

En defensa de la fe de nuestros hijos - ISBN: 978-958-5163-27-0

Diseño técnico y edición: Editorial CLC
Traducción: Elizabeth Cantú Saldaña, Puebla, México.
Impreso en Colombia- Printed in Colombia

Somos miembros de la Red Letraviva: www.letraviva.com

*Para Leslie, Ann y Jan, las mamás cuidadosas
que se fueron antes de tiempo*

*Dedicado a todos nuestros hijos . Que aprendan bien a
"masticar y escupir", pero no en la mesa del comedor.*

*Lucas y Joe
Elías y Jonás
Ana y Raquel
Will y Dalton
Dylan y Ayden
Carli, Ben y Sam
Connor y Lucas
Kai, Levi y Toby
Morgan y Carter
Darby, Avery, Riley y Brett*

Reconocimientos

Para iniciar, todas queremos agradecer a nuestros esposos, John, Todd, Howard, Bill, Lee, Kyle y Mike, por la forma en que nos apoyaron durante este proyecto. Tuvieron que aguantar las llamadas virtuales nocturnas, nuestras interminables cadenas de texto y las horas de escribir y volver a escribir. Nos sentimos honradas de llamarnos sus amadas. (Cada una en lo individual. No de forma colectiva. Esta no es una secta).

Me gustaría agradecer a todas las "mamás osas" que trabajaron incansablemente para hacer este proyecto de grupo todo un éxito. Estoy muy orgullosa de la labor rendida, y aunque cada capítulo lleva nuestro nombre, cada uno tiene un poquito de cada una de nosotras. Un agradecimiento especial para Hillary Short por ser un ninja de las citas y por corregir el desastre que eran las notas finales del capítulo 1. Hay recompensas especiales en el cielo para ti, mi amiga. También agradezco a nuestros amigos y eruditos que revisaron los capítulos y nos dieron su retroalimentación, Chris y Alice Morgan y su grupo pequeño, Beth Barber, Amanda Burger, Jody Vise, Leslie Horton, Lindsey Medenwaldt, Blake Reas, Justin Bass, Katie Peterson, Elena Doepel, Gordon Sterling, Marcia Montenegro, Diane Werner, Ryan Huxley y Steve Cable por su incansable labor en el éxodo juvenil.

Y gracias a todos aquellos que nos ofrecieron apoyo emocional durante este primer proyecto, Natasha Crain, por siempre prestar un oído para escuchar nuestras ideas. A

Sean Mcdowell por ayudarme a navegar en este primer libro compilado. A Nancy Pearcey por creer en la misión de *En defensa de la fe de nuestros hijos*. A Craig Hazen que nunca está demasiado ocupado para hablar conmigo cuando necesito su guía. A Terry y Steve por ser editores increíbles. Y finalmente, a nuestro Señor Jesús sin el cual no tendríamos nada de sustancia que decir.

Contenido

SEGUNDA PARTE:

MENTIRAS QUE QUIZÁ ESCUCHASTE, PERO NO SABÍAS CÓMO SE LLAMABAN

PALABRAS FINALES DE ALIENTO

Prefacio

Nancy Pearcey

Abandoné mi herencia cristiana a la mitad de la preparatoria y esa es la razón por la que apoyo totalmente la misión de *En defensa de la fe de nuestros hijos.*

Dios les ha dado a los padres la responsabilidad principal de la educación espiritual de sus hijos. En la época pasada era común que los padres transfirieran esa responsabilidad a la iglesia, al grupo juvenil o a la escuela cristiana. Pero eso ya no es posible. En una era cada vez más secularizada, es más evidente que nunca, reconocer que los padres están en la línea de batalla para preparar a sus hijos al enfrentar una sociedad que ataca al cristianismo con cuestionamientos u hostilidad abierta.

Hace unas décadas, cuando era adolescente, las presiones de vivir en una cultura secular eran tan severas, que me hicieron cuestionar el cristianismo que mis padres me enseñaron. (Y no solamente yo: de mis cinco hermanos, solamente dos perseveraron en el cristianismo hasta su edad adulta). En la escuela pública a la que fui, los maestros eran seculares, los libros de texto también y la mayoría de mis amigos o eran judíos o no creyentes. Conocía algunos pocos cristianos, pero eran liberales teológicamente hablando. Cuando visité su iglesia, se colocaban en un círculo, se tomaban de las manos y cantaban el canto de los derechos civiles "venceremos". No me sentí impresionada. Parecía que solamente estaban poniendo una fachada sobre el progresismo secular.

Era obvio que en mi escuela y en los círculos sociales, los cristianos teológicamente conservadores eran una pequeña minoría. Pero yo me preguntaba: ¿Por qué piensan que solo ellos están en lo correcto y todos los demás no?

Así que comencé a preguntarme: "¿Cómo sabemos que el cristianismo es la verdad?"

Así nada más. Nada acerca del problema del mal y del sufrimiento; nada acerca de cómo un Dios bueno podría mandar a la gente al infierno; ninguna de las preguntas típicas que hacen los jóvenes. Solo la pregunta más fundamental de todas. ¿Cómo sabemos que es verdad?

Nadie podía darme la respuesta.

Mis padres son escandinavos. Del lado de mi padre, mis abuelos cruzaron el océano desde Suecia y del lado de mi madre, mis bisabuelos provenían de Noruega. En esos países la iglesia estatal ha sido luterana por siglos. Como resultado, mis padres se sentían confundidos por mis preguntas. Parecía que su única convicción era: "Pero, pero... somos escandinavos. ¿Qué más podríamos ser, sino luteranos?"

Mi pastor no había estudiado Apologética, así que tampoco me podía dar respuestas. Uno de mis tíos era decano de un seminario luterano así que pensaba que él tendría respuestas más sustanciales. Pero todo lo que me dijo fue: "no te preocupes, todos tenemos dudas en ocasiones".

¿Dónde puede un padre encontrar la guía para responder preguntas acerca de Dios?

En defensa de la fe de nuestros hijos se lanza a la brecha. Con ejemplos de la vida real y comunes de sus propias familias y vidas, están haciendo más clara la Apologética y accesible para padres ordinarios. Este libro le equiparará para comenzar con una noción básica de las preguntas que se hacen hoy los jóvenes, que son preguntas que seguramente sus hijos también se han hecho.

Hasta ahora, las mujeres se han interesado en la Apologética en menor proporción que los hombres. Pero eso está cambiando rápidamente, en especial entre las mujeres que tienen hijos. En el año 1991 fui la editora fundadora de "BreakPoint" (Punto de Quiebre) que es un programa de radio nacional diario que presenta Chuck Colson. A pesar de que el programa solo era de cinco minutos, mi meta como editora era asegurarme que cada emisión de "BreakPoint" diera a los oyentes una cápsula del punto de vista cristiano y de enseñanza apologética. En los comentarios que escribí y edité para la radio, me aseguraba de que el programa usara eventos contemporáneos como trampolín para ilustrar a los radioescuchas los puntos de vista seculares escondidos en la raíz de las tendencias sociales. La meta era educar a los oyentes en cuanto a pensar de manera crítica respecto a los puntos de vista seculares y ofrecer una respuesta cristiana.

En resumen, "BreakPoint" tenía como meta enseñar Apologética en un formato muy accesible. Y esto es lo que descubrimos. Cuando cubríamos los temas que concernían a los padres, ahí es donde se encendía la chispa y teníamos una reacción mucho más amplia.

La forma en que nos conectábamos con las respuestas era por medio de llamadas. Cuando a los oyentes les gustaba un programa, se les animaba a que llamaran para pedir la copia del escrito. (Esto funcionó así los primeros años, hasta que la demanda fue tan grande, que tuvimos que subcontratar un servicio que lo hiciera). Era muy evidente cuáles eran los temas que llamaban la atención de la mayoría de los que se comunicaban con nosotros; cualquier cosa que les ayudara como padres a entrenar a sus hijos. Los números siempre alcanzaban picos altos cuando hablábamos de temas relacionados con la educación (lo que se enseña en las escuelas públicas), entretenimiento (películas para niños y video juegos), literatura (libros para niños y jóvenes adultos) y la evolución (dándole herramientas a los padres para ayudarles a responder a sus hijos las preguntas que les presenta la ciencia).

Lo que aprendimos es que mucha gente podría no estar muy interesada en la Apologética por sí misma. Después de todo, para cuando llegan a la edad adulta, muchos de ellos han logrado responder a las preguntas que tenían de jóvenes. Pero les interesa mucho saber cómo ayudar a sus hijos a seguir siendo cristianos. Y están conscientes de que sus hijos enfrentan preguntas mucho más difíciles que cualquier otra generación previa.

Esa es la razón por la que este es el tiempo ideal para este libro y ejercer la *defensa de la fe de nuestros hijos*. Con cada nueva generación hay cambios de puntos de vista, lo cual significa que las preguntas que usted y yo nos hacíamos podrían no ser las mismas que tienen nuestros hijos hoy. No podemos simplemente confiar en lo que ya sabemos y pasarlo a nuestros hijos. El mejor motivador para la Apologética es el amor: debemos amar lo suficiente a nuestros hijos como para escucharlos y hacer el difícil trabajo de encontrar respuestas a sus preguntas.

Desde mi perspectiva, los padres son los que están mejor equipados para esta labor. ¿Por qué? Porque la Apologética efectiva requiere empatía. Deben estar dispuestos a escuchar con atención para entender de dónde vienen las preguntas. ¿Qué ideas están teniendo los hijos? ¿Qué mensajes culturales están escuchando? ¿Cuáles son las presuposiciones que no se dicen detrás de esos puntos de vista? La misma experiencia diaria de su interacción con sus hijos les da a los padres la oportunidad de desarrollar habilidades de empatía y comunicación.

Nunca es demasiado pronto para empezar. El hijo de ocho años de una amiga les preguntó a sus padres: "La gente de otras religiones creen que están en lo correcto acerca de sus dioses, y nosotros creemos que estamos bien acerca de Dios. ¿Cómo sabemos quién está en lo correcto?" Sus hijos podrían estar haciéndose esa misma pregunta. ¿Sabe usted cómo responderles?

Y tenemos un bono adicional: al responder las preguntas de sus hijos, al mismo tiempo, Dios lo está entrenando a usted para ayudar a amigos, familiares, miembros de la iglesia y vecinos, porque se necesitan las mismas habilidades para comunicar la verdad de Dios a cualquier persona. Mi primer trabajo profesional de escritura se trató de una revista semanal de ciencia para niños del primero al tercer grado de primaria. Un poco después, tuve un ascenso en la organización y comencé a trabajar con los chicos de cuarto a sexto grados de primaria. Con el tiempo comencé, a escribir para los alumnos de secundaria, y luego de preparatoria. En retrospectiva, puedo ver que ese trabajo me dio un entrenamiento sobresaliente en cuanto a cómo explicar los conceptos de manera simple y clara para cualquier audiencia. (Animo a mis alumnos que desean llegar a ser escritores a comenzar a hacerlo para niños). De la misma manera, cuando usted acepte el llamado de educar a sus propios hijos, Dios le estará preparando para un ministerio más amplio que se presentará cuando sus hijos hayan madurado y se hayan ido de su hogar.

Permítame hacerme a un lado y presentarle la *En defensa de la fe de nuestros hijos*. En las siguientes páginas obtendrá la sabiduría que le ayudará a escuchar bien a sus hijos, discernir sus pensamientos y cuestionamientos, y luego a guiarlos a pensar de manera crítica y bíblica respecto a la cultura postmodernista que enfrentan. Es un gran honor que cada uno seamos llamados por Dios para estar al lado de los jóvenes, formando sus mentes y discernimiento. *En defensa de la fe de nuestros hijos* es un excelente apoyo y guía en ese camino.

Nancy Pearcey
Autora de La Verdad Completa ("Total truth") y
Cómo Encontrar la Verdad ("Finding truth")

Protegiendo a sus hijos de las garras del enemigo a la manera de un oso

Hace varios años, a mi esposo y a mí nos pidieron ser auxiliares en una clase de Apologética en la iglesia de mis padres. Fue ahí donde conocimos a una mujer llamada Jody. Un día, Jody se puso de pie y nos contó su historia. Había criado dos hijos en la iglesia. Asistieron a OANSA, al grupo de jóvenes y a la Iglesia todos los domingos. Uno de ellos pidió que se le volviera a bautizar después de su primer año en la universidad. ¡Eso es todo! Pensó ella. Después de que su hijo obtuviera su primer trabajo después de la universidad, su mundo se puso de cabeza. En una de las visitas de fin de semana, su hijo confesó que ya no creía en Dios. Estaba siguiendo el ejemplo de su jefe que era ateo y que lo había convencido de que "Jesús era igual a Santa Claus y al ratón de los dientes". ¿Qué más podía haber hecho yo? Se preguntaba la madre.

Entonces Jody le contó a la clase cómo manejó esa situación. Por dentro sentía que el mundo se le venía encima. (¿A quién no?). Sin embargo, por fuera escuchó a su hijo, le hizo algunas preguntas y trató de entender qué había causado tan drástico cambio en su vida. Ella le pidió que le contara cuáles eran sus objeciones principales y preguntas. Cuando su hijo se fue a su casa, Jody, que era instructora de gimnasia, se sumergió en el mundo no conocido del estudio y la erudición cristiana, buscando frenéticamente las evidencias que pudieran rebatir las objeciones de su hijo. Ella no pidió verse involucrada en algo así. Ella no lo quería así.

¡Pero el destino eterno de su bebé estaba en juego! ¿Qué más podía hacer un padre o una madre cuidadoso? Ella vio al *bulldozer* filosófico caer sobre su hijo y brincó con sus garras listas, como lo hace cualquier mamá cuidadosa , intentando salvarlo, aunque eso significara que ella tuviera que estudiar Apologética.

Estaba impactada de que su iglesia no la hubiera preparado (o a su hijo) para enfrentar el antagonismo de la cultura contra el cristianismo. Jody invirtió los siguientes años tratando de responder las preguntas de su hijo y caminar con otros padres que habían vivido lo mismo con sus hijos.

Después de escuchar su historia, una pequeña semilla se sembró en mi mente, la cual después de varios años floreció y dio su fruto en el ministerio de *En defensa de la fe de nuestros hijos* y del libro que usted está leyendo en este momento.

Me gustaría decirle que la historia de Jody es rara, pero no lo es. Los niños están teniendo que enfrentar los ataques al cristianismo a edades cada vez más jóvenes (véase el capítulo 1). En respuesta a ello podemos hacer una de dos, o enfocarnos en las preguntas mismas o analizar más de cerca las filosofías del mundo que están detrás de las preguntas. He comparado al método de "solo responder preguntas" con el juego de "aplasta al topo". ¿Conoce ese juego de las ferias? Se trata de pequeños topos que brincan inesperadamente de diferentes hoyos y el jugador tiene que aplastarles la cabeza para ganar puntos. Es importante responder a las preguntas difíciles de la fe, pero es como el juego de aplastar al topo. En cuanto has respondido una, va a surgir otra más.

¿Qué pasaría si pudiéramos entrenar a nuestros hijos para pensar bíblicamente antes de que se presenten las preguntas que desafían su fe? Pensar bíblicamente no se trata solo de conocer versículos bíblicos (¡aunque ese es un excelente punto de partida!). No; pensar bíblicamente se trata de tomar lo que sabemos de la Biblia y entender cómo los principios que se nos presentan se aplican a nuestra situación diaria. ¡Ese es el tipo de pensadores bíblicos que queremos que sean nuestros hijos!

Piense que las ideas son como semillas. Si la semilla crece o no, lo determina el tipo de terreno en el que se planta (y si la regamos o no). Necesitamos nutrir el terreno intelectual de nuestros hijos para que cuando lleguen las ideas equivocadas (ese momento llegará), no puedan crecer. No queremos que nuestros hijos piensen que deben escoger entre Dios y la ciencia, porque ya hemos hecho el trabajo de preparar su terreno intelectual para que sepan que la ciencia y la fe no son contrarias, y nunca lo fueron (capítulo 6). No queremos que nuestros hijos piensen que el gobierno puede salvarlos, porque ya saben que la batalla ha sido conquistada por Cristo y sólo Él es el Salvador (capítulo 13). Queremos que ellos sepan lo que es una evidencia confiable para que nunca puedan decir que "no hay evidencia alguna de Dios" (capítulo 7). Queremos que entiendan que la verdad es exclusiva, y que excluye la falsedad (capítulo 11).

Estos principios son fundamentales en todo lo que enseña la Escritura. Si permitimos que los fundamentos se erosionen, dejamos a nuestros hijos como presa fácil de la duda y el pensamiento mundano. Después de todo, ¿cómo pueden nuestros hijos aceptar la verdad de Cristo a menos que ya hayan conocido que la verdad sí existe y que no está sujeta a interpretación (capítulo 8)? ¿O cómo sabrán acercarse a Jesús para que les ayude, si se les ha enseñado que todo lo que tienen que hacer es ver en su interior y que todo lo que necesitan reside en su interior (capítulo 5)?

Las mentiras de la cultura son como hierbas malas que quieren enseñorearse del jardín de la mente de nuestros hijos. Se deben detener las mentiras y se detienen contigo, ¡Mamá Osa! ¿Temes que la Apologética no sea para ti? Está bien. No leas este libro solo para ti. Si no tienes ninguna otra razón para leerlo, hazlo nada más para saber lo que el mundo le está enseñando a tus hijos las más de ocho horas al día que pasa fuera de su hogar lejos de ti. Léelo para que puedas reconocer las mentiras y ayudes a tus "oseznos" a reconocerlas también.

Hemos estructurado este libro para que sea informativo y no condenatorio. No estamos aquí para señalar a nadie ni a las creencias que no nos gustan. Más bien, nuestra meta es levantar un ejército de "mamás y papás osos" que disciernan y que puedan tomar una idea, identificar los aspectos positivos, distinguir los malos y aceptar lo bueno y rechazar lo malo (capítulo 3). Nuestro trabajo como papás es proteger a nuestros hijos sin importar de dónde vengan las amenazas. Protegerlos podría implicar aislar a nuestros hijos por un tiempo, pero esa es una solución de corto plazo. Debemos prepararlos para que no queden desprotegidos en el futuro. La mayor y mejor protección que podemos darles es equiparlos para enfrentar directamente las mentiras de la cultura, al mismo tiempo que responden con gracia, amor y dulzura. No es suficiente con decirles cuáles son las ideas que se levantan contra Dios (2 Corintios 10:5). Debemos entrenarlos para utilizar el pensamiento crítico durante su lectura de libros, al ver una película, escuchar una canción, y sí, ¡hasta cuando escuchan una predicación!

No queremos que nuestros hijos vean a su alrededor en blanco y negro, porque francamente no vivimos en un mundo de *comics*. Queremos que se den cuenta de que las verdades bíblicas y las mentiras culturales pueden aparecer donde sea y en cualquier momento. No queremos que nuestros hijos vivan en temor, pero sí con discernimiento. Queremos que puedan ver a Cristo en el arte, las películas, la ciencia, la historia y la música y en todas las cosas, porque Dios es Señor sobre todas las cosas. No queremos que asuman que todo lo que observan en el arte, películas, ciencia, historia o música revela la verdad de Dios.

Con suficiente práctica, nuestros hijos no tendrán que estar pensando acerca de la forma en que reciben o rechazan las ideologías o puntos de vista que el mundo les presenta. Será como la respiración. No inhalamos el 100% de oxígeno. Inhalamos una combinación de oxígeno, dióxido de carbono, nitrógeno y atmósfera. Nuestro cuerpo está diseñado para tomar el oxígeno y exhalar todo lo demás. Si los padres hacemos bien nuestro trabajo, y espero que este libro les ayude en ese propósito, entonces nuestros hijos podrán interactuar con esta cultura con gracia, amor y pensamiento crítico, inhalando el oxígeno espiritual y exhalando todo lo demás, de forma que les será tan natural como respirar. Esta habilidad no se obtiene de la noche a la mañana, y primero necesitamos aprenderla nosotras.

Así que, ¡prepárense padres! Es momento de aprender cuáles son las mentiras de la cultura y ¡rujan como osos!

PRIMERA PARTE:

¡LEVÁNTENSE, PADRES!

LLAMADO A TODOS LOS PADRES

¿Por qué estoy leyendo este libro?

Hillary Morgan Ferrer y Julie Loos

Disfruto tener conversaciones telefónicas con mis amigas que son mamás, especialmente las que tienen hijos pequeños. ¿Dónde más escucharías un grito desesperado al otro lado de la línea diciendo "¡no pongas el pollo en el trampolín!"?

Hice una encuesta a todas las mamás cuidadosas en cuanto a las cosas más raras que jamás hayan tenido que expresar como mamás. Algunas de las respuestas tenían que ver con cosas que no deberían chupar sus hijos (por ejemplo, los ojos, carros, el trasero de un elefante...) La respuesta favorita fue: "¡No pongas a los magos de oriente dentro de la taza del baño!" Como mamá estoy segura que hay muchas frases que usted nunca pensó que iban a salir de su boca. Seamos honestas. ¿Quién más tendría que explicar que la "popó no es pintura"? Las mamás, nadie más.

La vida de una madre es un llamado especial y no es para las débiles de corazón. La mayoría de las mamás dirían que es el trabajo más difícil de todo el mundo, y al mismo tiempo, el mejor. Por un lado, no existe tiempo para sí mismas durante los primeros ocho años y no se puede llamar para avisar que estás enferma. Pero por el otro lado, ¿qué otro trabajo te permite abrazar a tu cliente cuando te muestra la enorme bomba de chicle que puede hacer?

Las mamás son como gerentes, excepto que no solo tratan con gente, sino que la crean. Como mamás tenemos el honor de entrenar, moldear y educar a nuestros hijos desde que nacen hasta que (si todo va bien) llegan a ser miembros funcionales de la sociedad. William Ross Wallace describe correctamente la maternidad en su poema del siglo diecinueve, titulado: "La mano que mece la cuna es la que gobierna el mundo". En otras palabras, si los hijos son nuestro futuro, las mamás (y los papás) están en la posición de ayudar a determinar cómo será ese futuro.

Como padres, así como tías, tíos, abuelos y tutores, uno de los trabajos más importantes es preparar a los niños para el mundo real. Nuestros hijos están creciendo en una sociedad que es muy diferente a la que nosotros vivimos. Cuando era niña me encantaba memorizar versículos bíblicos, pero no tenía que lidiar con la cultura que me quería convencer de que la Biblia estaba llena de contradicciones o que se trataba solamente de un libro de cuentos de hadas. Sabíamos que la Biblia era confiable. Hoy ya no sucede lo mismo. Ya no podemos confiar en la cultura occidental para que refuerce las creencias cristianas y no podemos ignorar el hecho de que los jóvenes están abandonando la iglesia en grandes números. Lo que muchos padres no saben, es que algunas de las razones por las que se marchan sus hijos son totalmente prevenibles.

¿Por qué nos importa la Apologética?

Julie y yo (Hillary) hemos tenido diferentes experiencias en cuanto a la Apologética. Julie descubrió la importancia de la Apologética después de haber tenido hijos y yo la descubrí desde niña. Me gusta compartir mi historia porque creo que es importante que los padres tengan una visión de largo plazo en cuanto a lo que un entrenamiento en Apologética puede hacer por sus hijos. Muchas de las historias de los apologetas están llenas de lamento por no haber tenido un entrenamiento más temprano. Yo me cuento entre quienes en retrospectiva no estamos llenos de lamentos, sino rebosamos de gratitud por el entrenamiento que recibimos siendo jóvenes.

Desde pequeña fui asidua asistente a una Iglesia, amaba a Jesús y quería ser misionera. Recuerdo que deseaba convertirme en monja y me sorprendí cuando mi mamá me informó que solamente los católicos lo hacían. Durante mi crianza creía sin duda alguna lo que papá o mamá decían. Ellos decían que el cristianismo era la verdad, así que yo no lo cuestionaba.

Si el Internet hubiera existido cuando era niña, quizá mi historia hubiera sido muy diferente. Solía hacer preguntas acerca de todo. Aun mi "boletín de calificaciones" del jardín de infantes lleva una nota escrita a mano por mi maestra que dice: "Hace demasiadas preguntas". Adelantemos el tiempo a cuando mis padres conocieron a uno de mis profesores favoritos de la universidad. ¿Sabe qué fue lo primero que les dijo a mis padres?: "¡Su hija hace muy buenas preguntas!" Así que esta es parte de mi naturaleza. He hecho preguntas desde que aprendí a hablar.

Al ir creciendo, las únicas personas a quienes podía dirigir mis preguntas espirituales eran mi mamá, mi papá, el pastor Tim y un puñado de maestros de Escuela Dominical. Si hubiera tenido acceso al Internet, probablemente hubiera buscado a "Dios" en Google y seguramente habría encontrado respuestas judeo-cristianas, pero también mucho más, como el dios (dioses) del islamismo, de la fe *Bahai* y del zoroastrismo. Si sus hijos se parecieran en algo a mí, seguro habrían buscado algo como: "¿Cuál de todos es el Dios real?" La última vez que entré a la red vi que al principio de la lista estaba una publicación de Wikipedia que define a Dios. La segunda pregunta es "¿Es Dios real?" en el sitio *mormon.org*. Si sus hijos bajan la pantalla leerán un artículo de *HuffPost* que lee "Acercarse a Dios o rechazar la idea misma de Él (ateísmo) debería ser un asunto personal, algo como la felicidad tal como se define en la Declaración de la Independencia norteamericana, la cual dice que es una *búsqueda cada quien por sí mismo*"[1] (énfasis de la autora). El postmodernismo está de acuerdo con ello. Igualmente, el naturalismo, así como el emocionalismo y el relativismo moral. Muchos de los puntos de vista populares que presentaremos en este libro están de acuerdo con esta declaración.

Así que, si nuestros hijos tienen a su mamá, su papá, al Pastor quien quiera que sea, diciendo una cosa y Wikipedia, Huff-Post, sus amigos de la escuela y maestros diciendo lo contrario, ¿qué creencia supone usted que va a ganar? Usted podría cruzar sus dedos y esperar que sus hijos se mantuvieran firmes en lo que les ha enseñado y no sucumbieran a otros pensamientos, pero no recomiendo esa forma de actuar.

Lo que la Apologética hizo por mi fe

Tal como lo mencioné anteriormente, me cuento entre las pocas personas que experimentaron la Apologética a temprana edad, y espero que sus hijos también tengan ese privilegio. Cuando tenía 12 años mi pastor me introdujo a la Apologética. Él había sido ateo y llegó a los pies de Cristo de la misma manera que Lee Strobel, el autor de *"El caso de Cristo"* en el que trató de descalificar el cristianismo y luego llegó a la conclusión de que no podía hacerlo porque era la verdad. Siendo un pastor responsable, enseñó un par de series respecto a cómo defender la fe cristiana. La primera de ellas trató el triple dilema de: "mentiroso, lunático, Señor" en el que demostró que la conclusión más razonable de las tres es que Jesús es el Señor. La siguiente serie trató de las evidencias históricas de la confiabilidad del Nuevo Testamento. Finalmente, examinó los registros bíblicos e históricos de la resurrección, refutando todas las teorías alternativas que se hayan propuesto de parte de un escéptico, demostrando que la resurrección tal como la narran los evangelios, es la explicación más convincente.

Esas tres series todavía forman el fundamento de mi fe cristiana. He tenido suficientes oportunidades para estar enojada contra Dios (el cáncer de mi mamá, mi propio cáncer, el cáncer terminal de mi hermana y su reciente muerte, mi depresión, ser estéril, etc.). Muchos de los que han pasado dificultades similares podrían llegar a la conclusión de que no es posible que exista Dios. Sin embargo, para mí nunca ha sido opción rechazar el cristianismo y pensar que es falso. Rechazar la existencia de Dios sería la conclusión más irracional a la que podría llegar y ¡me niego a ser irracional!

Claro que hay días en los que no siento la presencia de Dios ni tampoco me siento llena de paz. Pero no importa cómo me sienta, no puedo desconocer lo que conozco. Mi fe no se basa en sentimientos. Se basa en la verdad inamovible y absoluta de la vida, muerte y resurrección de Cristo. Las evidencias del cristianismo y la innegable huella digital de Dios en la creación, son mis faros de sanidad en medio del tumultuoso mar de emociones inciertas. A veces mis emociones están de acuerdo con la verdad y me siento amada, en paz y cercana a Dios. A veces están en desacuerdo con la verdad y no siento nada de ello. De cualquier manera, estoy agradecida porque mi fe no descansa en las arenas movedizas de mis emociones porque en ocasiones, mis emociones van de arriba a abajo como una montaña rusa.

Las emociones de paz, cercanía y experiencias de logro son importantes para nuestra relación con Dios, pero son más parecidas a la decoración dentro de una casa. La decoración ayuda a que la casa se vea como un hogar, y deberíamos disfrutar ¡nuestro hogar en Cristo! Pero los cimientos son los que hacen que el hogar esté firme. Y, sin embargo, ¿cuántas veces ha escuchado a alguien asombrarse por los cimientos? Ese no es el propósito del fundamento, su labor es la de crear la estabilidad por la cual se disfrutan todas las demás cosas que se obtienen cuando tenemos un hogar. La única ocasión en que la gente nota los cimientos es cuando algo está fallando en ellos. En nuestra cultura, tenemos asuntos fundamentales muy importantes y las grietas ideológicas se dejan ver por doquier.

Sabemos que debemos edificar sobre la roca fundamental que es Cristo (Mateo 7), pero he notado la tendencia que va en aumento, de la gente que confunde sus sentimientos acerca de Jesús con Jesús mismo. Existe una diferencia básica entre enseñar a nuestros hijos a fundamentar sus cimientos espirituales en la experiencia de Jesús y fundamentarlos *en él*. Nuestros hijos necesitan algo que no cambie, lo cual es la verdad inamovible y absoluta de que Jesús vivió, murió y resucitó. ¿Experiencias y emociones? Ellas cambian con el tiempo y de maneras impredecibles.

Cómo interesar a la gente en la Apologética

La mayoría de la gente no busca deliberadamente el tema de la Apologética. Si surge el interés es porque experimentan un momento de reconocimiento respecto al por qué deberían tener razones para defender su fe. Mi esperanza es que este libro sea ese momento para usted.

Esos momentos de realidad pueden ocurrir cuando una persona experimenta o atestigua una crisis de fe que los deja preguntándose: "¿Por qué soy cristiano?" En ocasiones sucede cuando alguien de otra religión los cuestiona. Una de las ocasiones conmovedoras es cuando una persona es testigo de primera mano de la masacre espiritual que sucede en los colegios y universidades.

En una ocasión mi esposo y yo fuimos a una iglesia cuyo pastor no entendía la importancia de la Apologética. Para él se trataba de un pasatiempo interesante que John y yo teníamos, y no algo a lo que todos los creyentes somos llamados. En sus sermones él diría algo como "todo lo que necesitamos es amor" para predicar el evangelio y para animar a la congregación a "dejar de hacer teología y solamente amar a Jesús".

Juan decidió invitar a este pastor a su debate en la universidad local. Al final de esa noche, nuestro pastor estaba ya ¡en el "Equipo de Apologética"! ¿Qué fue lo que produjo ese cambio de mente en una sola noche? Mientras estuvo ahí lo que vio fue un salón lleno de gente de pie, cristiana, atea, escéptica y buscadores de la verdad. Estas personas no eran atípicas; eran el tipo de personas que vemos a nuestro alrededor todos los días. Al responder John a las preguntas de la audiencia, el pastor se dio cuenta de cuántos alumnos cristianos estaban siendo desviados en la universidad.

Se dio cuenta de la fuerza del pensamiento secular y cómo los jóvenes que habían crecido en la iglesia eran seducidos y desviados, hasta que se encontraron con los argumentos de John, los primeros argumentos intelectuales que jamás habían escuchado de parte de un cristiano.

> **Quizá la Apologética no parezca ser tan importante hasta que verificamos de primera mano las cosecuencias de las ideas equivocadas**

Casi podría verse un foco encendido sobre la mente de nuestro pastor. Al ver esto me recordó una escena de la película "Lo que el viento se llevó" donde la cámara hace un recorrido de un enorme campo lleno de soldados heridos y la audiencia se ve confrontada con la magnitud de las muertes durante la guerra civil. A partir de esa noche, el pastor se convirtió en nuestro mayor animador. La conclusión: es fácil perderse la importancia de la Apologética si no ha viso un bueno número de víctimas llevadas cautivas hacia una filosofía equivocada (véase Colosenses 2:8). La Apologética podría no ser tan importante, hasta que nos damos cuenta de primera mano de las consecuencias de las ideas equivocadas.

Al ver a sus hijos tratando de sacarse de la nariz un cereal o juguete o lo que sea que se hayan introducido en la fosa nasal, podría preguntarse: "¿Por qué estoy leyendo este libro?" La respuesta es muy simple: porque usted es un padre o madre cuidadoso. Cuando vio las palabras en la portada de este libro, algo dentro de usted le dijo: "Esa o ese soy yo".

Nadie tuvo que explicarle lo que es un padre o una madre cuidadoso. En el momento en que por primera vez sostuvo a su hijo en sus brazos, supo de inmediato que nada ni nadie lo amenazaría, y que usted haría lo que fuera necesario para enfrentar cualquier amenaza. Eso es lo que hacen los osos. Hablaremos más de lo que significa ser mamá o papá oso en el siguiente capítulo, pero antes, y como en la escena de "Lo que el viento se llevó" queremos darle una visión del por qué escribimos este libro, y todo comenzó con lo que la investigación ha llamado "el éxodo de los jóvenes". Puede que no sea lindo, pero si hacemos bien nuestro trabajo, usted terminará este capítulo listo para convertirse en un padre o una madre cuidadoso apologista que diga: "Si te metes con mis hijos, ¡demoleré todos tus argumentos!"

Así que, ¿qué es el "éxodo de la juventud"?

¡Julie, ven, ayúdame! ¿Conoces esos montones interminables de ropa por lavar? Sí, ¿los que debemos separar y luego doblar? Son tan inmensos como la cantidad de investigaciones que se han hecho acerca del tema que a menudo se ha denominado en la Apologética como el "éxodo de los jóvenes". Es probablemente el más grande éxodo desde la época de Moisés, pero en este caso no hay garantías de que los peregrinos llegarán a la "tierra prometida".

El éxodo de los jóvenes se refiere al porcentaje de muchachos cristianos que dejan de asistir a la iglesia. Esto incluye a los que se llegan a declarar ateos, agnósticos y más recientemente "ninguno de los anteriores" (es decir, no tienen filiación religiosa alguna). Este éxodo se ha investigado ampliamente, se ha documentado y discutido, pero en muchos círculos cristianos también se le ha ignorado. Y mientras que hay diversas opiniones (lo que parecerían ser estadísticas contradictorias) el asunto principal es que es real, es malo y ahora está siendo cada vez más abierto entre los jóvenes antes de entrar a la universidad, la cual usualmente era la rampa de salida.

Las razones para este éxodo son variadas, sutiles y algo complicadas. Infortunadamente, no se trata de un solo "tumor" que podamos tratar y así sanar la enfermedad. Más bien, son los tentáculos de un cáncer que crece a través de todas las experiencias espirituales de los jóvenes. La Apologética no es la única solución, pero sí es gran parte de ella y a menudo es la que más se ignora.

Vamos, ¿en realidad es tan grave el problema?

La mayoría de los estudios indican que entre el 45% y el 48% de los jóvenes dejan las iglesias después de su primer año en la universidad para nunca regresar.[2] Los porcentajes varían dependiendo de la denominación, pero el problema es el mismo. David Kinsman se dio cuenta que después de la edad de 15 años, casi el 60% de los jóvenes cristianos se desconectaron de su iglesia.[3] Más de la mitad de los alumnos de preparatoria (54%) asisten a la Iglesia. Pero una vez que entran a la universidad, el problema es peor. La asistencia regular baja del 44% en la preparatoria al 25% en la universidad; la falta de asistencia va del 20% en la preparatoria al 38% en la universidad.[4] Un estudio de Barna publicó que el 61% de los muchachos de 20 años y más que habían asistido a la iglesia siendo adolescentes ya no tenían ninguna conexión espiritual.[5] Un estudio demostró que del 70% de los adolescentes que asistían a los grupos juveniles dejaron de asistir a la iglesia ¡a los dos años de haberse graduado de la Preparatoria o secundaria![6]

Durante muchos años, la mayoría de la gente asumía que el problema se originaba en la universidad (probablemente porque es entonces que la asistencia a la iglesia decrece en grandes cantidades). Sin embargo, debemos considerar que es en la universidad donde los hijos ya no tienen a sus mamás o papás que los levanten los domingos para llevarlos a la escuela dominical. Así que, ya que la universidad es y seguirá siendo el factor principal, las estadísticas son solamente la manifestación externa de la desconexión interna que comenzó en ellos muchos años antes. El boleto ya estaba comprado. La universidad fue tan solo la oportunidad de usarlo.

¿Qué es exactamente lo que han dejado?

Esta es una muy buena pregunta con una respuesta un poco complicada. Dejar su fe y dejar a la iglesia no son necesariamente lo mismo. Ya sea que le estén diciendo adiós

a la asistencia a la iglesia, separándose de la doctrina orto-
doxa o dando la bienvenida al ateísmo, de todos modos,
están dejando algo y no es bueno que dejen algo. Desde
los milenials hasta la generación Z, algunos se alejan con
sus pies físicamente (por causa de eventos y cambios en
la vida) la mayoría dejan la fe con su corazón y mente
debido a causas emocionales, de comportamiento, o intelectuales. Cuando los jóvenes describen su religión, se
escuchan argumentos como: "Soy espiritual, solo que no
soy religioso", o "ya no estoy afiliado a ninguna religión o
denominación". (El centro de investigación Pew les llama
los *nones*"). Y luego por supuesto también están los que
renuncian a toda creencia en Dios (ateos) o que ya no
están seguros de que puedan saber si algo existe o no (agnósticos).

Algunos dejan la religión organizada. Otros dejan la autoridad bíblica. Desean crear un bufet religioso que se adapte
a sus gustos.[7] Muchos han dejado la definición bíblica de
quién es Dios. Lo han redefinido como un gran genio en
el cielo que quiere que sean buenos con los demás, que les
ayudará cuando se encuentren en problemas y que quiere
que sean felices. Esto se llama deísmo moral terapéutico.[8]
Los que han dejado los puntos de vista más ortodoxos de la
teología, han adoptado creencias más cercanas a las herejías
históricas. Muchos de ellos se identifican como cristianos,
pero sus puntos de vista lo contradicen.[9]

Por ejemplo, en tres encuestas independientes que conduje-
ron Josh McDowell, el grupo Barna y el investigador Mike

Nappa, se descubrió que entre los adolescentes que se auto denominan cristianos:

- 41% no están seguros de que Jesús resucitó fisicamente.[10]

- 63% no creen que Jesús es el hijo del único Dios verdadero.[11]

- 44% creen que la Biblia es una más de muchas voces autoritativas acerca de Jesús.[12]

- 33% creen que Jesús no es el único camino al cielo.[13]

- Solamente el 5% estudian la Biblia diariamente (bajó de un 8% en 1991).[14]

- Una gran mayoría creen que el Espíritu Santo es solamente un símbolo de la presencia de Dios o un poder y no una persona de la Trinidad.[15]

- 60% no saben, les incomoda, o están confundidos en cuanto a que la Biblia es un libro confiable.[16]

- 70% expresan dudas persistentes y profundas respecto a si la Biblia habla la verdad acerca de Jesús.[17]

Un mundo cada vez más hostil

En los 12 años que llevo estudiando Apologética (Julie), mi hijo mayor pasó de ser un preadolescente de primaria a graduado de la universidad. Durante todo ese tiempo, ha incrementado exponencialmente la hostilidad cultural que se muestra hacia el cristianismo, al mismo tiempo que la talla de sus zapatos. Dada la tendencia tan acelerada que hemos estado viviendo, las primeras generaciones del éxodo de jóvenes (Generación X y milenials) son los que ahora están haciendo las contrataciones en las empresas, enseñando e influyendo en las generaciones más jóvenes aun (que ahora son la generación Z). Ahora estamos viendo tristemente la primera generación de los "exiliados religiosos" teniendo hijos y educando a sus propios hijos. Esto representa grandes implicaciones para la sociedad, porque ahora nosotros somos los *post* verdad, *post* cristianos, carentes de influencia en el evangelio y esperando ver hasta dónde llegarán los que son "espirituales, pero no religiosos".

Mitos acerca del éxodo de los jóvenes

Ustedes saben cómo debemos luchar para conseguir un tiempo a solas muy preciado para ir al baño (puedo ver la barra de chocolate entre las páginas de tu libro, ¡lo entiendo!) Pero tus hijitos nada más no-te-dejarán-sola ¡ni un minuto! De manera similar, Satanás obrará a través de la presión de grupo y el caos cultural para perseguir a tus hijos, y no los dejará solos ni un solo minuto. Los candados en la puerta principal de tu hogar ya no funcionan como antes. El enemigo los molesta constantemente. No podremos ayudarte con los cerros de ropa por lavar (¡lo siento!) Pero sí podemos tratar algunos de los mitos que rodean el éxodo de los jóvenes. La verdad es que cuando se trata de este tema, hay muchas corrientes de pensamiento muy equivocadas allá afuera. ¡No den lugar a esto en sus mentes!

Mito 1: Todos se van, pero regresarán

Durante años el razonamiento común entre los círculos cristianos ha sido este: "Todos los hijos se rebelan. Es parte de su crecimiento. Déjenlos cosechar malas hierbas". Y entonces lanzan su as de espadas y declaran: "Ya sabes que la Biblia dice que instruyas al niño en su camino y aun cuando fuere viejo no se apartará de él" (Proverbios 22:6). En otras palabras, dependemos de que nuestros hijos cristianos sean como *bumeranes.*

¿Qué hay de malo con esta forma de pensar?

1. *No debemos "esperar" que nuestros hijos se marchen solamente porque los demás dicen que es "inevitable".* Dios nos ha entregado la mayordomía de la fe de nuestros hijos a nosotros y debemos hacer todo lo que esté en nuestras manos para instruirlos bien. Sí, lo que ellos decidan hacer (especialmente al hacerse mayores) es su propia decisión. Pero debemos luchar por tener una conciencia limpia respecto a guiarlos en lo espiritual,

teniendo la conciencia tranquila de que hicimos todo lo que podíamos para comunicarles con claridad las verdades y la validez de la fe cristiana.

2. *No todos los chicos se rebelan.* Yo no me alejé. Mis hijos no lo han hecho. Hillary tampoco. Conozco a muchos otros que no lo hicieron. Así que cuando de ser padres se trata, no solamente se dé la vuelta y se haga el muertito solo porque alguien le diga que es inevitable.

3. *Las estadísticas respecto al éxodo de la juventud cambian con el tiempo.* Las investigaciones han mostrado una tendencia generalizada de adultos jóvenes que regresan a la iglesia después de casarse y tener sus propios hijos. Esa tendencia ha disminuido de manera drástica con la generación X que ahora cada vez menos cría a sus hijos en el mundo religioso de su infancia.[18] Un estudio de la editorial LifeWay descubrió que del 70% de los adolescente que dejaron la iglesia durante sus años universitarios, solamente la mitad de ellos regresaron eventualmente.[19] Para aquellos de ustedes (como yo) a quienes se nos dificultan las matemáticas, eso significa que por cada generación sucesiva, en esencia estamos perdiendo un 35% de la población de nuestras iglesias. Steve Cable lo hizo notar en su libro Cautivos Culturales ("Cultural Captives"): "Si seguimos con la tendencia actual, para el año 2030 se incrementarán en más del 50% de la población aquellos jóvenes de 18 a 19 años que declaran que "no tienen preferencia religiosa alguna o que optan por una religión no cristiana".[20]

Cada vez más el cristianismo se ha convertido en una religión menos aceptada socialmente hablando, lo que significa que no solamente estamos perdiendo a los jóvenes del éxodo que no son bumeranes, sino que también a los adultos no creyentes que todavía no han ejercido la fe en el pasado y que no explorarán la fe por el bien de sus hijos. Lo que todo esto quiere decir es que ya no podemos contar con el efecto del bumerán. En realidad, se trata de un efecto de deserción.

Así que, si la generación X no está regresando a la iglesia como las generaciones pasadas, y si los *milenials* más grandes son menos religiosos que los de la generación X, entonces ¿qué va a suceder con la generación Z (la generación más grande en la actualidad)?[21] Se trata de la primera generación post cristiana en realidad, de la que solamente la mitad asiste a la iglesia.[22]

Mito 2: Ya que mis hijos asisten al club de niños/al grupo de jóvenes/van a una escuela cristiana/están en el hogar educador, entonces estarán bien.

Este es el mito del "plan de seguro" cristiano. "Mi hijo ha estado en la iglesia desde que lo llevaba en mi vientre". "Le ponía grabaciones de la palabra de Dios para que la oyera desde mi seno". "Han asistido al club de niños OANSA, al grupo de jóvenes, a los campamentos, van a una escuela cristiana o los tengo en el hogar educador".

Palomita, palomita, doble palomita. Bien por usted. Bien por ellos. Ahora, en serio. Y no deje de hacer lo que está haciendo (muy bien, excepto por los audio libros cristianos). Estas cosas son buenísimas, pero no son garantía de nada. En su intento por investigar las razones por las que se da el éxodo de los jóvenes, Ken Ham le pidió al Grupo Americano de Investigación que condujera un estudio. Ellos encontraron algo asombroso, los resultados revelaron que la escuela dominical en realidad era dañina para ¡la salud espiritual! Los niños que crecieron en un ambiente de escuela dominical tenían mayor probabilidad de tener un punto de vista secular que los que nunca asistieron a ella.[23] ¡Espere… ¿qué dice? Quiero decir… ¿Cómo puede eso ser posible?

Es sorprendente saber ahora que colorear imágenes de animales en un barco y actuar las "historias" en el franelógrafo no está comunicando a los niños que lo que estamos diciendo sea verdad. Resulta que ellos creen exactamente lo que les decimos: que se trata de historias bíblicas.

La mayoría no enseñan doctrinas o habilidades que ayuden a los niños a pensar de manera crítica desde una perspectiva bíblica frente a lo que se les enseña en la escuela. Conforme van creciendo, la mayoría de los grupos de jóvenes se centran en entretener a los muchachos (con tal de mantener la asistencia), pero no les entrenan para llegar a ser discípulos. El apologeta Frank Turek ha hecho una anotación muy brillante que dice "con aquello que los atraemos es a lo que los ganamos también".[24] Ed Stetzer ha subrayado que "muchos de los grupos juveniles se mantienen por la pizza".[25] La triste verdad es que, en muchos casos, los hemos ganado por medio de la diversión, amigos y pizza, pero no necesariamente para Cristo.

Mito #3. No necesitarán entrenamiento en apologética hasta que lleguen a la universidad.

Steve Cable hace notar en su libro Cautivos Culturales que "la cultura por sí misma ha llegado a ser tan corrosiva como la universidad".[26] Antes era suficiente darles un curso rápido de apologética durante su último año de preparatoria para prepararlos antes de irse a la universidad. Eso ya no es así. La infección de la enseñanza anticristiana está llegando a menores edades cada vez. Mamás, de verdad: la escuela primaria no es demasiado pronto para comenzar. Es más, algunas investigaciones nos informan que hasta un 46% de los jóvenes han abandonado espiritualmente su fe al terminar la secundaria. Podrían asistir a la iglesia solamente para complacer a sus padres, pero su fe cristiana solamente lo es de nombre.[27] El estudio realizado por el grupo americano de investigaciones también anotó lo siguiente:

Hemos tratado toda la vida de preparar a nuestros hijos para irse a la universidad (y por supuesto que todavía creo que es algo muy importante que debemos seguir haciendo), pero resulta que solamente el 11 por ciento de los que dejan la iglesia lo hacen durante sus años de universidad. Casi el 90 de ellos se perdieron entre la secundaria y la preparatoria. Para cuando llegaron a la universidad, ¡ya se habían ido! Alrededor del 40 por ciento dejan la iglesia entre la ¡primaria y la secundaria![28]

Medite en estas estadísticas por un momento. El cuarenta por ciento han abandonado mentalmente a su iglesia entre la primaria y la secundaria. Consideremos cómo suceden en realidad las más tempranas experiencias formativas: la moral se establece a la edad de 9 años; la mayoría de las experiencias de salvación se dan a los 13; a esa misma edad se establecen la mayoría de los puntos de vista acerca del mundo.[29,30] Si la forma en que nuestros hijos escogen su equipo favorito de deportes fuera un indicador, entonces ya han "elegido" de qué lado estarán alrededor de su 3er grado de primaria, más o menos a los 8 años de edad. Eso quiere decir que de la mitad de su primaria y en adelante debemos estar más que alertas.

Muy bien, muy bien, ¡ya lo entendí! Pero, ¿qué puedo hacer?

Debemos comenzar el entrenamiento acerca del punto de vista del mundo a edades más tempranas, es decir, enseñar teología y apologética. Y esto es porque no somos los únicos que estamos entrenando a nuestros hijos. Los ateos ahora tienen sus propias opciones alternativas para hacer campamentos o retiros de verano como el "Camp quest" (Búsqueda en el campamento). La comunidad LGBTIQ+ y quienes los apoyan están introduciendo su propaganda en las escuelas públicas desde los primeros grados del jardín de niños. ¡Quizá empezar en el útero a enseñar a nuestros hijos no sería tan mala idea después de todo!

Las buenas noticias son que hay cristianos preocupados que están respondiendo al llamado de desarrollar recursos y planes de estudio diseñados para ayudar a quienes enseñan a los niños desde sus años de pre primaria. Por ejemplo, Melissa Cain Travis tiene una serie de libros para colorear llamada Defensores jóvenes ("Young Defenders"). Elizabeth Urbanowics acaba de publicar su currículo de fundamentos para niños entre 3° y 5° grados de primaria. Ya está a la disposición el plan de estudios Biblia de Raíces Profundas ("Deep Roots Bible") para las edades entre 1° y 4° grados de primaria (y tienen calendarizado publicar otros más). Tom Griffin tiene materiales para los niños entre 5° y 8° grados. (Véase nuestra lista completa de recursos en el sitio www.mamabearapologetics.com/resources). (También nuestra Editorial tiene un currículo completo y su programa AMO para enseñar principios y valores a los niños y padres desde muy temprana edad en toda América Latina: www.editorialclc/programaAMO; encuentra los libros y clases guía sobre educación providencial).

Los padres y pastores que han incursionado en introducir la teología, apologética y cosmovisión en sus enseñanzas a los más pequeños se asombran a menudo ante las preguntas que ellos hacen y su capacidad de pensar respecto a los varios temas que se les presentan. Kevin Duffy de la Ratio Christi College Prep (RCCP por sus siglas en inglés) ha descubierto que las iglesias que utilizan los materiales de entrenamiento de la RCCP han reportado una significativa reducción de deserciones del 75% hasta un nivel tan bajo como el 13%, lo cual ha coadyuvado a revertir el éxodo de los jóvenes al menos en unas pocas iglesias. ¡Todos podemos recibir aliento de este tipo de buenas noticias! Nuestros hijos son como esponjas. La pregunta es, ¿de qué los vamos a empapar?

El éxodo de los jóvenes es real. Ahora que ya lo sabe, que ya recibió la alerta y que ya no es susceptible a los mitos comunes acerca del tema, están listos para descubrir lo que significa ser un padre o una madre cuidadoso y aprender cómo comenzar a contrarrestar las mentiras culturales tan populares que vienen a robarnos a nuestros cachorros. Para cuando haya terminado de leer este libro, nuestra oración es que usted tenga hambre de la apologética y esté equipado para enseñar a sus hijos a gustar de la miel dulce de la verdad de Dios.

PREGUNTAS PARA REFLEXIONAR

1. **Rompehielos**: ¿Qué les ha dicho a sus hijos que jamás pensó que iba a decir? (¿Hay algunos padres presentes cuyo hijo haya querido lamer el trasero de un elefante?)

2. **Tema principal**: El éxodo de los jóvenes: ¿Conoce a algún padre que haya experimentado que su hijo haya abandonado la fe? ¿Cuál de todas las estadísticas le impresionó más?

3. **Autoevaluación**: ¿Alguna vez se ha sorprendido diciendo o pensando alguno de los mitos que presentamos acerca del éxodo de los jóvenes? ¿Cómo ha cambiado su perspectiva? ¿Alguno de estos mitos sucedió cerca de su familia o amistades?

4. **Lluvia de ideas**: ¿Cuáles son algunas de las preguntas difíciles que ha escuchado de sus hijos acerca de la fe y sobre las cuales puede comenzar a investigar?

5. **Suelte el oso que lleva dentro**: existen en inglés varios recursos en el sitio web de *Apologética de Mamá Osa (MamaBear Apologetics)*. ¿Cuál de los recursos que podría comenzar a implementar en su rutina semanal? (Por supuesto, después de leer este libro *En defensa de la fe de nuestros hijos*: Enseñando a sus hijos a desafiar las mentiras de la cultura)?

CÓMO SER UN
PADRE CUIDADOSO

Hillary Short

Hace algunos años mi esposo y yo fuimos a hacer *rafting* en el estado de Washington en Estados Unidos. El agua provenía de un glaciar derretido y era verde como la esmeralda y muy brillante. Los altos pinos bordeaban ambos lados del río y los paisajes eran increíblemente hermosos. En la pequeña embarcación íbamos mi esposo y yo, su papá, su mamá y su hermana y cuñado. Los seis tejanos íbamos listos para una gran aventura en un ¡hermoso río! Hasta estrené mis calcetines de lana que había comprado específicamente para este viaje porque había leído que debía mantenerme calientita, aunque estuviera mojada. ¿Qué más habría podido hacer para prepararme para esta excursión? Mi mente concluyó que si estaba vestida adecuadamente significaba que estaba muy bien preparada.

Pero no habíamos anticipado unos rápidos tan violentos. El río calmado y atractivo en el que comenzamos el trayecto muy pronto se convirtió en aguas blancas e impetuosas corrientes que se movían entre las orillas y las rocas río abajo. ¿Qué sucedió con nuestro *tour* de un paisaje idílico? Nadie nos dijo que tendríamos mucho trabajo por hacer.

De repente, la fuerza del río volteó nuestra pequeña embarcación y mi cuñada y yo caímos al agua. Ella logró sostenerse de una cuerda que estaba en uno de los lados de la lancha y estaba tratando de subirse nuevamente cuando de pronto, mi suegra de 60 años, actuó con la fuerza de mil motores ficticios, la jaló de la cintura y logró meterla en la lanchita. Fue un momento espectacular, se trató de uno de esos instantes de adrenalina maternal de la cual solamente se escucha hablar. Fue mucho más sorprendente ver tal fiereza desde mi punto de vista ventajoso en el río, sorteando los furiosos rápidos y tratando de que no me sumergieran debajo del bote (después de todo, ¡mi mamá no estaba ahí!)

El acto heroico e improvisado de mi suegra ilustra de manera perfecta a un padre o una madre cuidadosos, es algo intuitivo, predecible y fuerte. No necesita tiempo para tomar una decisión en el momento de la crisis; ella tomó la decisión de proteger ferozmente a su pequeña ante cualquier amenaza en el mismo momento en que la sostuvo por primera vez en sus brazos. Haría lo que fuera por proteger a "su cachorra".

No todo lo que hacen las mamás es una explosión de proeza y destreza para proteger a sus hijos. Me gusta la descripción que hace Melanie Shankle de la maternidad en su libro llamado Aretes Verdes y Brillantes ("Sparkly green earrings").

No hay mejor indicador de que eres mamá que adquirir la capacidad de cachar el vómito de tu hijo en una bolsa de plástico, desinfectar tus manos e inmediatamente pedirle a tu amiga que te pase la comida mientras que tocas otra canción en el reproductor y actúas como si no hubiera sucedido nada. Es una capacidad como ninguna.[1]

Las mamás y papás hacen lo que sea necesario, sin importar cuán difícil o grotesco sea. Aunque este tipo de dedicación es importante para el desarrollo físico de nuestros hijos, es especialmente imperativo que la tengamos cuando se trata de su desarrollo espiritual. Quizá no queramos lanzarnos a la profundidad de la teología o la apologética, pero tendremos que hacerlo a menos que queramos ver a nuestros hijos hundiéndose bajo los fuertes rápidos de las ideas equivocadas. Somos padres osos. ¡Eso es lo que hacemos! Un padre o una madre cuidadoso hace lo que se necesite hacer, aunque eso implique estudiar Apologética.

Cada generación enfrenta sus propios rápidos espirituales. Para nuestros hijos la batalla es más feroz en cuanto a las ideas y la moralidad. El cristianismo dejó de ser la norma aceptable y está creciendo el número de familias ateas que lo son abiertamente.[2] Están apareciendo por todo lado organizaciones ateas y campamentos para niños* cuyo propósito declarado es entrenar a los jóvenes para que discutan en contra del cristianismo. En su libro "Hablando con sus hijos acerca de Dios", Natasha Crain habla de dos organizaciones como estas. "Kids without God" (niños sin Dios, que es una iniciativa de la Asociación humanista americana) y un programa nacional para niños llamado "Camp Quest" (búsqueda en el campamento). Crain nos da un ejemplo de lo que sucede en esos campamentos:

> Una de las actividades populares de librepensadores es el desafío del unicornio invisible. Se les dice a los camperos que existen dos unicornios invisibles que viven en el campamento pero que no pueden verlos, escucharlos, probarlos, olerlos o tocarlos. Existe un libro antiguo que ha sobrevivido por muchas generaciones que contiene la única prueba de que existen. ¿Cuál es el desafío? Tratar de refutar su existencia. (Los campistas aprenden que no pueden hacerlo).[3]

Los campistas llegan a la conclusión de que solamente aquello que se puede medir por el método científico, se puede evaluar y, por lo tanto, se le puede tomar en serio. Esta creencia se conoce como el cientifismo y es un derivado del naturalismo, del cual hablaremos en el capítulo 6. Les pregunto a ustedes queridos lectores: ¿Esa creencia se le puede ver, escuchar, probar, oler o tocar?

Apo... ¿qué? ¿De qué nos estamos disculpando?

Debemos enseñar a nuestros hijos habilidades para el pensamiento crítico y prepararlos para defender su fe, si no ante los demás, al menos para sí mismos. Esto no se trata tan sólo de una "buena idea". La Biblia nos lo ordena. Pedro escribió "estad siempre preparados para presentar defensa con mansedumbre y reverencia ante todo el que os demande razón de la esperanza que hay en vosotros" (1 Pedro 3:15). La palabra que se tradujo "defensa" del texto original en griego es el vocablo *apología*. En la Grecia antigua, la apología se refería a un abogado que presentaba un caso ante la corte. No se trata de discutir o estar a la defensiva en un sentido negativo. Más bien se refiere a presentar las razones para apoyar cierta conclusión y hacerlo de tal manera que logre persuadir, idealmente, a los demás. De aquí proviene nuestra palabra apologética. No, no nos estamos disculpando por nuestra fe, ni tampoco nos ponemos a la defensiva. Más bien, lo que hacemos es presentar razones y evidencias de lo que creemos, de preferencia con habilidad y tacto, para persuadir a los demás a aceptar la verdad de Cristo. Un apologeta cristiano es aquella persona que presenta su caso a favor de la fe cristiana.

Somos apologetas de muchas cosas en la vida. Presentamos razones por las que la mejor receta de pastel es una u otra, o por qué nuestro programa favorito de televisión debería haber ganado un premio. Utilizamos evidencias para defender nuestras razones por las que confiamos más en una niñera que en otra y jamás aplicaríamos una fe ciega a la hora de escoger un contador. ¿Por qué habríamos de pensar que la verdad respecto a quién hemos confiado para nuestra salvación eterna debería tener menos apoyo que lo demás?

Algunas personas piensan que estudiar apologética significa que vamos a buscar pleito. En nuestra cultura, "buscamos" maneras de defender nuestras creencias de la misma manera en que "buscamos" un río que tenga remolinos rápidos o turbulencias. No tiene que buscar oportunidades; éstas los buscarán a ustedes y también a sus hijos. El mandato de 1 Pedro 3:15 se dio para que estemos preparados para cuando se presenten esas ocasiones. *En defensa de la fe de nuestros hijos* se trata de preparar a nuestros hijos para que cuando se encuentren con las rocas en "los rápidos de las ideas equivocadas", no vuelquen su fe.

Un llamado para las mamás defensoras

En el año 2014 Hillary Morgan Ferrer descubrió que de todas las personas que se involucran en la apologética, las mamás son las que menos participan. También se dio cuenta que de todos los sectores de la sociedad que más necesitan la apologética, las mamás son las ¡más importantes! Eso no significa que las mamás sean las menos interesadas, sí lo están. Pero la realidad es que los recursos que actualmente se encuentran en el mercado no llenan la necesidad practica de las mamás que quieren saber cómo explicar de la mejor manera las verdades y conceptos bíblicos a sus hijos. En respuesta a ese creciente deseo y necesidad entre los padres para equiparse de una mejor manera para obedecer 1 Pedro 3:15, Ferrer inició *En defensa de la fe de nuestros hijos*.

El sitio de red *MamaBear/apologetics.com* contiene una variedad de artículos, blogs y podcasts (en inglés). Cada recurso está dirigido a los padres para que aprendan a responder a las preguntas que hacen sus hijos de manera adecuada para su edad. Ferrer reconoció que las mamás no cuentan con mucho tiempo para leer, así que se aseguró de que hubiera recursos de audio, lo cual es una parte prominente del ministerio. El *podcast* de *Apologética de Mamá Osa* tiene un estilo conversacional en el que ella y un invitado hablan de varios temas de apologética. No sé usted, pero a mí se me dificulta seguir una ponencia universitaria mientras manejo o preparo comida. Pero (igual que muchas otras mujeres) poseo la capacidad de seguir una conversación sin importar qué otra cosa esté haciendo en el momento.

Otra de las mamás cuidadosas es Robin López y ella también provee *blogcasts* semanales a través del blog de apologética en audio. Robin busca artículos útiles en apologética y los lee a los oyentes. De esa manera, mientras que la mamá hace sus actividades diarias, puede sentirse "versada", aunque no tenga tiempo libre para sentarse a leer.

¿Qué es un padre o una madre cuidadoso (y qué no es)?

Sin duda alguna los papás juegan un papel integral en la fe de sus hijos, pero es más común que sea la mamá quien pase la mayor parte del tiempo con los niños. Cuando surgen las preguntas espirituales, generalmente se dirigen hacia la mamá. ¡Solo por esa razón es que las mamás son las que hacen la mayoría de la apologética! Ustedes son la primera línea defensiva de la familia. Las mamás pueden tener una profunda influencia en el desarrollo espiritual de sus hijos. Aprender y enseñar apologética es una de las mejores cosas que podemos hacer en el cumplimiento de nuestro papel. Antes de sumergirnos en lo que es *En defensa de la fe de nuestros hijos*, asegurémonos que sabemos qué no es.

Un padre o una madre cuidadoso no es necesariamente padre. ¡Sé esto porque la fundadora de este movimiento no tiene hijos propios! Un padre o una madre cuidadoso es cualquier mujer u hombre que reconoce que los niños del cuerpo de Cristo necesitan dirección, modelos a seguir y respuestas sólidas a las preguntas difíciles acerca de la fe. Son un padre o una madre cuidadoso de los niños de la iglesia (y seamos honestos, ¿no le encanta que alguien más le apoye a afirmar las verdades que quiere que sus hijos aprendan?)

Un padre o madre cuidadosos no necesariamente tienen educación formal en apologética. No necesitamos contar con un grado académico formal en apologética para leer y escuchar excelentes materiales apologéticos. Aunque los programas de alta apologética son maravillosos, instruirse en ella puede ser tan sencillo como escuchar un *podcast* mientras lava los trastes o mientras participa en un grupo de lectura en línea.

Una mamá cuidadosa no es cáustica ni discutidora. Ella ejemplifica la segunda parte de 1 Pedro 3:15, es decir, "con mansedumbre y reverencia" tanto como la primera parte que nos dice que debemos estar preparadas para la defensa.

A menudo esta parte de la defensa obtiene toda la atención del versículo, pero esa es sólo una parte del mandato. Está claro que debemos defender en una forma muy específica. Así que la *En defensa de la fe de nuestros hijos* no sólo responde a las preguntas o críticas, sino que responde a la persona. La mamá cuidadosa apologeta responde a la persona tanto como lo hace a la pregunta.

Una mamá cuidadosa no tiene un estereotipo. Las mamás cuidadosas pueden ser parte de un club universitario, entrenadoras de baloncesto, mamás del equipo de fútbol de sus hijos, ingenieras, amas de casa, *CEOs*, científicas, maestras, reposteras, corredoras y programadoras de computación. Las mamás cuidadosas viven en todo el mundo; sus denominadores comunes son la pasión por Cristo, la búsqueda de la verdad y bueno, quizás el hecho de que ya están cansadas. Las mamás cuidadosas son mujeres que se han dado cuenta de que el reino de Dios las necesita ¡exactamente donde se encuentran!

Teodoro Roosevelt dijo: "Haz lo que puedas, con lo que tengas y donde estés". Si toda mujer cristiana aprovechara sus conversaciones con los no creyentes en la banca del parque, o en las gradas del campo de fútbol, o en las bancas de las competencias de danza de su hija, el reino tendría tantos soldados de a pie en el campo que ¡crecería de manera exponencial! Se le necesita para hacer apologética exactamente donde se encuentra, aun si eso significa enseñar las palabras verdad o evidencia a su hijo preescolar mientras le corta su pan en una forma atractiva para que se lo coma.

Cuatro cualidades clave de las mamás cuidadosas

Al iniciar este viaje, ponga atención a las cuatro H de las mamás cuidadosas que son honestidad, humildad, humor y heroísmo:

1. ***Honestidad.*** Como apologetas, debemos ser honestas intelectualmente hablando. Si alguien le mostrara el cuerpo de Cristo en una tumba y de alguna manera pudiera comprobar sin lugar a dudas que es Su cuerpo y que jamás resucitó de los muertos, ¿seguiría siendo cristiana? En realidad, es difícil de imaginar este escenario, pero el punto es que debemos ser seguidoras cuidadosas de la verdad científica, histórica y espiritual. No somos creyentes ciegas que practicamos el cristianismo porque es parte de nuestra cultura o tradición. Sostenemos las declaraciones del cristianismo como la mejor y más razonable explicación de quiénes somos, de dónde venimos y por qué estamos aquí. La mamá cuidadosa apologeta está convencida de que la búsqueda de la verdad la llevará al pie de la cruz y a la tumba vacía.

2. ***Humildad.*** La mamá cuidadosa entiende que su vida en la tierra es finita y quiere que ésta tenga propósito. Sabe que su legado no está en la joyería o vajillas que herede, sino en las perlas de sabiduría y carácter con las que puede beneficiar a sus hijos. Admite que cuando no sabe una respuesta, está dispuesta a investigar más. Corrige el curso y enmienda los errores cuando se haya

equivocado, ya sea en tono de voz o en acciones. Pero, sobre todo, reconoce la dignidad del que pregunta, porque ama a los demás como criaturas de Dios y compañeros de viaje en esta esfera que llamamos hogar y que flota en el espacio a una velocidad de 107.826 km por hora.

3. *Humor*. Quizá no haya otra habilidad más necesaria en el mundo actual que el humor. Es el cortador de las tensiones de la vida y aun puede promover la paz cuando se le utiliza de manera estratégica. En verdad es una habilidad que se puede aprender, desarrollar y afilar. ¿Por qué cree que los niños de cuatro años comparten lo que para ellos es un chiste acerca de la popó en el peor momento? Es una habilidad de supervivencia que han desarrollado para cambiar el tono de la conversación que usted está tratando de sostener con ellos respecto a que debe recoger la basura que dejó en la sala. (Pero claro que es algo totalmente hipotético. Mi hijo nunca haría una cosa así…). El humor no es tan diferente cuando se usa en una conversación acerca de la Apologética. A menudo los temas tienen implicaciones demasiado personales y es muy fácil que cualquiera de las dos personas que están hablando se empiecen a enojar. Use el humor. Eso logrará neutralizar las emociones. ¿Sabía usted que el humor sicológicamente puede bajar la posición ofensiva del otro?[5] Se trata de un bálsamo increíble, uno que debería practicar y usar más seguido, aunque de preferencia por encima del nivel de un niño de cuatro años.

4. ***Heroísmo.*** Aunque a mamá cuidadosa le encanta su cueva de comodidad y familiaridad, está dispuesta a dejarla para preparar a sus hijos para el mundo real. Lo que funcionó para nuestra generación (asistir a la iglesia, OANSA y la lectura de la Biblia) ya no es suficiente. ¿Estamos diciendo que la Biblia es insuficiente? ¡Claro que no! Sin embargo, debemos darnos cuenta de que nuestros hijos enfrentan ataques a su fe como nosotros nunca tuvimos que enfrentar, y eso significa que debemos aprender a estar al día. Sin embargo, existe la tentación de tomar la salida fácil y decidir que estamos exhaustas de debates interminables y por lo tanto trataremos de evitar hablar de cualquier cosa profunda (No veo, no oigo, no hablo).

Lo entiendo. Los últimos años no han sido buenos para un diálogo productivo. Sin importar cuánto se esfuerce nuestra cultura por llevar el péndulo hacia el otro lado de tener conversaciones vanas y que nos hagan sentir bien, no podemos conformarnos e ignorar las oportunidades que se nos presenten para hablar de la verdad de Cristo. Ese sería un grave error. Su verdad no se trata de filiaciones políticas, se trata de cómo percibimos el mundo. Y esa es la manera exacta cómo las mamás cuidadosas pueden servir en la primera línea de batalla, al regresar pensamientos bien desarrollados a la sociedad. Debemos estar listas para enfrentar al mundo y dejar nuestras cuevas de comodidad.

Soy nueva en apologética (defensa de mi fe). ¿Por dónde empiezo?

Ya que hemos establecido algunas cosas que son y las que no son, veamos lo que significa ser un padre o una madre cuidadoso apologeta para los que nos rodean.

1. **Conozca su Biblia.** En primer lugar, ministramos a nuestras familias y para hacerlo bien, debemos practicar lo que creemos. Debemos permanecer en la palabra de Dios y en oración constante. Después de todo, no podemos defender una Biblia que no conocemos.

2. **Reúna herramientas**. A menudo los creyentes se sienten intimidados por la idea de entrar a la apologética porque piensan que se requiere que sepan todas las respuestas. Este no es el caso. Debemos ser modelo de tener sed por aprender si queremos que nuestros hijos hagan lo mismo, pero no tenemos que saberlo todo al mismo tiempo. Los materiales buenos de apologética abundan, tanto impresos como en línea. ¿No le gusta leer? Escuche un *podcast*, ¿Necesita ver y escuchar qué está sucediendo? Vaya a los recursos de apologética en *YouTube*. ¿Necesita reunirse con otras personas? Hay muy buenos grupos de *Facebook* cuyo único propósito es discutir preguntas de apologética. Lo más importante es dar el primer paso.

3. **Programe tiempos familiares regulares para estudiar.** Después de haber recolectado sus recursos, cree

un tiempo y espacio con su familia para discusiones regulares. De manera intencional haga preguntas difíciles a sus hijos acerca del cristianismo. No solamente les enseñamos las respuestas; también debemos enseñarles dónde encontrarlas. Podemos analizar el ejemplo de otros sistemas de fe que han establecido ciertas rutinas dentro de sus familias. El islamismo, mormonismo y el judaísmo ortodoxo tienen momentos específicos del día durante los cuales hacen un alto para orar, estudiar sus libros religiosos o para discipular a sus hijos. Quizá no podremos tener muchas lecciones al día, pero podemos empezar con una reunión semanal para tener estudios bíblicos y sostener conversaciones intencionales durante el día. Hagamos un compromiso de ser la generación de padres que restauren el cristianismo a un estado de pensamiento crítico, academia y práctica de vida real al hacer de Cristo y sus verdades la prioridad deliberada de nuestras rutinas familiares diarias.

4. **Encuentre otras mamás y papás que piensen como usted**. Luego, retomemos el enfoque fundamental de centrarnos y aprender desde nuestros hogares hacia nuestros hermanos y hermanas en Cristo. Siendo padres cuidadosos podemos compartir nuestra emoción y confianza para defender las verdades del cristianismo por medio de clubes de libros de apologética en nuestras iglesias, incorporando más apologética en nuestras clases de escuela dominical para todas las edades y participando en grupos de discusión en línea. Así como un carbón no puede permanecer encendido por sí mismo,

el entusiasmo se puede disipar si lo guardamos para nosotras mismas. Discutir ideas de apologética con otras personas es la forma en que experimentaremos que el hierro aguza al hierro (Proverbios 27:17).

5. **Practique, practique, practique**. Finalmente tome lo que está aprendiendo y practique tener conversaciones, aunque lo haga con extraños. Sé que esto suena difícil, pero aquí es donde las mamás cuidadosas necesitan ser muy valientes. Jamás le pediría hacer nada que yo no haya hecho. En el sitio web del ministerio en inglés de *Apologética de Mamá Osa*, escribo una serie de blogs llamados *Apologética para el Parque*, en el que hablo de lo que significa este paso. Comparto mis experiencias de la vida real (como un reportero de campo sobre la apologética) de las conversaciones que he sostenido cuando llevo a mi hijo a jugar al parque. En la serie de *Apologética para el Parque* hablo de las habilidades de diferenciación que necesita para reconocer una oportunidad de iniciar una conversación con alguien. He descubierto que un elemento clave para el éxito es hacerle preguntas a la gente acerca de sus creencias y razones que las sostienen. Otra clave es practicar mucho.

Algunas personas asumen equivocadamente que defender su fe significa que deben hablar todo el tiempo, pero a menudo es mejor hablar lo menos posible. Deje que el otro comparta sus ideas y las razones por las que cree lo que cree. Es una magnifica manera de aprender acerca de la visión de la otra persona (y evitar los malos entendidos), y también ayudar a la otra persona de manera gentil y respetuosa a descubrir áreas en las que su razonamiento falla. Todo lo que necesitamos es hacer las preguntas correctas. Para una guía práctica acerca de cómo conducir una conversación sobre apologética, lea el libro de Greg Koukl llamado *"Tácticas para defender la fe"*. Es un recurso esencial de apologética, uno al que me refiero a menudo en mi serie de *blogs*.

Padres, estamos muy emocionadas por emprender esta gran aventura y nos sentimos honradas por ser parte de ella. Sé que encontrará ayuda en las páginas que vienen por delante y satisfacción en su papel de padres e hijos del Rey al poner en práctica el importante trabajo de la apologética. ¡La necesitamos! Como le decimos a un padre o una madre cuidadoso: "la apologética quizá no afecte su fe, pero sí afectará la de sus hijos".

PREGUNTAS PARA REFLEXIONAR

1. **Rompehielos**: ¿Ha sido testigo (de usted mismo o de alguien más) de algo que demuestre la fuerza y fiereza de un padre o una madre cuidadoso protegiendo a sus hijos?

2. **Tema principal:** ¡Usted puede hacerlo! ¿Cuáles son algunos malos entendidos que ha tenido en el pasado acerca de la apologética? ¿Le ayudó este capítulo a aclarar cómo usted puede ser un apologeta cristiano? ¿Qué fue algo que sobresalió para usted en este capítulo?

3. **Autoevaluación**: Repase los 4 atributos que comienzan con la letra H. ¿Cuál de ellos es más natural para usted? ¿Cuál se le dificulta más y por qué? De la sección "¿por dónde empiezo?" ¿Cuál de las sugerencias es la más fácil de implementar para usted y cuál está más lejos de su zona de comodidad? ¿Por qué?

4. **Lluvia de ideas**: ¿Cuáles son algunas maneras en las que usted y otros pueden animarse y reforzar el aprendizaje de la apologética entre ustedes y en la comunidad de su iglesia?

5. **Suelten el oso que llevan dentro**: ¿Estarían dispuestos a hablar con su pastor u otros líderes de su iglesia acerca de lo que opinan de la apologética y la importancia del entrenamiento en cuanto a la visión del mundo dirigida

a los jóvenes? Usted podría compartir con su pastor o líderes algunas de las estadísticas que presentamos en este capítulo. ¿Cuáles son algunas de las maneras en que podemos ayudar a la iglesia a revertir la tendencia de los jóvenes de abandonar la iglesia?

LA MAMÁ CUIDADOSA QUE DISCIERNE

-El refinado arte de "masticar y escupir"-

Hillary Morgan Ferrer

Pronuncie la palabra "discernimiento" y todo mundo pensará en algo muy diferente. El instructor de la clase de la iglesia de mi amiga tenía algo muy interesante que decir. Él dijo que es evidente que cuando se trata del discernimiento entre creyentes, el Espíritu Santo nunca va a revelar nada "negativo" acerca de otro creyente. Si tu "discernimiento" es sobre algo negativo, entonces se puede concluir que no procede del Espíritu Santo. Hummmm, ¿disculpe? ¿El Señor nunca me va a dar discernimiento sobre algo negativo de la vida de otro creyente? ¿Dónde se encuentra eso en la Biblia? (Apuesto que el profeta Natán no estaría de acuerdo).[1]

También he conocido respetables líderes cristianos que implícitamente definen el discernimiento de una manera totalmente opuesta. En vez de nunca identificar algo negativo, siempre ven que todo lo que pasa a su alrededor son cosas malas. Quizá no dirían algo como: "el discernimiento significa señalar todo aquello con lo que no estás de acuerdo". Sin embargo, cuando dicen que tienen discernimiento bíblico a menudo señalan el dedo acusador despotricando de principio a fin. Podrían darle un título así: "Todo lo que es negativo en _____". Usted elija, una película, un libro, la teología de otro cristiano, etc.

Otras personas equiparan el discernimiento con un sentimiento como la intuición. Eso es lo que la Biblia señala como "discernimiento de espíritus" (véase 1 Corintios 12:10; 1 Juan 4:1). Si bien es cierto que es parte del discernimiento, no se trata del todo, o aun de la mayor parte de lo que estamos hablando aquí. Lo que decimos acerca del uso del discernimiento cuando se trata de ideas y puntos de vista del mundo, es discernir lo que es verdad y lo que no es. Esto requiere compromiso para estudiar y entender las enseñanzas bíblicas y no solamente señalar algunos versículos.

La fiesta a la que nadie quiere ir

El joven hijo de una de mis amigas le dijo: "¡Siempre me dices que no! ¡Estás en la fiesta del no! Nadie quiere ir a esa fiesta, mamá". Sospecho que se trató de uno de esos momentos en que mi amiga se sintió entre la espada y la pared, entre disciplinarlo por su falta de respeto o reírse de la ocurrencia. Habiendo sido maestra, también he sentido el mismo conflicto. Pero falta de respeto o no, su hijo tenía razón en parte. Si los cristianos nos centramos constantemente en las áreas en las que no estamos de acuerdo, entonces nos hemos convertido en la comidilla de los críticos del cristianismo. Nos sentamos cómodamente, no hacemos nada, pero destruimos a cualquiera que sea lo suficientemente valiente como para intentar hacer algo. ¡Qué trabajo tan seguro y fácil! ¿A quién no le gustaría hacerlo?

Jamás quisiéramos que al cristianismo se le conociera como la "fiesta del no". Más bien se nos debería conocer por nuestro amor, sabiduría y devoción a Cristo y del uno para con el otro. Es verdad que parte de no contaminarnos con el mundo significa rechazar ciertas prácticas de la cultura, pero ese no debería ser nuestro mensaje principal a la gente que nos rodea.[2]

Así que, ¿cómo definimos el discernimiento?

El discernimiento bíblico significa identificar tanto lo bueno como lo malo. He comparado el discernimiento bíblico como padecer una alergia por alimentos. Por ejemplo, yo no puedo comer chícharos. (Más bien, sí puedo, pero es una experiencia muy desagradable para todos los que me rodean después de ingerirlos). Si alguien tiene la bondad de servirme un exquisito plato de arroz frito con vegetales, lo primero que hago es separar los chícharos. No acepto toda la comida, ni tampoco la rechazo toda. Podríamos llamar a esto "discernimiento culinario". Nuestro trabajo es ayudar a nuestros hijos a separar lo bueno de lo malo, tomar lo bueno y rechazar lo malo.

Los niños por naturaleza poseen discernimiento culinario. Levante la mano quien tenga un hijo melindroso para comer. (Asumo que la mayoría levantó la mano). Los niños de manera instintiva pican la comida en cuanto se la servimos y se las ponemos enfrente. Muy rara vez comerán todo sin una inspección exhaustiva. Quieren asegurarse de que absolutamente no los estamos engañando con uno de nuestros trucos de introducir un vegetal desconocido encubierto entre sus alimentos. Si hay elementos que no les gustan, los retirarán de su plato de inmediato. (Esto va a menudo acompañado por quejidos de frustración y muestras de desacuerdo para disuadirnos de incluir esos ingredientes en su plato en el futuro).

> **Padres es nuestro trabajo separar lo bueno de lo malo, aceptar lo bueno y rechazar lo malo**

No es necesario decir que no tenemos que enseñar a nuestros hijos a ser melindrosos cuando se trata de lo que comen, ellos lo hacen por sí solos. Pero sí debemos entrenarlos para discernir las cosas con las que alimentan su mente. Recuerdo la antigua canción de escuela dominical que decía: "cuidado mis ojitos lo que ven…". Todo lo que ven y escuchan nuestros hijos puede ser que alimente o dañe su cuerpo espiritual.

La mayoría de los padres quizá digan algo como: "Soy muy cuidadoso con lo que mis hijos ven o escuchan". ¡Eso es bueno! Los niños progresan a través de las etapas de su desarrollo en lo físico y en lo moral. Los nuevos padres tienen que proveer medidas de seguridad en su hogar, porque saben que los niños de cierta edad no tienen el concepto de lo que es bueno y lo que es malo. De manera similar, los padres también deben supervisar los medios de comunicación a los que sus hijos estarán expuestos. Si ese es el caso de usted, ¡aplaudo su cuidado! Sin embargo, debemos darnos cuenta de que en esencia esto es similar a cortar el *bistec* de sus hijos. Ciertamente la supervisión de los padres es apropiada para las edades más tempranas, pero llegará el momento en que sus hijos necesiten aprender las habilidades para tomar decisiones sabias por sí mismos, sin tener que estar nosotros encima de ellos. Queremos que nuestros hijos estén seguros, pero para que esto suceda, debemos enseñarles a discernir por sí mismos. Cuando se trata de los medios de comunicación no podemos hacerlo simplemente etiquetando a algo como "correcto o peligroso" o "cristiano o no cristiano".

He visto que muchos padres usan la táctica de seguro o peligroso. El problema es que muchos aspectos de la cultura no se pueden simplemente dividir como la comida. Por ejemplo, cuando escuchamos una canción, no podemos escoger qué partes deseamos escuchar y cuáles no. Vivimos en un mundo en el que lo bueno viene mezclado con lo malo. Hay muy pocas cosas que son o todo seguras o todo peligrosas. Casi todo requiere de discernimiento.

El método de discernimiento de masticar y escupir

Tengo para usted una declaración impactante: no hay cristianos tan correctos en su teología que nunca se equivoquen y no hay ateos tan malos que jamás estén en lo correcto. No sucede así. Solamente hay un hombre perfecto, y ese es Jesús, y un solo libro perfecto, la Biblia. Casi todo lo demás tendrá una mezcla de verdad y error.[3]

El peligro de dividir al mundo en dos categorías simplistas de "seguro" y "peligroso" o entre "cristiano" y "no cristiano" es que nuestros hijos de manera eventual (y quizás accidentalmente) pueden creerse una mentira de alguien que pensaban era un cristiano seguro o rechacen una verdad de alguien a quien consideraban peligroso o no cristiano. Aquí es donde el método de discernimiento de separar la comida ya no aplica. Necesitamos un nuevo modelo. Y por muy grotesco que pueda sonar, lo llamamos el método de masticar y escupir.

La gran mayoría de las personas les encanta comer carne de res. ¡Me encanta comer un buen *bistec*! La mayoría de quienes lo comemos sabemos que en ocasiones hay pedazos de carne que te obligan a masticar… y masticar. A esto se les llama cartílagos. Desde que somos muy jóvenes se nos enseña a escupir de manera muy discreta el cartílago en una servilleta sin llamar la atención y luego continuar con la comida. Mastica y escupe. Lo hacemos con ciertos tipos de alimentos, y debemos hacerlo con la cultura.

Como ejemplo, utilizaré películas con clasificación R. Las películas consideradas R de los años 1980 y 1990, ahora son las permitidas para adolescentes. Actualmente es muy difícil para mí aguantar toda la duración de una película clasificada como R por la gran cantidad de maldiciones y contenido sexual. Por eso es que generalmente las evito, pero no hago de esto una regla estricta.[4]

No rechazo todas las películas clasificadas como R porque hay algunas que llevan contenido que los cristianos podrían encontrar valioso. Quizá no presenten los pasos para la salvación o a un ateo que acepte a Cristo, pero sí muestran el tipo de cruda realidad que debemos aceptar que existe y que no podemos mostrar sin contenido inquietante. Por ejemplo, hubo una película que salió en el cine en los años 1990 que presentaba el viaje que siguieron un joven y una señorita al incursionar por el mundo de las drogas. La película mostraba las etapas físicas y sicológicas que acompañan las adicciones y las cosas que la gente está dispuesta a hacer con tal de obtener su siguiente dosis. Fue una película brillante, muy bien producida y hasta el día de hoy sigo recordado ciertas imágenes que vi. ¿Qué hice en cuanto terminé de verla? Me arrodillé y alabé a Dios por haberme protegido de algo así. La película me recordó cómo es que unas cuantas malas decisiones me pudieron haber llevado como uno de esos adolescentes que cayeron en el grupo incorrecto y entraron a la cultura de las drogas.

La película fue brillante en el sentido en que mostraba la decadencia lenta pero segura que sucede cuando un adolescente se hace adicto. En ningún momento la película glorificó el proceso. Apuesto a que nadie de los que vimos la película dejamos la sala pensando: "Oh, que divertido se ve eso. ¡Me gustaría probar las drogas!" La próxima vez que alguno de ellos fue a una fiesta donde se ofrecían drogas, estoy segura que lo pensaron dos veces. La película expuso de manera muy gráfica el engaño de las drogas, y en ese sentido, pienso que dio honra a Dios. ¿Toda la película honró a Dios? No. Pero definitivamente valió la pena una experiencia de masticar y escupir.

Mi punto es que *un punto de vista acerca del mundo maduro, informado e inteligente, no debe temer los falsos mensajes que el mundo nos lanza si hemos sido entrenados para identificar qué aspectos debemos rechazar.* No estoy diciendo que todas las películas clasificación R son tan buenas como ésta (especialmente las que se producen hoy en día). Pero en el caso de que una película tenga en sí valor redentor, estoy bien preparada y he practicado el método de masticar y escupir, aceptando en mi mente lo que es útil espiritualmente hablando, pero escupiendo todo lo demás.

No solamente uso este método cuando interactúo con la cultura, sino también cuando escucho un sermón. Existen muchos buenos teólogos, pero nadie está 100 por ciento correcto y equilibrado todo el tiempo. No podemos escuchar a los pastores sin el método ocasional de masticar y escupir. Ni siquiera el apóstol Pablo fue inmune a tal escrutinio. Cuando se presentó para enseñar a los de Berea, todos pensaban: "¿Y quién es este hombre? ¡Vamos a comprobar todo lo que nos está diciendo!" Y se les ¡encomió por ello! (Hechos 17:11).

Las consecuencias de no enseñar a nuestros hijos a masticar y escupir

Como ya lo mencioné, cuando dividimos al mundo entre seguro/bueno/cristiano o peligroso/malo/no cristiano, es como cortar el bistec del plato de nuestros hijos. Este programa de televisión es bueno. Este es malo. Puedes escuchar a estos músicos, pero no a aquellos. Ciertamente este método es adecuado para niños que todavía están en la etapa de pensamiento en blanco y negro, pero será contraproducente conforme vayan madurando. ¿Por qué? Porque les da la impresión equivocada de que mientras categoricen algo como correcto, pueden dejar de pensar y operar en piloto automático. Sin embargo, no hay tal cosa como piloto automático en la vida cristiana. He escuchado palabras terribles durante un sermón de un pastor y me sorprendió leer algunas ideas que Karl Marx presentó en su Manifiesto Comunista. La mayoría de las cosas son una mezcla de bueno y malo. (O como Rebeca (una de las coautoras de este libro) siempre dice, todos somos una mezcla de mármol y lodo).

Aunque parezca agotador hacerlo, debemos ejercer discernimiento en respuesta a todo lo que escuchamos y vemos, y debemos entrenar a nuestros hijos a hacer lo mismo. De otra manera, ¿qué sucederá cuando su hijo se vaya a la universidad y asuma que tanto los profesores como los pastores u otros cristianos son seguros, cuando en realidad no lo son? He visto a varios cristianos fuertes caer en caminos teológicos peligrosos porque pensaban que la doctrina de un pastor o líder cristiano era confiable. La mayoría de las personas pueden distinguir a un lobo entre las ovejas, pero es mucho más difícil distinguir a un lobo vestido de oveja y en efecto, ese es un mandato que recibimos (Mateo 7:15).

Segundo, ¿qué pasará con sus hijos que están bajo la impresión de que ciertos artistas, conferencistas o libros son peligrosos cuando en realidad no lo son? Casi puedo garantizar que en algún punto ellos encontrarán algo de valor, bueno o verdadero dentro de aquello de lo cual les dijeron que caía en la categoría de lo malo. Conforme van creciendo nuestros hijos y exploran el mundo por si solos, descubrirán que algunas de las "frutas prohibidas" que les obligamos a evitar no son la morada de iniquidad llena de sexo y adoración satánica. En este punto, se sentirán engañados. ¿Y engañados por quién? Por usted, ¡claro está!, o por sus pastores o la iglesia, o quizá por el cristianismo en general. Y una vez que se sienten engañados en alguna cosa, comenzarán a preguntarse qué más es mentira. Para entonces, usted ya habrá perdido toda credibilidad y ¿por qué? ¿Solo porque usted deseaba que sus hijos estuvieran más "seguros" un par de años más y para trazar una línea directa entre todas las demás cosas que les negó en su juventud? Excepto que ahora, cuando les llegó el tiempo de interactuar más con el mundo, es como si anduvieran caminando por un camino peligroso carentes de un sistema de inmunidad.

Las mentiras más dañinas vienen envueltas en medias verdades

Debemos enseñar a nuestros hijos el fino arte de masticar y escupir. Debemos fortalecer su sistema inmunológico espiritual. Debemos enseñarlos a interactuar con la cultura contemporánea, aceptar lo que es bueno y escupir lo que es malo. Pero no podemos enseñarles a hacer esto si no ¡lo sabemos hacer nosotros! Así que, ¿qué podemos hacer?

¡PADRES RUJAN COMO UN OSO!

El discernimiento es un proceso y no se detiene después de identificar los elementos buenos y malos de la cultura. Debemos saber por qué ciertas cosas son consideradas buenas o malas. Esa es la razón por la que en el libro *En Defensa de la fe de nuestros hijos* hemos creado esta ¡guía práctica para usted! No vamos a garantizar que al utilizar estos pasos sus hijos desarrollarán perfecto discernimiento y que jamás se van a equivocar. Sin embargo, al practicar estos pasos con regularidad, aprenderán las herramientas necesarias para proteger sus mentes y corazones de las mentiras populares que vienen envueltas en medias verdades. Porque ese es el tipo de mentiras más efectivas ¿o no?

La verdad es poderosa y las mentiras más potentes son las que vienen envueltas en medias verdades. Si una cucharada de azúcar ayuda a que nos pasemos una medicina, entonces también es cierto que las medias verdades ayudan a que se pasen las mentiras. El método de "todo es seguro o peligroso" enseña a los niños que es fácil detectar una mentira. El método de masticar y escupir les enseña que la mayoría de las mentiras vienen envueltas en paquetes atractivos.

Ser un padre o una madre cuidadoso no se limita a proteger sus hijos de los peligros de este mundo, aunque sí es parte del trabajo. Los mejores padres les enseñan a sus hijos a detectar los peligros por sí mismos y ¡evitarlos! En la dinámica de *Apologética para Mamá Osa* utilizamos el método ROAR (rugir). ROAR es el acrónimo de:

Reconocer el mensaje
Ofrecer discernimiento (afirmar lo bueno y rechazar lo malo)
Acercamiento más saludable
Reforzar a través de la discusión, discipulado y oración

Cada capítulo de este libro le ayudará a estudiar estos cuatro pasos. Estamos en guerra contra la cultura e infortunadamente muchas personas hablan mal de los demás. ¿Por qué? Porque ¡ninguno de los lados reconoce lo bueno que hay en su oponente! El método ROAR tiene la intención de identificar un mensaje y luego analizar sus ideas con gracia y verdad. Lograr esto requiere identificar las buenas intenciones, separarlas de las malas ideas, sintetizar un acercamiento más saludable y orar de manera estratégica en medio de la batalla por las ideas.

Paso 1: Reconocer el mensaje

Todos los medios de comunicación, películas, libros, música y arte, conllevan un mensaje. La pregunta que debemos hacer es esta: ¿Podemos identificar cuál es ese mensaje? Regresemos a la analogía de masticar y escupir en la que la única manera que tenemos de saber si debemos escupir algo es identificando de manera correcta la comida que tenemos enfrente. ¿Es aguada cuando debería ser sólida? ¿Es crujiente cuando debería ser suave? Si muerdo un pedazo de brócoli y tiene la textura del pudín, ¡voy a escupir lo podrido de manera inmediata! Sé cómo debe sentirse la textura del brócoli dentro de mi boca y sé que no es textura de pudín.

Cuando se trata de los medios de comunicación, aquí hay algunos hábitos que pueden ser de utilidad:

1. Identifique los mensajes que se presentan. Todos tienen uno o más.

2. Junto con sus hijos, identifique los valores que exaltan los creadores o productores. (¿Libertad? ¿Autonomía? ¿Sexo? ¿Drogas? ¿Orgullo?) ¿Cuáles son los valores que están minimizando? (¿Humildad? ¿Responsabilidad? ¿Cuestiones de género tradicionales?)

3. Trate de distinguir el punto de vista acerca del mundo que hay detrás del mensaje. ¿Cuál cree que es la definición del artista de lo que es bueno o malo? ¿Y qué decir de lo moral o inmoral? ¿Cuál es la vida buena, la que

refleja el éxito (según el arte o escritura)? ¿Es el dinero? ¿Muchas relaciones románticas? ¿Libertad de las reglas?

4. Si se encuentra viendo una película, identifique qué personajes y cualidades se presentan de manera atractiva. Ponga atención a las cualidades que exhiben los villanos. Los protagonistas y antagonistas suelen ser prototipos o representaciones de ideas.

Identificar de manera correcta el mensaje es el primer paso para ejercer el discernimiento. Hay muchas maneras en las que puede cultivar esta habilidad con sus hijos. Cuando vaya a ver una película, escoja los cines que estén lo más lejos posible de su casa. Durante el largo trayecto de regreso a casa, hablen de la película. Pida a sus hijos que identifiquen el tema general. ¿Pueden hacerlo? ¿Puede usted hacerlo?

¿Qué de la música que escuchan sus hijos? ¿Cuáles son sus canciones favoritas? Imprima la letra de las canciones y en una de sus reuniones familiares repasen la canción estrofa por estrofa. Identifique el mensaje detrás de ellas. ¿Qué es lo que están comunicando como si fuera verdad? ¿Qué es lo que se exalta? ¿Qué es lo que se minimiza?

Una parte del proceso de santificación bíblica, o de crecimiento espiritual, es entrenar a nuestros apetitos para que busquen lo bueno y se sientan repelidos por lo que no lo es. ¿Qué promueve que el consumidor busque la canción, película, pieza de arte o historia? Identifíquelo. Discútanlo. ¿Es algo que la Biblia desea que anhelemos? Estoy segura que sus hijos se

La mamá cuidadosa que discierne

molestarán, pero esa es parte de ser padre, ¿verdad? (Personalmente pienso que cuando nuestros hijos se molestan es una señal dada por Dios de que estamos haciendo algo bien).

Paso 2: Ofrezca discernimiento

Hay una gran diferencia entre ofrecer discernimiento y señalar todo con el dedo. Nadie quiere tener una conversación con alguien que sermonea desde una tarima improvisada, así que hay que mantener la comunicación de doble vía. Los niños tienden a ser pensadores en blanco y negro, así que es importante que seamos modelo de discernimiento de tal manera que no los animemos a ser "bruscos para decir la verdad". No nos equivoquemos: una persona podría estar en lo correcto y al mismo tiempo ser totalmente desagradable. Nuestra meta es que la verdad de Dios sea aroma agradable de Cristo, no el hedor de la auto justicia.

Existen tres habilidades que son necesarias a la hora de practicar el discernimiento: (1) ver las cosas correctamente, (2) identificar correctamente lo bueno, y (3) identificar correctamente lo malo. Si no vemos las cosas de manera correcta, podríamos terminar condenando una versión del hombre de paja (es decir una representación falsa) de una idea. Un argumento del hombre de paja es un tipo de falacia lógica, esta se da cuando una persona presenta una versión demasiado simplificada o distorsionada de una idea y luego ofrece refutarla. Así se le llama porque hacer esto es como entrar en una pelea con un espantapájaros. Quizá gane "la pelea", pero solamente porque planeó una situación en la que difícilmente se daría una pelea justa.

– 89 –

He aquí dos declaraciones de hombres de paja: (1) "Los evolucionistas creen que su tatarabuelo era un mono" y (2) "Los promotores de provida piensan que las mujeres deben volver a vivir descalzas y embarazadas en su cocina". Un evolucionista jamás estará de acuerdo con la primera declaración, así como los que apoyan la vida jamás aceptarían la segunda. En ambos casos, se ha compuesto una versión de hombre de paja de un punto de vista especifico. Debemos evitar hacer esto si queremos ganarnos el derecho de hablar a nuestra cultura. Nuestra meta en el discernimiento es presentar una realidad apegada a la verdad de lo que creen nuestros oponentes, al punto tal, que ellos estarán de acuerdo en lo que decimos de ellos. Piense en la regla de oro de la apologética: trata las ideas de los demás de la manera en que te gustaría que trataran las tuyas.

La segunda necesidad en cuanto al discernimiento es identificar correctamente lo bueno. Esto podría darse en forma de buenas ideas, buenos valores o buenas motivaciones. Hay muchas cosas malas que la gente hace aun teniendo motivaciones buenas. Tener las motivaciones correctas no hace que sus acciones sean buenas, pero tampoco hace que sus declaraciones lo sean. Señalar que los puntos de vista que alguien sostiene con vehemencia es como hacer una cirugía del punto de vista del mundo. ¿Cómo atiende un cirujano a su paciente? No lo lleva de inmediato y con prisa a la sala de operaciones, llevando el bisturí en mano y cortándolo de la nada. No. El doctor construye una relación con el paciente. Juntos platican acerca del procedimiento que se va a realizar y por qué le será de beneficio. Con el tiempo se establece una relación de confianza.

De manera similar, establecemos la confianza con la gente cuando reconocemos sus buenas intenciones. Pocas personas piensan que están del lado equivocado de la historia. Todo mundo se ve a sí mismo motivado por un bien mayor. Debemos tratar de ver sus ideas desde sus propias perspectivas. ¿Qué es lo que valoran? ¿Qué tratan de lograr? ¿Cuál es su meta final? Una persona que cree en el comunismo a menudo está motivada por la corrupción de las corporaciones gigantescas. Quizá esa persona conoce gente que tiene tres trabajos y no logra juntar lo suficiente para pagar sus servicios. Esa persona quizá se duela por las dificultades de los pobres y de manera genuina quiere ayudar a que mejore su vida. Todas esas motivaciones son cosas que ¡podemos aceptar! Debemos levantarnos contra la corrupción. Debemos querer ayudar a los pobres.

De más está decir que hay asuntos gigantescos del comunismo contra los que debemos estar en desacuerdo. Sin embargo, antes de señalar cada uno de ellos, coloquémonos en su mismo lado, como camaradas mal dirigidos, y reconozcamos lo bueno que hay en ellos. Es más fácil pelear con la gente cuando estamos en oposición a ellos. Es mucho más difícil dar el primer golpe cuando estamos en el mismo lado. Cuando afirmamos las buenas intenciones del otro, construimos puentes de confianza. Estos puentes le comunican a la persona: "Te veo. Te escucho. Te entiendo". Esa confianza se debe construir antes de tratar de "remodelar" sus creencias equivocadas.

Esa es la razón por la que el paso de afirmar lo bueno debe ser el primero. La gente podría pensar que su creencia se encuentra en su identidad misma, pero no es así. La Biblia nos dice en Colosenses 2:8 "Mirad que nadie os engañe por medio de filosofías y huecas sutilezas". No estamos tratando con enemigos. Estamos tratando con cautivos. Piense que se trata de una situación de rehenes. Todo buen policía sabe que, si un secuestrador tiene a un rehén, no se puede disparar a menos que se pueda separar al rehén lo suficiente para que la bala no le dé al rehén, sino al malhechor. En la batalla por las ideas, no podemos lanzar una bomba de verdad y dejar que todo lo demás caiga donde sea. Debemos amar a la persona, aunque tengamos que demoler sus ideas.

El último requisito para ejercer discernimiento es identificar lo malo. La gente por lo regular cae en una de dos categorías; les cuesta llegar a este paso (y trata de evitarlo a toda costa) o este es su paso favorito y apresura los anteriores para comenzar a señalar todo lo que está mal en el mundo. Hay tiempo y lugares adecuados para hablar contra las mentiras que se introducen a través de motivaciones virtuosas. Cuando la gente no habla, las mentiras crecen imparables. Una amiga mía solía decir a sus hijos: "Lo que hoy toleran, mañana lo aceptarán. Lo que aceptan hoy, mañana lo abrazarán". Yo añadiría un tercer paso: "Lo que abrazas hoy, mañana lo promoverás". Hemos sido testigos de esta progresión en el ámbito de la ética sexual, ¿o no?

Paso 3: Argumente un acercamiento más saludable

Ya casi puedo escuchar el resoplido de algunas mamás al escuchar este paso. "¿Qué, qué? No hay forma en que enseñe a mis hijos a argumentar. ¡Siempre trato de que dejen de discutir!" Antes de apreciar este tercer paso, tenemos que entender mejor la definición de argumentar. El diccionario define argumentar así: "Exponer una cosa como argumento. Demostrar o justificar una cosa mediante argumentos". Eso es lo que queremos decir en *En defensa de la fe de nuestros hijos* cuando hablamos de argumentar.

Cuando argumentamos en favor de un mejor punto de vista acerca del mundo, proveemos las razones por las que afirmamos que lo que decimos es bueno y rechazamos lo que consideramos malo. Necesitamos presentar razones para decir que una idea es verdad y otra es mentira. No podemos atacar el punto de vista de alguien más y simplemente dejar las cosas así. Tenemos que proponer un punto de vista alterno, uno que presente los elementos buenos que hemos afirmado, al mismo tiempo que reemplazamos las mentiras con la sabiduría bíblica.

La sabiduría bíblica no ignora lo que sucede en el mundo. Sabemos que esta vida no siempre está llena de arco iris y mascotitas. Más bien toma en cuenta la naturaleza humana. Anticipa la maldad, el egoísmo y el sufrimiento. No está bajo la impresión de que alcanzaremos la utopía en este mundo. Un punto de vista del mundo desde la Biblia ve al mundo como quebrantado y desordenado, pero al mismo tiempo sabe de la esperanza que Cristo provee.

Tener un punto de vista bíblico no significa que solamente adjuntamos versículos bíblicos a declaraciones que decimos y eso es todo. Debemos habernos dado cuenta ya que cualquiera puede tomar un versículo fuera de su contexto y promover su agenda personal. No solamente debemos conocer la Biblia, debemos conocer a Dios y Su corazón. El corazón de Dios jamás entrará en conflicto con Su palabra, pero se pueden torcer las palabras de Dios, como sucedió en el huerto del Edén.

Además, mientras que nosotros los cristianos creemos que un punto de vista correcto del mundo es un punto de vista bíblico, no debemos limitarnos a unos cuantos versículos bíblicos cuando se trata de apoyar nuestra postura. La Biblia es un extraordinario punto de partida cuando hablamos con otros creyentes, pero a la mayoría de los incrédulos no les importa lo que dice la Biblia. Debemos hallar terreno común para darles una razón para querer hablar con nosotros.

Es asombroso ver cuántas verdades bíblicas se habían ignorado en el pasado hasta que la ciencia moderna finalmente ha demostrado que son verdad. Un punto de vista del mundo que se basa en la Biblia nos ayuda a florecer con perspicacia acerca de la naturaleza humana, principios de discernimiento, directrices para la sociedad y verdades acerca de la verdad absoluta. Nos permite ver las cosas como son en realidad. El sentido común y la ciencia bien informada refuerzan un punto de vista del mundo correcto y bíblico. Por esa razón, no solo compartiremos versículos que reflejan la verdad y la mentira que discutiremos en este libro, sino que también presentaremos evidencias prácticas, de la vida real y de sentido común para apoyar lo que enseña la palabra de Dios. Sus hijos necesitan saber que la sabiduría de Dios no solamente es válida dentro de la Iglesia. Se le puede llevar al ambiente de la ciencia, sociología y sicología y ahí también se demuestra que es verdad.

Paso 4: Refuerce a través de la discusión, discipulado y oración

No es suficiente discernir entre lo bueno y lo malo, o aun proveer razones para las conclusiones a las que hemos llegado como resultado de nuestro discernimiento. Si nos detenemos ahí es como si hubiéramos estudiado para presentar un examen y luego nos quedamos dormidas el día del examen. La manera en que vivimos la vida evidencia que nuestro punto de vista bíblico del mundo es coherente, razonable, racional y bueno. No es suficiente con que nuestros hijos nos escuchen hablar de la verdad; deben entender cómo vivimos esa verdad.

Al final de cada capítulo proveeremos algunas formas de comenzar las conversaciones que puede sostener con sus hijos. También le recomendaremos algunas actividades que le ayudarán a reforzar las verdades que sostenemos y las mentiras que rechazamos. Finalmente, no podemos ignorar el hecho de que nuestra guerra no es contra gente de carne y hueso. ¡Ni siquiera es una guerra de ideas! Nuestra guerra es, en primer lugar, una guerra espiritual y necesitamos prepararnos para ese fin. Así que también hemos incluido una sección de oración al final de cada capítulo de la Parte 2, con oraciones específicas para hacerlas por cada mentira que discutiremos. Podríamos hablar todo el día, pero la verdadera batalla se libra sobre nuestras rodillas. ¡Nunca olvidemos esa verdad!

PREGUNTAS PARA REFLEXIONAR:

1. **Rompehielos**: ¿Qué es lo más desagradable que ha comido por accidente?

2. **Tema principal**: El discernimiento significa que afirmamos lo bueno y rechazamos lo malo. ¿Qué ejemplos de la cultura actual polarizan a las personas? ¿Alguna vez ha estado totalmente en desacuerdo con alguien acerca de algo que usted pensaba que estaba "mal"? Escoja un tema para discutirlo (un programa de TV, una película, un libro, un punto de vista político o una forma de pensar) y hablen acerca de lo bueno y lo malo. ¿Qué hay de bueno que podamos ingerir? ¿Qué se debe escupir?

3. **Autoevaluación**: ¿Tiene la tendencia a etiquetar las cosas como seguras o peligrosas para sus hijos? ¿Para qué edades o tipos de personalidad podría estar equivocado este método? ¿Por qué?

4. **Lluvia de ideas**: ¿Cuáles son algunas de las formas en que puede tomar las redes sociales de sus hijos o sus intereses, y enseñarles el método de masticar y escupir?

5. **Suelten el oso que lleva dentro**: Escojan una canción o película que le gusta a su hijo y escúchenla o véanla juntos. Identifique los aspectos positivos que se alinean con la verdad de Dios. Identifique los aspectos que no. Recuérdeles a sus hijos cuán importante es que ellos practiquen este tipo de discernimiento con todos los libros, películas, música e ideas.

EL ROBO LINGÜÍSTICO

-Redefiniendo palabras para salirse
con la suya y evitar la realidad-

Hillary Morgan Ferrer

Cursaba el quinto año de primaria cuando enfrenté por primera vez el concepto del robo lingüístico. Acababan de transferirme de una escuela cristiana privada en la que había estado el año anterior a una escuela pública rural. Al entrar al pasillo un día, tuve una increíble sensación de paz y gozo, así que decidí expresar mi sentir, respiré profundo y dije las siguientes palabras a todo pulmón: "¡Me siento muy *gay* (feliz en español)!" De forma instantánea me di cuenta que había dicho algo malo por la forma en que me miraron los demás alumnos.

Mi mamá solía cantarme una canción infantil cuando era niña. Era evidente que vivir una vida gay era apropiado para los pájaros que se posaban sobre los árboles de chicle (o para los Picapiedra), pero no para una alumna de quinto grado caminando por los pasillos de la escuela durante los años 1980. Es obvio que ese año aprendí muchas cosas en mi primera experiencia en escuela pública. ¡Había sido una niña muy protegida!

El robo lingüístico es mucho más siniestro que la evolución del idioma. *El robo lingüístico se refiere a palabras que con toda intención se han secuestrado, cambiado su definición y luego se las utilizan como instrumentos de publicidad manipulativa.* Esta no es una táctica nueva (es especialmente una forma virulenta del engaño de la equivocación), pero es extremadamente común hoy en día. No solamente se ha tomado posesión y control de las palabras para promover las mentiras que discutiremos en este libro, sino que también se han secuestrado las palabras cristianas, sus virtudes y conceptos. Y el rescate (aceptar la nueva definición) es un precio demasiado elevado a pagar.

Con demasiada frecuencia veo que los cristianos han sucumbido ante estas demandas peligrosas. Hemos perdido la palabra *gay* (nota del traductor: que antes no significaba nada más que felicidad). Pero está bien, porque todavía contamos con otros vocablos para describir la felicidad. Hay otras palabras que en la actualidad estamos perdiendo y que son aún más valiosas, tales como *matrimonio, amor, odio, igualdad, justicia, varón, mujer, tolerancia, intolerancia, opresión, guerra y crisis.* Estas palabras y otras más están bajo ataque, y si queremos que nuestros hijos comprendan bien la Biblia, no podemos darnos el lujo de soltarlas sin pelear.

¿A quién le importan las palabras? Las palabras solo son una fabricación social, ¿verdad?

No. Las palabras son muy importantes. La apologeta Holly Ordway dice: "Una vez que el idioma se distorsiona de manera rutinaria, cada vez se facilita más justificar y promover el mal, que al mismo tiempo se esconde detrás de palabras positivas".[1] Es más, las palabras son tan importantes que en Juan 1 se utiliza el término griego *logos* para describir a Jesús: "En el principio era el Verbo [logos], y el Verbo era con Dios, y el Verbo era Dios… el Verbo se hizo carne y habitó entre nosotros" (versículos 1,14). Ahora que lo pienso, la guerra sobre las palabras en esencia es guerra contra Dios. La cultura postmoderna trata de moldear la realidad creada por Dios a una realidad que ellos aprueben, una que quepa en su definición de amor, tolerancia, etc. Es un nuevo empaque para la nueva idolatría. Nadie se está inclinando hacia un ídolo dentro de su closet, pero tenemos demasiada gente inclinándose ante un Jesús fabricado por ellos mismos.

Nosotros que somos padres, tutores o cuidadores, de manera especial debemos estar alertas de cómo se están utilizando las palabras. Podemos enseñar a nuestros hijos a amar a Dios, amar a su prójimo y amar a sus enemigos. Pero ¿qué hacemos cuando el concepto de amor está siendo reemplazado por un concepto superficial de comodidad? Cuando hoy en día decimos o hacemos algo que pone incómodo a alguien o lo ofendemos, se considera falta de amor y así se nos etiqueta como personas que odiamos a otros. El Salmo 10:18 exalta a Dios como defensor del oprimido, así que

¿qué harán nuestros hijos cuando se levanten contra el pecado y se les tache de opresivos? Según la nueva definición "defender al oprimido" en la actualidad, significa ¡afirmar el pecado! Estamos viendo la descomposición del tejido básico moral de la sociedad en este mismo momento en que lee este libro y está sucediendo a través de la redefinición creativa de las palabras que afirma la Biblia.

Cómo funciona el robo lingüístico

En este capítulo veremos algunas de las palabras más comunes que se han secuestrado y cómo se están utilizando para avanzar de manera decidida las agendas anti bíblicas. En los siguientes capítulos trataremos de identificar el vocabulario que se ha tergiversado para estar alertas. A menudo son ideas que suenan muy atractivas, pero que vienen envueltas en principios seculares y se han metido de contrabando como virtudes que suenan a cristianas. Antes de seguir adelante, primero comprendamos las razones de este jaloneo por las palabras y cómo estas nuevas definiciones se están usando como medio para que ciertas personas obtengan lo que quieren y eviten la realidad. El robo lingüístico es efectivo en las siguientes formas:

1. *Corta de tajo la discusión*
Ciertas palabras se usan de manera estratégica para frenar conversaciones, pues apelan al sentido innato de las personas de lo que es bueno y lo que es malo. El abuso es malo. El amor es bueno. Odiar es malo. La verdad es como tú

la definas. La tolerancia es buena. La intolerancia es mala. Si una persona cambia las definiciones o connotaciones de estas palabras, podrán controlar la conversación de manera efectiva. Nuestro trabajo puede ser tan simple como preguntar: "¿qué quieres decir con eso?" (Me acuerdo de una escena de la película La Novia Princesa en la que el español dice: "Usas la misma palabra una y otra vez. No creo que signifique lo que tú crees que significa").

Padres no solamente abogamos por una comunicación abierta, sino por una que se base en la verdad. Si alguien utiliza una definición engañosa de una palabra, debemos señalarlo (con amor, gracia y bondad, por supuesto... pero llamar la atención hacia ello). Esa es la razón por la que las definiciones ambiguas confunden un tema y no tiene sentido tratar de llevar a cabo una discusión cuando estamos trabajando desde dos significados diferentes para el mismo concepto.

2. *Provoca a que la gente actúe sin pensar en el tema*

Las emociones son magníficas respuestas, pero terribles líderes. Infortunadamente, cuando una persona tiene una reacción emocional a una declaración, es muy difícil que piense al respecto de manera racional. Esta es una respuesta fisiológica del cerebro ante una emoción. Cuando se enciende la amígdala (el lugar del proceso emocional) se apaga la corteza prefrontal (el lugar del pensamiento racional). Una persona no decide que esto suceda así, pero así sucede. Las investigaciones han demostrado que cuando entran en competencia la amígdala contra la corteza prefrontal, de manera inicial vence la amígdala (el centro emocional.[2] La gente puede salir de ese estado, pero primero debe darse cuenta que ¡ocurrió el cambio entre el pensamiento racional al emocional! (La mayoría de las personas no se dan cuenta de ello). Así podemos entender por qué la propaganda se frasea con "argumentos" ofensivos con toda la intención de provocar a las emociones. Es mucho más eficiente para sus propósitos que presentar información real.

Los que han secuestrado las palabras saben que la mayoría de la gente no va a tomarse el tiempo para responder racionalmente ante una crisis. ¡Eso es bueno para ellos! Si quieren promover su agenda sin recibir ataques, seguirán presentando una situación dada como una crisis. "¡Tiempos desesperados requieren medidas desesperadas!" nos dirán. La palabra crisis no es la única que utilizan, también usan términos como abuso o guerra. "¡Deja de analizar! ¡Estamos en guerra! ¡No hay tiempo para pensar!"

Cuando las personas utilizan palabras cargadas de emoción con la intención de persuadir a otros, lo que intentan es provocar una reacción emocional. Saben que el que responde de manera emocional tenderá a actuar sin pensar, ¡el cual es el momento perfecto para el manipulador! Se dice que Hitler decía: "Qué afortunado es para los líderes que los hombres no piensen".

Visualice la escena en el cuarto episodio de la Guerra de las Galaxias en el que Obi-Wan Kenobi utilizó a Force para zafarse de una situación incómoda. Pudo haber dicho "¿está haciendo un perfil? ¡Me siento tan ofendido! ¿Sabe cuán racista se escucha en este momento? ¿Qué sentiría si yo fuera su *droid* y lo detuviera cada rato? Deje de oprimir a esos pobres *droids*. No son los *droids* a los que está buscando, ¡intolerante y fanático!" Esa es la manera en que el guion se leería en la actualidad. Mezcle algo de culpa, temor, ira, vergüenza y compasión y tiene la receta perfecta para ¡avanzar su propia agenda! Y la coartada perfecta para cubrir el robo lingüístico.

3. *Empaña los detalles*
¿No está segura de lo que tiene a todo mundo molesto? Es muy probable que haya sido testigo del crimen lingüístico en acción. ¿Qué es exactamente una crisis? ¿O guerra? ¿O un robo? ¿O la intolerancia? ¿O la violencia? Si usted escucha una palabra de moda y se queda pensando: "Muy bien, ¿qué fue exactamente lo que pasó…? Quizá está lidiando con propaganda manipuladora y no tanto con información veraz. Las palabras de moda dan la idea de que se está dando información, pero el propósito real para usarlas es que la gente use su imaginación y llene los detalles con lo que ellos piensen que significan las palabras en particular. Vimos que esto sucedió durante la marcha por las mujeres en 2016 en distintos lugares del mundo. No puedo contar la cantidad de mujeres que en Facebook escribieron comentarios como: "No entiendo para qué es esta marcha. ¿Alguien podría explicarlo por favor?"

Esa es la razón por la que escribí un blog titulado: "¿Así que marchaste por las mujeres este fin de semana? Ocho cosas que probablemente no sabías por las que marchaste". Causó un poco de conmoción, pero todo lo que hice fue abrir la cortina y exponer la verdadera agenda de la marcha, que estaba claramente establecida en la página de internet de los organizadores. (Supe que a los ladrones de palabras no les gusta que suplas todos los detalles que faltan con información verídica).

4. *Ofende el punto de vista del oponente*

Infortunadamente, la gente de todas las diferentes posturas de una discusión lo hacen. Todo mundo quiere parecer que son los buenos, pero algunas personas no serán francas ni honestas acerca de lo que en verdad están diciendo. Por ejemplo, no mucha gente se parará en la esquina de una calle con un letrero que diga: "Todo mundo debería poder tener sexo con quien quiera, sin importar el género, edad, relación o número de participantes". Sin embargo, sí vemos letreros que dicen: "el amor es amor". O ¿qué piensa de las reuniones contra la libertad de expresión que equiparó la libre expresión con el fascismo? Quizá piense que estoy bromeando, pero en muchas universidades, si promulgas la libre expresión, te etiquetarán como un descarado fascista.[3]

No olvidemos a Hitler. ¡Oh, Hitler! Habría sido el niño al que nadie quisiera tener en su equipo. Los cristianos dicen que era ateo; los ateos por su lado aseguran que era cristiano, la derecha dice que era de izquierda y la izquierda insiste que era de derecha. Si su lado puede lograr que el lado contrario comparta cualquier cosa en común con Hitler, entonces habrá ganado, sin duda. (Es evidente que "Hitler era malo" y es en lo único en lo que todos están de acuerdo).

> **Hay una gran diferencia entre ser escuchada y ser comprendida y ser persuasiva**

Pero fuera de broma, preste atención a esto de la misma manera en que tratan las ideas opuestas. Nuestra intención es demostrar en este libro cómo la mayoría de las personas se tragan los asuntos gigantes que discutiremos en los siguientes capítulos pensando que sirven a un bien mayor. El camino hacia el infierno puede que esté pavimentado de buenas intenciones, pero antes de que señale con fuerza que otros son los que van en ese camino, por favor, al menos reconozca primero sus buenas intenciones. Usted puede tener razón y quizá sean el mismo diablo encarnado… pero entonces, una vez más, quizá no todos lo son. Quizá solamente son cautivos de las malas ideas. Cuando trate de advertir a la gente por medio de un tono alarmista, sí la van a escuchar, pero no necesariamente la van a entender ni será persuasiva. Hay una gran diferencia entre ser escuchada y ser comprendida y ser persuasiva.

5. *Convierten lo negativo en positivo (y viceversa)*
Verá que esto sucede así en especial durante los debates entre provida /proaborto. ¿Qué es lo que quieren decir exactamente los que promueven la decisión personal de abortar? Si queremos ser muy técnicas en cuanto al tema, se están refiriendo a la decisión de que ¡una mujer queme con agua, desmiembre o succione de su útero a un feto humano, porque ya no quiere que siga creciendo dentro de ella! Sería difí-

cil que alguien que esté a favor del aborto sostenga un letrero que lo diga de esa manera, pero en cambio escribir: ¡*Decisión propia o justicia reproductiva!,* suenan mucho más positivas.

Hace algunos años hubo gran revuelo por causa de un ministerio popular cuyo nuevo CEO comenzó a dirigir su conocida organización hacia un camino diferente. El concepto del pecado de pronto desapareció de su explicación "del evangelio". Los líderes de todo el país estaban preocupados y comenzaron a pedir que la mesa directiva clarificara esa nueva postura. Cuando no se atendió su petición, muchos decidieron salirse. En respuesta a este éxodo masivo de líderes estatales, el liderazgo nacional envió un memorándum condenando a quienes no apoyaban esta nueva etapa. En el comunicado se hizo énfasis en que no darían marcha atrás y que continuarían gritando *amor y esperanza* aún más fuerte a cualquiera que estuviera dispuesto a escuchar. ¿Nota el cambio de las palabras? Rehusarse a reconocer el pecado ahora se redefine como gritar y dar *amor y esperanza*.

Las palabras que se están robando

Ya que hemos hablado de cómo identificar cuando alguien está cometiendo un robo lingüístico, ahora hablemos de algunas de las palabras que están secuestradas.

Amor
Esta pequeña palabra es una de las favoritas. Todo mundo ama al amor, siempre y cuando cada quien pueda darle

su propia definición. Creo que parte de la guerra se perdió cuando en el idioma se comenzó a utilizar una sola palabra como un concepto que puede tener múltiples significados. En el griego antiguo, existen cuatro tipos diferentes de amor: *fileo* (amor fraternal), *eros* (amor sexual), *ágape* (amor incondicional) y *storge* (afecto natural e instintivo como el del padre a su hijo).

El *amor* solía definirse como "la voluntad de buscar el mayor bien del amado". (Claro que esto también es problemático cuando el mundo no se pone de acuerdo en la definición de lo que es *bueno*, o si el bien existe separado de nuestras ¡opiniones personales!). Cualquier cosa que haga al otro sentirse incómodo ahora se considera falta de amor. Hoy en día, amar a alguien significa aceptar ciegamente lo que sea que la persona crea, aunque eso contradiga la realidad o esté mal.

Ya que Dios *es* amor, yo voto porque sea él quien defina al amor. Una de las enseñanzas que más ignoramos en el pasaje de 1 Corintios 13 llamado el capítulo del amor, es que el amor "no se goza de la injusticia, *mas se goza de la verdad*" (v. 6). Cuando nuestros hijos se confunden acerca de dónde deben ser leales en cuanto al amor, debemos señalarles hacia el lado de la verdad.

Sí, eso significa que debemos saber qué es la verdad…

Verdad

¿Ha notado la nueva frase de moda en esta época? Le coloca un pronombre posesivo antes del vocablo verdad. (¿Recuerda las reglas de la gramática del séptimo grado?) Ya no estamos lidiando con *la* verdad. No, ya no. Eso es demasiado estrecho. Ahora a nuestros hijos se les anima a "vivir su propia verdad". Esta es *mi* verdad. Él está siendo auténtico con *su* verdad.

No puedo enfatizar lo suficiente cuán peligrosa es esta verdad. Cuando nuestra sociedad se mete con la definición de la verdad, está manoseando el fundamento de la realidad de nuestros hijos. Si nuestros hijos ya no se sienten cómodos utilizando la realidad como el árbitro de la verdad, serán chicos inseguros y tímidos para sostener cualquier convicción.

La verdad ahora se ha convertido en cualquier cosa que el punto de vista del individuo, se le antoje escoger en un estilo de *bufet* y nadie puede decir nada en contra de eso. Después de todo, eso sería falta de amor, ser fanático e intolerante. Aun la ciencia se ignora si contradice el paradigma de la tolerancia.

> Cuando nuestra sociedad se mete con la definición de la verdad, está manoseando el fundamento de la realidad de nuestros hijos

Tolerancia

Esta palabra es una que está muy de moda y es muy popular. Lo es porque los alumnos de la Universidad de Wisconsin-Madison preferirían decir que un hombre blanco de mediana estatura es en realidad una mujer china que mide 2 m con tal de que no los acusen de ser intolerantes.[4] Esta no es una broma. Existe un video que respalda esta información. La palabra *tolerancia* ya no significa vivir pacíficamente con la gente de diferentes credos. Ahora significa que, a todas las creencias e ideas, sin importar cuán falsas sean, se les debe tratar como legítimas e igualmente válidas.

La tolerancia (como lo políticamente correcto) comenzó siendo una buena idea que respondía a una crítica válida de la cultura y luego secuestraron el término y se salió de control. El concepto de la tolerancia es muy bíblico. Romanos 14 presenta la tolerancia dentro de la comunidad cristiana respecto a las convicciones que cada uno tuviera acerca de comer carne que había sido sacrificada a los ídolos y otros asuntos cuestionables. La tolerancia se halla implícita en muchos versículos que exhortan a la unidad de la iglesia.[5]

Gracias a Dios el diccionario no se ha actualizado y la tolerancia todavía se define como "la actitud de la persona que respeta las opiniones, ideas o actitudes de las demás personas, aunque no coincidan con las propias". Según esta definición, para que haya tolerancia deben existir (1) disgusto o (2) desacuerdo. No puedo enfatizar suficiente la importancia de repetir esto a sus hijos de manera regular. Cuando escuche que alguien habla de intolerancia, pregunte a sus hijos. "¿Están pidiendo que la gente acepte su creencia como una verdad igualitaria o que vivan con ellos en paz a pesar de los desacuerdos?"

La tolerancia ha sido esencialmente relegada a un lugar de neutralidad, donde a una persona se le prohíbe tener convicciones fuertes acerca de cualquier cosa. La única convicción profunda que una persona puede tener es decir que todo mundo está igualmente en lo correcto. Si le niega a cualquiera el derecho a estar en lo correcto, entonces es intolerante.

No permita que a sus hijos los presionen a quedarse callados adoptando esta definición fanática e incorrecta de tolerancia. Enséñeles cómo definir con gracia el vocablo y cómo coexistir con respeto con gente que sostiene diferentes creencias sin tener que cambiar las suyas propias. En el hogar es donde comienza el ejemplo. Usualmente se presentan suficientes oportunidades, en especial si hay más hermanos en la familia. Solamente piense cuántas veces sus hijos están en desacuerdo por algo. Sea proactiva al recordarles la definición de tolerancia y luego pídales que practiquen su nueva habilidad con su hermano o hermana.

Justicia e igualdad

A menos que sea una ermitaña que no se entera de las noticias, es muy probable que haya escuchado en los medios de comunicación social, muchas cosas acerca de la justicia y la igualdad. Cada día sale un nuevo grupo demandando justicia porque hay situaciones que dicen no ser igualitarias.

Todo problema social ahora se define en términos de justicia y equidad. ¿Quiere redefinir el matrimonio? ¡Luche por la equidad en el matrimonio! ¿Quiere organizar una marcha por las mujeres? ¡Luche por la justicia de género! ¿La gente gana diferentes salarios? ¡Injusticia económica! Si declara cualquier cosa contra uno de estos movimientos, entonces usted *debe* estar feliz con la injusticia y la desigualdad. De hecho, el uso de estas dos pequeñas palabras utiliza las cinco tácticas que describimos anteriormente en este capítulo.

El lado de la lucha que controle las palabras *amor, verdad, tolerancia, justicia e igualdad* es el lado que podrá cerrar la conversación, orillar a la gente a actuar sin pensar, nublar el verdadero tema, difamar el punto de vista del oponente y básicamente, ganar el argumento con base en las emociones. ¿Por qué? *¡Porque todo mundo cree en el amor, la tolerancia, la justicia y la igualdad!*

La justicia es un tema recurrente tanto en el Antiguo como en el Nuevo Testamento y aun es uno de los atributos de Dios.[6] Sin embargo, la manera en que se usa en la actualidad está muy alejada de la manera en que se describe en la Biblia. En la cultura actual, la justicia ya no significa "lo que tiene mérito". Cuando alguien habla de la igualdad, ya no se refieren a la equidad para tener el mismo valor. Lo que quieren decir es igualdad de resultados. Por ejemplo, la universidad de Harvard decidió que habían aceptado demasiados asiáticos en su escuela y que era injusto para otras razas. ¿Cuál fue la solución? Cambiar el criterio de admisión con base a la raza de un estudiante. Esta práctica los llevó a una batalla legal. Para que un asiático sea admitido debe haber sacado una calificación de la prueba SAT con ¡140 puntos más elevado que el resto de sus compañeros blancos, 270 más altos que los hispanos y 450 más arriba que los afroamericanos!"[7,8] ¿Qué piensa de la justicia y equidad del caso?

Fanático

En estos días a cualquiera que haga una declaración que se perciba como excluyente, automáticamente se le etiqueta como fanático. Por ejemplo: ¿Crees que Jesús es el único camino? Eso solo lo diría un fanático. ¿Crees en la definición bíblica del matrimonio, es decir, un hombre y una mujer unidos de por vida? Fanático. ¿Niegas que todos los caminos llevan al mismo Dios? Otra vez, fanático. Es como hoy se está usando este término.

La ironía es que la gente que utiliza la palabra fanático de esta manera en realidad está viviendo la misma definición de la palabra. Según el diccionario un fanático es alguien "que defiende una creencia o una opinión con pasión exagerada y sin respetar las creencias y opiniones de los demás". La opinión popular de ahora es que todas las ideas son igualmente legítimas, y que cualquiera que no está de acuerdo es un fanático.

Auténtico

Esta es otra de esas palabras populares que ha penetrado en la mayoría de las iglesias occidentales. En épocas anteriores los creyentes trataban por todos los medios de parecer perfectos. Después de todo, el razonamiento era: ¿cómo puede creer la gente que el cristianismo es la verdad si los creyentes y asistentes regulares a las iglesias no parecen tener vidas en perfecto orden? Estoy agradecida de que no debo llevar la carga de fingir que mi vida es perfecta. No soy muy buena en ocultar mis pensamientos. Mi familia daría testimonio de que, si mi boca no lo dice, mi rostro lo mostrará. Soy afortunada por mi incapacidad de mantener mi "rostro de cristiana" a mi favor porque la perfección ya no está considerada como la evidencia principal de una fe creciente. Ya no. Admitir abiertamente que somos *imperfectas* es lo más popular ahora. ¡Gracias a Dios! Pero todavía un cristiano tiene que tener un buen testimonio y ser un auténtico cristiano.

Una de las habilidades "encantadoras" que poseemos como seres humanos es la capacidad de hacer de cualquier cosa un ídolo. Actualmente, uno de los ídolos más populares es este concepto abstracto (y a menudo fingido) de la autenticidad. Se dice que la autenticidad es la meta más alta a la cual podemos aspirar y decir que "tenemos todo bajo control", provocará comentarios de nuestros amigos que se preguntarán si deben hacer una intervención en crisis a nuestro favor.

¿Así que, qué es lo que estoy diciendo? ¿Es malo ser auténtico? ¿Debemos volver a la época en la que tratábamos de maquillar nuestras imperfecciones y desear no poder hablar con nadie respecto a nuestras luchas actuales? ¡Claro que no! Sin embargo, debemos analizar cómo se ha secuestrado la palabra *auténtico*.

En el contexto cristiano, la intención original era animar a la gente hacia la autenticidad para ayudarles a reconocer su pecaminosidad, sentir convicción (y no vergüenza y condenación) y amarse unos a otros a pesar de sus luchas. Todos deberíamos avanzar en nuestra santificación y santidad al mismo tiempo que mantenemos la humildad que produce entender que estamos muy lejos de la perfección de Cristo. Esa es la enseñanza bíblica.

En cuanto a la autenticidad actual, se trata del caballo troyano de la rebeldía. Esta nueva y más popular definición dice así: "Eres perfecto como eres" o "Todos estamos igual de mal. ¡Aprende a aceptarte y amar tu hermosa vida dañada!" Esto significa que "Dios prefiere que seas real a que luches por la santidad". Este tipo de autenticidad nos dice que, si algo no nos viene de manera natural, o no se siente natural, entonces no es algo auténtico y por lo tanto, es mentira. Tengo noticias: la gran mayoría de la vida cristiana es incómoda. ¿Qué habría pasado si Jesús hubiera dicho: "¿Sabes? En realidad, no siento ganas de que me crucifiquen hoy. No me parece que sea el momento adecuado. Solo necesitaba ser auténtico con ustedes y no quiero tratar de ser alguien que no soy en este momento, como un Salvador. Gracias por su comprensión". ¡Gracias a Dios que Jesús no dijo eso!

Si alguien usa la palabra *auténtico* para describir a alguien que no esconde sus luchas, eso es saludable. Pero si el término se usa para describir la apatía de alguien respecto a su lucha contra el pecado, o se trata de una grotesca aceptación del mismo, entonces eso no es correcto. Eso es simplemente rebeldía abierta revestida de jerga cristiana. Pablo advirtió contra esto en 1 Corintios 5 donde toda la comunidad estaba tan "orgullosa" de la gracia de Dios que se regocijaban en su pecado.

La autenticidad saludable se detiene en cuanto comienza la tolerancia *malsana* del pecado. Si usted no es perfecta, o perfecto, no pretenda serlo. Si es imperfecto, no se regodee por ello. El propósito de la autenticidad es aflojar las cadenas del silencio para que la gente pueda buscar la libertad del pecado que los ciega, no para que vivan cómodamente encadenados a ese pecado sin sentirse juzgados por nadie. Hay una gran diferencia. Una verdadera GRAN diferencia. Hoy todavía los cristianos tienen que tener un buen testimonio y buscar la santidad para ser auténticos cristianos.

> **La verdadera autenticidad suelta las cadenas para que la gente pueda buscar libertad.**

Cómo devolver el golpe sin ser toscos

Después de todo, ¿qué podemos hacer acerca de este tremendo robo que ha sucedido bajo nuestras propias narices? ¿Cómo enseñamos a nuestros hijos a ver más allá de estos crímenes lingüísticos?

1. *Conozca el significado bíblico de estos términos.* ¿Qué dice Dios acerca del amor? ¿Qué dice acerca de la verdad? Quizá sería bueno que consultara un diccionario publicado antes de 1950 y busque algunas de las definiciones reales que no mostraban las "agendas personales"

de ciertos intereses que comenzaron a tomar el control de ellas. Si la palabra no está en la Biblia (como por ejemplo fanático) estudie cómo se define esa palabra y hable de ejemplos de fanatismo actual, (por ejemplo, la disgregación de 1960 ¿le parece demasiado?)

2. **Enseñe a sus hijos a identificar las palabras de moda.** Sin embargo, para hacer esto necesitamos reconocerlas nosotros mismos. (En los siguientes capítulos hemos hecho un esfuerzo para analizar las palabras de moda que van acompañadas de las mentiras de los diversos "ismos").

Por ejemplo, usemos la palabra *"merecer"*. ¿Quién podría contar cuántas veces los anuncios comerciales utilizan esta palabra? (No nos sorprende que vivamos en una sociedad que cree merecerlo todo). Cuando salga de compras con sus hijos y vea un letrero de que alguien "merece" algo (un nuevo baño, un mejor juego de palos de golf) pregúnteles: "¿Qué pasaría si le hicieran la broma del calzón chino a un niño discapacitado? ¿Crees que esa persona se merece un nuevo X, Y o Z? ¿Qué dice la Biblia acerca de lo que sí merecemos?" (Pista: Romanos 6:23).

3. **Identifique cuando se avergüenza de afirmar su posición.** Permítame ser muy clara: una postura intelectual sobre cualquier tema no debería avergonzarnos a menos que la postura haya sido estigmatizada culturalmente. Con las palabras como *amor/odio, tolerante/intolerante, fanático/inclusivo,* se nos dice que nuestros principios bíblicos nos han colocado en un terreno nada agrada-

ble. No deje que esto suceda. Cuando un partido se identifica con una palabra positiva, al otro se le asocia de inmediato con la contraparte negativa. ¿Por qué dejarnos intimidar y permitir que se nos trate como un costal de boxeo? No lo permita.

Se nos llama a demostrar amor, pero en amor debemos reconocer y señalar las definiciones falsas. Estar en desacuerdo no significa que nos odiamos. Las diferencias no siempre son el resultado de la injusticia. Las creencias exclusivistas no equivalen a intolerancia. Si ese fuera el caso, entonces todo mundo debería definirse como intolerante. Toda persona que le dice a otra que debe ser más tolerante está siendo intolerante con la gente a la que acusa de ser intolerante. Esa es una declaración que se puede auto refutar.

4. *Decida ser sal y luz.* La sal y la luz tienen dos propiedades: una es evitar la corrupción y la otra actuar como irritante. La luz en medio de las tinieblas es muy útil, pero también puede ser molesta a los ojos. La sal se usa para evitar la corrupción, pero también es dolorosa si la coloca en una herida abierta o en un ojo. Ser sal y luz es una mezcla de dos cosas. No todo mundo le dará la bienvenida por ser "la sal de la tierra... y la luz del mundo" (Mateo 5:13-14). Pero esto no nos justifica para no cumplir el papel que el Señor nos ha mandado.

Las ideas equivocadas comienzan con una lógica equivocada y no es una virtud beatificada estar de acuerdo con una lógica equivocada. Mateo 5:9 dice que son "bienaventurados los pacificadores", no "bienaventurados los que guardan la paz". Alguien que guarda la paz no hará olas y la paz es poco profunda si se basa en el silencio frente al mal destructivo. Un pacificador es quien crea la paz tratando de poner a todos en la misma página. No lo podremos lograr sin hacer algunas olas o sin enfrentar una mala lógica contra la buena. No tenemos que ser agresivas con eso, pero sí debemos confrontar estos temas cuando surjan, en lugar de encogernos y escondernos.

¿Quién dejó salir a los osos?

Ahora que entiende por qué escribimos este libro, cómo ser un padre o una madre cuidadoso, lo que significa ser un padre o una madre cuidadoso que discierne, y dónde se lleva a cabo la batalla (es decir, en el campo de las palabras) ¡es momento que suelte sus amarras! En los capítulos que siguen discutiremos las mentiras contemporáneas más populares de la sociedad, de dónde provienen y cómo podemos rugir en contra de ellas. Es hora de entrarle al juego y ¡rugir como osos!

PREGUNTAS PARA REFLEXIONAR

1. **Rompehielos**: Dé un ejemplo de una palabra que la gente usa de manera incorrecta. ¿Qué le molesta acerca del mal uso de la palabra y cómo puede comunicar el correcto significado de ella?

2. **Tema principal**: *La gente cambia el significado de las palabras para avanzar en su propia agenda para que ésta suene atractiva o para esconder sus verdaderas motivaciones.* ¿Cómo ha detectado que se está llevando a cabo esta estrategia tan generalizada en nuestra cultura y cómo la afecta?

3. **Autoevaluación**: ¿Se ha sorprendido adoptando de manera accidental las nuevas definiciones de la cultura? Si así es, ¿cuáles son? ¿Qué es lo que dificulta discernir la agenda que está detrás de la manera en que se usan esas palabras?

4. **Lluvia de ideas**: ¿Cuáles son algunas maneras en las que puede enseñar a sus hijos acerca del significado real (y bíblico) *del amor, verdad, tolerancia, justicia, igualdad, fanatismo y autenticidad*? Si está participando en un grupo, pídale a cada uno que escoja una palabra y que la estudie esta semana. La próxima vez que se reúnan compartan lo que dice la Biblia de esa palabra o concepto y cómo difiere del uso de la cultura.

4. **Suelten el oso que lleva dentro**: Escuche con cuidado las conversaciones de sus hijos durante esta semana. ¿Qué palabras han absorbido sus hijos de la cultura que usted necesita corregir? Si los escucha usar una palabra que ha sido secuestrada lingüísticamente, tome tiempo para hablar de ello. Pregúnteles: "¿Cuál crees que sea el significado de esa palabra?" Asegúrese que sus hijos sepan el verdadero significado de ella. Se asombrará de cómo la manera de adoptar un significado correcto cambia la perspectiva de alguien.

SEGUNDA PARTE

MENTIRAS QUE QUIZÁ ESCUCHASTE, PERO NO SABÍAS CÓMO SE LLAMABAN

5

1: DIOS AYUDA A LOS QUE SE AYUDAN A SÍ MISMOS

—*Autoayuda*—

Teasi Cannon

Cuando estaba en la secundaria, mi familia tenía una enorme consola de televisión. Aquel aparato probablemente pesaba una tonelada y sobresalía de la pared como un metro por causa del mecanismo del tubo de rayos catódicos en la parte trasera (definitivamente *no* se trataba de una pantalla plana) pero la imagen era grande y a color y nos encantaba, hasta que dejó de sonar.

No se perdió el sonido en un solo momento. Al principio las irregularidades eran mínimas y lo único que teníamos que hacer era darle un golpe por encima y ¡*voilà*! El volumen volvía a funcionar. Pero creo que un día la televisión se hartó de tantos golpes y decidió no sonar más. Así que nos quedamos viendo nuestros programas favoritos de familia sin escuchar nada de lo que estaba sucediendo. Algo estaba mal y necesitaba que se arreglara.

Y en efecto, "se arregló". Pero no de la manera en que quizá usted lo piense.

La mayoría de las personas llamarían a un técnico profesional que viniera a revisarla, cambiar algunas de las partes dañadas (según la recomendación del fabricante). Sin embargo, mis padres decidieron hacer la reparación ellos mismo, gratis. ¿Cuál fue la solución? Comprar una segunda televisión sin imagen pero que tuviera sonido y colocarla *encima* de la primera consola. Cuando ambos televisores estaban sincronizados, técnicamente el problema "se resolvía". Teníamos imagen y sonido. ¿Funcionó? Sí. ¿Fue barato y fácil? Sí. ¿Fue lo mejor? No. Siendo yo adolescente, tratando de ser aceptada por mis compañeros, pasaba una vergüenza descomunal cuando ellos venían a casa.

Cuando pienso en nuestra ridícula torre de televisores recuerdo las dificultades de los seres humanos. Todos estamos quebrados. Por causa del pecado no todo funciona según la fabricación original. Como mamás no necesitamos mucha ayuda para reconocer esta realidad. Es más, podríamos recitar todas nuestras faltas y fallas si nos lo pidieran, lo cual no es tan malo. Tener una autoconciencia es saludable y estar dispuestos a reconocer que no somos perfectos es una de las mejores cosas que podemos hacer por nuestros hijos. Sin embargo, es lo que hacemos con nuestras fallas lo que nos debe hacer muy conscientes. Algún día nuestros bebés se darán cuenta de su propio quebrantamiento y querremos que sepan cómo diagnosticarlo de manera correcta, que busquen el remedio y a quién acudir para recibir ayuda. Quisiéramos que acudieran al fabricante original en vez de confiar en sí mismos. Esto último es lo que preferiría la industria influyente y experta de la autoayuda.

¿Qué es exactamente la autoayuda?

La autoayuda comienza con una buena idea, la idea de que debemos hacer lo que podamos, dentro de nuestras fuerzas, luchar por una vida mejor para nosotros mismos y los demás. Podemos tener mayor educación, establecer metas valiosas y luchar por ellas, disciplinarnos para lograr resultados positivos y animar a otros a hacer lo mismo. Sin embargo, en el análisis final, no podemos arreglar lo que fundamentalmente está quebrado dentro de nosotros. Solo Dios puede hacerlo. El mismo término autoayuda sugiere algo que es completamente anti bíblico, porque el ser humano quebrado no puede auto ayudarse. El mensaje que conlleva muy, muy, muy dentro, es que debemos buscar dentro de nosotros mismos para hallar la causa y el remedio para nuestra disfuncionalidad.

Esta es una mentira muy peligrosa, la cual la gente dentro y fuera de la iglesia está creyendo ampliamente. La cifra de la auto mejora llegó a $9.9 billones de dólares solamente en Norteamérica en el año 2016 ya que se predice que crecen sus ganancias en un 5.6% promedio anual. Eso significa que para el año 2022 tuvo un valor neto de ¡$13.2 billones de dólares![1]

Para hacer justicia, debemos decir que no todo en la autoayuda es malo. No es que la Biblia nos diga que debemos quedarnos sentados, orar por nuestros malos hábitos y ver que desaparezcan como por arte de magia. Más bien, el mensaje que queremos enfatizar es que la autoayuda tiene sus limitaciones. Existe una fina línea entre ser buenos administradores de nuestro cuerpo, emociones y comportamiento y tratar de cambiar nuestro corazón o naturaleza pecaminosa aparte de la obra de santificación del Espíritu Santo. El mensaje de la autoayuda (y de todos los "ismos" que mencionamos en este libro) es la idolatría: La humanidad toma algo bueno y aun poderoso y luego lo confunde con Dios, confiriéndole poderes que le pertenecen solo a Dios.

Una breve historia de la autoayuda

Las estadísticas nos dan una idea de hacia dónde se dirige la autoayuda (especialmente en términos de dólares). Pero y ¿qué de la historia? ¿Cuándo fue que la sociedad se obsesionó con "mirarse el ombligo"? Por lo que vemos en Génesis, se plantaron las semillas de la autoayuda por primera vez en el ser humano desde el huerto del Edén.

Cuando Eva decidió tomar las cosas en sus propias manos (y arrastrar a Adán con ella) nuestros ancestros se auto ayudaron… aunque a costa de la muerte.

Un clavado profundo en la historia de la autoayuda nos lleva a las enseñanzas de Sócrates, la filosofía de los estoicos, la literatura grecorromana y del renacimiento y a los proverbios de la antigüedad en todo el mundo.[2] Pero para nuestros propósitos aquí, comencemos un poco más cerca de nosotros con contribuciones más recientes. Considere la máxima muy promovida de que *"Dios ayuda a los que se ayudan a sí mismos"*.

Contrario a lo que algunas puedan creer, no encontrará esa promesa en ningún lugar en la Biblia. Esa declaración se popularizó en la edición del *Almanaque del Pobre Richard* en el año 1773, escrito por Benjamín Franklin, (en América Latina se conoce como el Almanaque Bristol) quien posiblemente obtuvo la idea de la fábula de Esopo llamada "Hércules y el carretero". Fue escrito para las masas y no para la élite, y los almanaques de Franklin llegaron a las manos de miles de colonos y eventualmente a toda Europa y se convirtieron en el instrumento perfecto para diseminar su visión deísta.

Aunque el deísmo en general reconoce la existencia de Dios, lo concibe como un ser alejado y que no se interesa por su creación. El dios de Franklin no es el Dios judeocristiano de la Biblia, sino una deidad que observa a su creación girar después de haberle dado cuerda. Con un dios así, es fácil entender por qué la gente aceptó ¡la autoayuda! Nadie vendrá a ayudarte. Todo lo que tienes es tú misma.

En 1859 se adaptó el proverbio del escritor escocés y reformador social Samuel Smiles de su libro titulado *Autoayuda* y se dice que fue el primer libro en su género. En el primer párrafo del capítulo 1, Smiles resume su visión del mundo así:

"El cielo ayuda a quienes se ayudan a sí mismos" es una máxima bien probada, que resume en un pequeño espacio los resultados de la vasta experiencia humana. El espíritu de la autoayuda está en la raíz de todo el crecimiento genuino del individuo; y cuando se exhibe en la vida de muchos, constituye la verdadera fuente del vigor y fortaleza de la nación. La ayuda desde afuera a menudo tiene un efecto debilitante, pero la ayuda que viene de adentro revitaliza de manera invariable.[3]

Para cuando Smiles murió en el año 1904, ya se habían vendido 250 mil copias de su libro. De igual manera que el libro de Darwin, el Origen de las Especies (publicado también en 1859) el cual favorecía la perspectiva de la sobrevivencia del más fuerte, el libro de autoayuda jugó un papel preponderante al puntualizar la importancia del intenso trabajo del individuo, su carácter, independencia y perseverancia para lograr la reforma social y sobrevivir (lo cual en sí mismo no es malo).

La venta de libros continuó popularizando la autoayuda a través de los años. En 1902 el poeta y pionero del movimiento de autoayuda James Allen, escribió el libro *Tal Como Piensa el Hombre,* en el cual declara:

El aforismo "como piensa el hombre en su corazón, tal es él", no solamente implica todo el ser del hombre, sino que aun abarca y alcanza toda condición y circunstancia de su vida. El hombre literalmente es lo que piensa, su carácter es la suma total de sus pensamientos.[4]

Antes de que acuse a los padres cuidadosos de ser negativos, admitimos de inmediato que hay algo de verdad en esta declaración. En la Biblia somos llamados a llevar todo pensamiento cautivo a Cristo.[5] Sin embargo, nuestra capacidad para lograrlo no determina nuestro destino total, ni se trata de un bálsamo que incluye "toda condición y circunstancia" de nuestra vida.

No mucho tiempo después de la contribución de Allen, salió al mercado un libro muy popular llamado *Cómo Ganar Amigos e Influir en los Demás* de Dale Carnegie, que se publicó en 1936. (Recuerdo: No se me olvida cuando mis padres me asignaron leer ese libro para lectura del verano cuando cursaba el quinto o sexto año de primaria. Ellos esperaban que el mensaje de Carnegie, respecto a alcanzar el éxito a través de la auto confianza sanarían mis malas actitudes y mi conexión social limitada. Claro, no lo hizo). En 1937 el libro de Napoleón Hill *Piensa y Hazte Rico* dio más de lo mismo: un enfoque en el poder y la prosperidad del pensamiento positivo.

A finales del siglo veinte nos escoltaron un gran batallón de gurúes en el tema, demostrando cada uno su lado favorito de la autoayuda: Tony Robbins, Deepak Chopra, Eckhart Tolle, y por supuesto, Oprah Winfrey. Pero me gustaría tomar aquí un momento para resaltar a un hombre que tuvo una gran influencia para introducir la auto-ayuda a la iglesia: Norman Vincent Peale.

Peale nació en 1898 y fue criado en un hogar cristiano. Su padre fue ministro metodista y Peale siguió su ejemplo; eventualmente llegó a ser uno de los predicadores más conocidos del cristianismo. Obtuvo su licenciatura en teología sagrada y una maestría en ética social antes de pastorear varias iglesias. Fue autor de muchos libros, anfitrión de su programa de radio y de televisión y fundó una revista muy conocida llamada *Guideposts*. En algún punto del camino los congregantes de Peale le pidieron que predicara más sobre los temas relacionados con los problemas de la vida. Así que se desvió de sus raíces teológicas y comenzó a explorar la psicología y eventualmente abrazó los principios de la ciencia cristiana y otras enseñanzas místicas.[6]

El primer párrafo del capítulo 1 del éxito de librería de Peale llamado *El Poder del Pensamiento Positivo* (publicado en 1952) revela el tipo de "doctrina" que estaba propagando entre sus feligreses y en millones de lectores:

> *¡CREE EN TI MISMO! ¡Ten fe en tus capacidades! Sin una confianza humilde y razonable en tu propio poder no puedes tener éxito ni ser feliz. Pero con una auto confianza sana puedes triunfar. Un sentido de inferioridad interfiere con el alcance de tus aspiraciones, pero la auto confianza te llevará a la auto realización y a los logros exitosos. Dada la importancia de esta actitud mental, este libro te ayudará a creer en ti mismo y soltará tus poderes interiores.*[7]

¿Se dio cuenta? La *fe y creencia* llevan al éxito, felicidad y poder. Infortunadamente, Peale no estaba hablado de la fe y creencia en Dios. Más bien estaba presentando un curso de Humanismo 101.[8] Claro que Peale bautizaba sus enseñanzas humanistas con versículos bíblicos, asegurando a sus oyentes que "Dios" (también conocido como su genio divino) siempre estaba deseoso y listo para ayudarles en esa travesía hacia el logro de su paz interior y de soltar su poder interior. El uso de versículos bíblicos, infortunadamente, consiguió que sus enseñanzas sonaran seguras para el laico promedio. Muchos líderes cristianos no fueron sabios y siguieron sus enseñanzas con oídos y brazos abiertos.

Uno de esos líderes fue el altamente influyente reverendo Robert Schuller, pastor de una de las primeras mega iglesias del país (la Catedral de Cristal en California) y anfitrión de un programa mundialmente popular de los domingos en el mañana llamado, *La Hora del Poder*. Schuller tomó el mensaje de Peale del pensamiento positivo y lo adaptó un poco, utilizando el término *pensamiento de la posibilidad*, que era una filosofía de auto mejoramiento que explicó por primera vez en su libro publicado en 1967 llamado *Avanza con el Pensamiento de la Posibilidad*.

Robert Schuller fue solamente uno de los mayores influyentes que adoptaron y avanzaron el mensaje atractivo de Peale del auto poder y buena vida. Como veremos más adelante en este capítulo, los ecos de esta filosofía todavía se escuchan no solo en el mundo secular, sino dentro de la misma iglesia.

¡RUJA COMO UN OSO! RECONOZCA el mensaje

Esto le da idea de cómo comenzó la autoayuda y cuál es el problema. Ahora tomemos un tiempo para centrarnos en algunas de las ideas específicas que proceden del auto empoderamiento y dónde se encuentra.

> **La autoayuda dirige a la gente hacia la auto confianza en lugar de confiar en Dios**

Una de las presuposiciones de la autoayuda, y creo que la mayoría de la gente estará de acuerdo con ello, es que necesitamos ayuda. Las cosas no son como deberían de ser, o al menos no son tan buenas como podrían ser. Es verdad. Pero debemos ir más allá del problema de la definición de la autoayuda hasta cuál es el remedio qué recomienda y qué se le recomienda a la gente que acude para buscar su fuente de su propia ayuda. Porque finalmente, la autoayuda dirige a la gente hacia la auto confianza en lugar de confiar en Dios.

El diagnóstico

Según la autoayuda, el problema es que estamos experimentando mucho menos de lo que pensamos que es nuestro derecho. No estamos lo suficientemente felices y *merecemos* ser felices. No estamos logrando prosperidad económica y todos deberíamos disfrutar de las cosas más finas de la vida. Nos sentimos vacíos, pero en realidad deberíamos sentirnos contentos. Estamos esclavizados a cosas, pero deberíamos estar disfrutando de la satisfacción perfecta tanto con la comida como con nuestro cuerpo. La base de todo es que algo nos hace falta (lo cual nos produce angustia) y creemos merecer florecer en la comodidad. Cualquier cosa menos que eso está mal. ¿Qué quiere decir la gente cuando dice "merezco…"? ¡Suena a uno de los crímenes lingüísticos!

En la autoayuda, la manera más confiable de probar cuán malos son nuestros problemas es centrarnos en cómo nos *sentimos*. Debemos poner atención en cómo las situaciones y otras personas afectan nuestra emociones y sentido de valor propio y seguridad. Cuanto mejores seamos para identificar los detonantes, motivadores, talentos básicos, fortalezas de personalidad, sueños y atracciones, mejores seremos para determinar qué es lo que estorba nuestro trayecto hacia vivir la mejor vida ahora. Y debemos esperar que, para cada uno, esto sea diferente, porque las necesidades de cada persona son diferentes.

Sin embargo, lo que descubriremos es que cuando sembramos algunas semillas de autoayuda, junto con otras de relativismo moral, no cosecharemos felicidad. Más bien tendremos un exuberante crecimiento de egoísmo floreciendo en nuestro corazón.

El remedio

Dicho de manera sencilla, el remedio para nuestros problemas, según los que creen y practican la autoayuda, es el *auto descubrimiento*. Cualquier cosa que se nos haya robado, roto, o que siga sin desarrollarse se encuentra dentro de nosotros mismos, y está en espera de que lo hallemos. Y cuando finalmente logramos hallarlo (siguiendo unos pasos sencillos que garantizan los resultados, por supuesto) la vida que tenemos derecho a vivir ¡estará a nuestro alcance!

Para algunos, lo que necesitan es más auto amor. (Repita después de mí: eres suficientemente bueno, eres suficientemente inteligente y por supuesto que ¡la gente te quiere!) Otras soluciones son materialistas (las cosas producen placer y el placer y nada más es de lo que se trata toda la vida). Algunas de las soluciones son panteístas (eres una pieza única de Dios, ¿por qué no habían de amarte?) Otros más se centran en los pensamientos: Piénsalo y lo Serás, lo Tendrás y lo Harás. Cualquiera sea la razón y cualquiera sea la táctica, *todo* se halla dentro de ti.

La fuente

En el medio de la autoayuda, yo soy la fuente de mi vida y usted es la fuente de la suya. Todos somos nuestra propia fuente de poder. Somos la fuente de poder para resolver los problemas que pensamos que tenemos. Relacionado íntimamente con el remedio (yo excavando más profundo dentro de mí misma), el mayor deseo y poder de cavar proviene de mi interior. Así que yo misma soy tanto la fuente como la solución. Se trata de un sistema cerrado egocéntrico.

El efecto total de este diagnóstico, remedio y fuente, es que elevamos el poder de la auto confianza más allá del punto del auto cuidado saludable, al punto de llegar a la auto adoración. No creo que es difícil ver lo atractivo de la autoayuda. Crea un hermoso trono para que cada uno de nosotros lo ocupemos, haciendo de cada quien su propio gobernante. Cualquier canción, podcast, charla de TED, serie animada, serie de sermones o libro cristiano (los cuales abundan) que elevan el yo, los sentimientos y hasta su llamado personal que nos colocan como héroes de la historia, es un agente de la autoayuda.

OFREZCA discernimiento

Cualquiera que diga que no desea ser feliz, próspero o con abdominales fuertes probablemente miente (o está paralizado). Le hice la misma pregunta a Siri. A ella no le interesa. El hecho de desear estas cosas no nos hace egoístas, sino humanos. Nuestros antepasados Adán y Eva tenían todo lo que pudieran haber deseado o necesitado. Vivían en el paraíso, que es para lo que fuimos hechos. Una vez que perdimos el paraíso, el corazón humano experimentó el quebrantamiento y la separación de la fuente de toda libertad emocional, física y espiritual. Desde entonces hemos tratado de remediar el problema y recrear nuestro propio paraíso. La historia se repite una y otra vez cuando ignoramos la sabiduría de nuestro Hacedor y concebimos la felicidad en nuestros propios términos.

> **Esté alerta cuando escucha que la gente está promoviendo sus derechos. A menudo lo que ellos entienden como su derecho en realidad, es algo que sienten que tienen derecho.**

Con esto en mente, demos una rápida mirada a lo que es tan atractivo y correcto dentro de la autoayuda y comparémoslo con lo que la Biblia dice acerca de los tres temas: diagnóstico, remedio y fuente

El diagnóstico

Tal como ya se mencionó, nuestro problema según la autoayuda es que no estamos viviendo la vida que podríamos tener, que nos estamos perdiendo de algo que Dios originalmente quería para nosotros. Sin embargo, hemos confundido los dones de Dios con nuestros "derechos" o aquello que sentimos que merecemos. Pero mamás, recordemos que la única razón por la que tenemos algo bueno es porque Dios es bueno, no porque nosotras lo seamos. Esté alerta cuando escucha que la gente está promoviendo sus derechos. A menudo lo que ellos entienden como su derecho en realidad es algo que sienten que tienen derecho.

La autoayuda tiene un punto de vista muy bajo en cuanto al gran problema del pecado que tenemos. Minimiza (si no es que lo elimina) su poder y consecuencias, concibe el pecado como tener malos hábitos o defectos de carácter en vez de que sea la herida más grande de nuestra alma, la fuerza espiritual (y a veces física) que produce cicatrices.[9] Jonathan Edward lo dijo en su mensaje atronador llamado "Pecadores en Manos de un Dios Airado":

> El pecado es la ruina y miseria del alma; es destructivo por naturaleza; y si Dios lo dejara suelto y sin restricciones, no se necesitaría nada más para hacer totalmen-

te miserable al alma … Es ilimitado en su fiereza… es como un fuego reprimido… si se le dejara salir encendería toda la naturaleza.[10]

Edwards entendía el impacto real de nuestra naturaleza pecaminosa. Además de la salvación por gracia por medio de la fe en Jesús, estamos totalmente separados del Único que nos conoce perfectamente, nos ama y nos ofrece el único verdadero camino hacia la redención y sanidad.

Para quienes nos hemos reconciliado con Dios, nuestra vara de medir de la verdad o el éxito no son nuestros sentimientos (de lo cual hablaremos más en el capítulo sobre el emocionalismo). Nuestra meta no solamente se trata de sentirnos mejor o encontrar la mayor comodidad o vivir en un estado de felicidad. Nuestra meta es ser conformadas a la imagen de Cristo en palabra y hecho, sin importar el costo. Aunque marchamos hacia esa meta, entendemos (contrario a la promesa de la autoayuda) que no lo lograremos de este lado del cielo. En ocasiones las tentaciones, luchas y efectos de largo plazo por causa de nuestras decisiones pecaminosas nos acompañarán el resto de nuestra vida terrenal.

El remedio

En la autoayuda, el remedio para nuestro quebrantamiento es el auto descubrimiento, porque todo lo que buscamos supuestamente lo hallaremos dentro de nosotros mismos. Hay lugar para llegar a conocer la forma singular en que Dios nos hizo, ser honestos acerca de nuestras heridas del pasado o recordarnos nuestros sueños antiguos, pero el problema es que ese esfuerzo por sí mismo no nos va a sanar.

La Biblia nos enseña que el único que puede sanar es Jesús. Es el único que entiende cada herida, traición, y aun cada tentación que hemos enfrentado o que enfrentaremos algún día, porque *Él también tuvo que enfrentarlo*. Por Su muerte, resurrección y ascensión hemos sido liberadas de la pena final del pecado (que es nuestro problema real) y de la esclavitud de su poder. Se nos ha conferido el verdadero Ayudador que es el Espíritu Santo que nos guía a toda verdad.

Cuando hacemos a Jesús Señor de nuestra vida y seguimos su ejemplo terrenal de humildad y obediencia al Padre, somos transformados de día en día a Su imagen. Cuanto más escogemos la verdad y el camino de Dios, más fácilmente resistiremos las mentiras del enemigo y nos alejaremos de las tentaciones de nuestra carne.

La parte difícil acerca de este remedio correcto es que cuesta, cuesta mucho más que un seminario de fin de semana o una suscripción de por vida a la revista *O*, de Oprah. Sin embargo, el auto descubrimiento, aunque suene difícil, es en realidad el camino fácil. Según la autoayuda, no tengo que negarme a mí mismo ni tengo que arrepentirme de nada. Lo único que debo hacer es encontrarme a mí mismo.

Para los seguidores de Cristo es exactamente lo contrario.[11] En realidad nunca vivimos hasta que morimos, morimos a los deseos egoístas que quieren elevarnos por encima de la sabiduría, el amor, la dirección y la justicia de nuestro Hacedor. Somos llamadas a rendirnos por completo.

La fuente

Estoy segura de que puede adivinar hacia donde me dirijo con todo esto. En la autoayuda, somos la fuente y la solución a todos nuestros problemas. Nuestros supuestos poderes latentes podrían salvarnos. Pero según el cristianismo, Dios es nuestra fuente y solamente él tiene todas las soluciones. Sin embargo, eso no significa que no tengamos responsabilidad personal. A todos se nos ha dado libre albedrío, para que cada día tengamos el poder personal de decidir a quién serviremos: a nosotros mismos o a Dios.

> **Dios no ayuda a los que se ayudan a sí mismos; Él ayuda a los que saben que están perdidos sin Él y lo reconocen.**

Ahora, escoger a Dios no significa que nos sentamos cómodamente y esperamos a que Él haga un cambio mágico en nosotros y que no espera nada a cambio. El escoger a Dios incluye estar dispuestos a practicar de manera regular las disciplinas espirituales tales como la oración, estudio de la Biblia, vivir un estilo de vida de arrepentimiento y perdón, todo aquello que nos ayuda a estar conectados al poder de Dios y Su provisión para nuestra vida. Dios nos ha dado a profesionales (consejeros y pastores) que pueden ver nuestros puntos ciegos. La ciencia ha hecho un trabajo maravilloso al mostrarnos qué sucede a los humanos cuando algo sale mal en nuestra mente y provee algunos consejos de cómo revertir el daño. Sin embargo, por sí solos éstos jamás nos sanarán. Son el mecanismo por medio del cual Dios ha decidido cuidar de nuestro cuerpo, obrando para ser padres y cónyuges piadosos que participemos en comunidad. Necesitamos a otros creyentes para que nos estimulen hacia la santidad y nos recuerden que nuestra ayuda viene del Señor, que nuestro poder proviene de Su Espíritu y que separados de Él, no podemos hacer nada.[12]

Dios no ayuda a los que se ayudan a sí mismos; Él ayuda a los que saben que están perdidos sin Él y lo reconocen. Cualquier filosofía que eleva al hombre por encima de Dios es humanismo. El humanismo declara que el problema es superficial y que nosotros somos tanto la fuente como el remedio de nuestro quebrantamiento. Utilizar la terminología cristiana para promover soluciones de auto confianza solamente crea una forma rara de humanismo religioso, un pastelillo de ideología mundana con una fina capa de glaseado cristiano.

ARGUMENTE sobre un acercamiento más saludable

Recuerdo haberme dado cuenta de mis sentimientos de vacuidad y desesperanza alrededor del séptimo grado de primaria. Usaba ropa de las ventas de garaje sin marca y no ayudaba mucho que mi mamá no me permitiera rasurarme las piernas o usar maquillaje hasta la edad de 13 años (llámeme "primitiva"). Sospecho que, por haber sobrevivido a esos tumultuosos años, se impregnó en mí el súper poder que se necesita para enseñar a los alumnos de esa edad: mu-

1: Dios ayuda a los que se ayudan a sí mismos

cha paciencia mezclada con un conocimiento de que todos estamos quebrantados.

Así que, ¿cuál es el mejor acercamiento para nuestro problema? Es tan simple como arreglar cualquier otra cosa que se haya roto: pegamento y un clip.

Bueno... no exactamente.

Lo que en realidad necesitamos es al fabricante. Él sabe exactamente qué es lo que necesita nuestro corazón y tratar de repararlo por nosotros mismos es tan inútil como esperar que una aspiradora se arregle a sí misma. Eso nunca sucederá. Ni siquiera si juntamos a toda la familia y la animamos diciéndole: "¡Eres una aspiradora increíble! ¡Tú puedes!"

Nada que esté roto puede componerse a sí mismo, y eso incluye nuestro corazón. Aunque algunas de las enseñanzas de la autoayuda ofrezcan consejos beneficiosos, jamás lograrán el cambio duradero, lo cual hace que la gente compre otro libro, se inscriba a otro seminario o busque otro mentor O *gurú*. La cantidad de libros de autoayuda en el librero de cualquier chica es evidencia suficiente de que la autoayuda falla. Si realmente funcionara, solamente tendría uno.

Habrá ocasiones en las que escuchemos un podcast o leamos un libro que ofrezca dar consejos útiles que cubren temas que van desde la sanidad emocional hasta *tips* de organización, y eso está bien. La Biblia no es exhaustiva en cuanto a cubrir todos los temas o todo aspecto que enfrentamos en la vida.

No hay cantidad de estudios bíblicos profundos que le ayuden a determinar cuántas horas debe invertir en Facebook, o cómo establecer límites saludables con su adolescente o cómo reconocer cuando un narcisista la está manipulando. Estoy particularmente agradecida con todos los libros que me han ayudado a navegar a través de todos esos temas, y otros más.

La sicología debe siempre arrodillarse ante la teología

Pero la Biblia es *suficiente*, eso significa que nos dice todo lo que necesitamos saber en cuanto a quién es Dios, quiénes somos nosotros y qué necesitamos para tener la vida abundante (como él la define)[1]. Solamente recuerde, no importa lo que usted esté leyendo o escuchando, la sicología siempre debe arrodillarse ante la teología. ¿La enseñanza que está escuchando se alinea con lo que Dios dice que es en la Biblia? ¿O lo minimiza al distorsionar su carácter o caminos?

¿Esa enseñanza está de acuerdo con lo que la Biblia dice que somos? ¿O eleva nuestro llamamiento o dones por encima de lo que ella dice? ¿La enseñanza llama al pecado por lo que es, e incluye la total necesidad del arrepentimiento? ¿O suaviza la definición del pecado ("errores, desorden") y minimiza sus consecuencias?

La realidad para nosotros los creyentes es la siguiente: sabemos suficiente acerca de nosotros mismos como para comprender que no contamos con lo que se necesita para arreglarnos a nosotros mismos por completo. Es más, cuando confiamos en nuestra propia fortaleza o poder interior, estamos seguros de que fracasaremos. Ese es el diseño. Ciertamente debemos seguir haciendo nuestra parte hacia el crecimiento espiritual, pero hallaremos gozo al saber que nuestra dependencia de Dios no significa debilidad, más bien es nuestra verdadera fortaleza.

Podemos animarnos con lo que Dios le dijo a Pablo y la respuesta que le dio: "Y me ha dicho: Bástate mi gracia; porque mi poder se perfecciona en la debilidad. Por tanto, de buena gana me gloriaré más bien en mis debilidades, para que repose sobre mí el poder de Cristo" (2 Corintios 12:9).

REFUERCE a través de la discusión, el discipulado y la oración

Así que, ¿qué puede hacer como padre para ayudar a sus hijos a reconocer las fallas de la autoayuda y volverse a la fuente correcta que tiene las respuestas?

1. Cuando llegamos a los temas que enfrentamos día a día, converse con sus hijos acerca de lo que está dentro de su poder para arreglarlo y qué es lo que se encuentra solamente en el poder de Dios. ¿Lavar los trastes? ¿Ser amable con el niño menos popular de la escuela? ¿Qué tal la bondad y apoyo a los demás hasta que nos sea natural? Podemos controlar lo que hacemos, pero solamente Dios es el que produce el crecimiento para cambiar lo que somos.

2. Cuando sus hijos acudan a usted con un problema, comience diciéndoles: "Veamos qué dice la Biblia al respecto". Una vez que hayan identificado el principio bíblico por el cual ellos deben luchar, entonces puede equiparlos para encontrar otras ayudas que les permitan aplicar lo que han aprendido. Esa es la forma más bíblica de la autoayuda, primero acudir a la Biblia, luego buscar directrices que nos ayuden a aplicar la palabra de Dios.

USE "SUS GARRAS" PARA ORAR

Alabanza

Señor Dios, tú y solo tú eres mi ayudador. Eres un Dios bueno que desea mi bien, aunque eso signifique pasar por dificultades y luchas. Te alabo porque eres mi fuerza que me ayuda en mi debilidad. Me revelas dónde necesito tu ayuda. ¿De dónde viene mi socorro? Proviene de ti (Salmos 121:2).

Aceptación

Señor, confieso que estoy quebrantado. Perdóname porque no siempre admito que necesito ayuda y por creer la mentira de que yo puedo arreglarme a mí mismo. Perdóname por creerme las enseñanzas populares acerca del poder del pensamiento positivo y del humanismo que elevan nuestra fuerza y minimizan la tuya. Admito que soy culpable por tener un sentimiento de derecho que me lleva a centrarme en mí mismo, en el auto descubrimiento y la auto adoración. Perdóname por no buscarte para que me ayudes.

Adoración y acción de gracias

Señor, gracias por el poder y disponibilidad del Espíritu Santo para ayudarme. Estoy agradecido por las instrucciones de tu palabra que me ayudan a vencer al pecado. No eres un Dios lejano que me ha abandonado para que yo intente resolver las cosas. Tu poder es más efectivo en medio de mi debilidad y soy suficiente solamente en tu suficiencia (2 Corintios 12:9; Filipenses 4:13).

Súplica

Señor, al avanzar desde la mentira de la autoayuda hacia la ayuda tuya, te pido que me ayudes a traer cautivo todo pensamiento delante de ti. Dame el poder para discernir tus dádivas de los derechos que quiero demandar. Ayúdame a enseñar a mis hijos el equilibrio entre el pensamiento independiente y la dependencia de ti. Que pueda estimular en ellos el deseo de buscar a tu Espíritu Santo como su más grande ayudador. Trae a la luz y ayúdame a reconocer a los lobos vestidos de ovejas, a reconocer la sicología disfrazada de teología para proteger a mis hijos. Que pueda enseñar a mis hijos a hacer de la Biblia su primera y gran fuente de autoayuda. Ayúdame a ser buen mayordomo de mi mente y mis dones, y dirigir a los demás hacia ti como La Fuente de ayuda.

En el nombre de Jesús, mi ayudador, amén.

PREGUNTAS PARA REFLEXIONAR

1. **Rompehielos**: Si se sienten cómodos compartan, ¿cuál es una de las áreas de su vida sobre la cual se sienten totalmente impotentes o indefensos?

2. **Tema principal**: Eres mayordomo, no tu propio salvador. Uno de los frutos del Espíritu es el dominio propio. Sin embargo, el Señor también nos advierte en contra de "luchar" (Salmos 46:10). ¿Cuál cree que es la diferencia entre hacerse responsable de sí mismo en una forma saludable y luchar de manera enfermiza?

3. **Autoevaluación**: La mayoría de las personas nos encontramos en un espectro. Dibuje una línea en una hoja de papel y en una de las puntas escriba "Soy **P**asivo" y en la otra "Soy **L**uchador". Las personas **P**asivas espiritualizan su pereza y no reconocen que es necesaria la obediencia como parte de la santificación (o crecimiento espiritual). Las **L**uchadoras piensan que todo es su responsabilidad y olvidan que en ocasiones Dios obra en nosotras a un ritmo diferente al que nos gustaría. ¿En qué punto de los dos lados se ubica usted? ¿Por qué? ¿Qué pueden aprender las **P** y las **L** unas de otras?

4. **Lluvia de ideas**: Dibuje una línea vertical en medio de una hoja de papel y en un lado escriba "yo" y en el otro "Dios". En uno de los lados identifique las cosas de la vida que son nuestra responsabilidad como buenos administradores de los dones que Dios nos dio. En el otro

lado escriba las áreas de la vida de las cuales solamente Dios es responsable para que sucedan. ¿Hay cosas en el lado de "Dios" por las que usted se ha responsabilizado? Identifíquelas. Hable con su grupo para obtener retroalimentación en su evaluación. (Recuerde, las respuestas no siempre vienen ¡de adentro!).

5. **Suelten el oso que lleva dentro**: Escoja una de sus responsabilidades en la lista bajo el título "yo" de la cual debe ser un buen administrador. ¿Qué pasos debe dar para que sucedan? Luego escoja una o dos de las cuales ha querido tomar el control y que debe ofrecerlas a Dios. Ore para que Él le dé fortaleza para ser diligente en lo que tiene que ser y que entregue el control de las áreas de las que solo Dios tiene las riendas.

MI CEREBRO ES CONFIABLE...
SEGÚN MI CEREBRO
—*Naturalismo*—

Hillary Morgan Ferrer

"Es imposible tener comunicación y es inútil utilizar palabras. No podemos conocer a Dios. Todo lo que se dice acerca de Dios no tiene sentido. Es más, es imposible conocer toda la verdad porque todo el conocimiento es una mera opinión. En realidad, no podemos saber nada. Debe dudar de todo. La ciencia es el único medio para lograr el conocimiento, el único camino a la verdad, la única forma de entender la realidad".

Espero que usted esté pensando: *"Eso no suena muy cristiano"*. Si es así, usted está en lo correcto, porque ¡no lo es! Todo ese párrafo es lo que aquellos que siguen "la lógica" llaman "declaraciones que se refutan a sí mismas" y usted debe comenzar a familiarizarse con ellas. Es más, haga un juego con sus hijos en el que creen sus propios argumentos. Es divertido hacer algo así.

Una declaración que se refuta a sí misma es aquella que si fuera cierta, se contradiría a sí misma. Veamos a cada una de las declaraciones una vez más. Primero dije que toda comunicación es imposible y luego utilicé palabras que expresan lo inútil de las palabras. Si es imposible conocer la verdad, entonces ¿cómo podría alguien saber qué es verdad? ¿Qué decimos del mandato de dudarlo todo? ¿Es esta una declaración inmune al juicio? Y ¿qué acerca de la ciencia como el único medio para adquirir conocimiento? Por favor dígame de qué tubo de ensayo obtuvo esa perla para que yo misma la pueda verificar y reproducir.

El *naturalismo* es la creencia de que las causas naturales son suficientes para explicar todo nuestro mundo y el *materialismo* es la creencia de que la naturaleza (es decir, las cosas materiales) es lo único que existe en verdad. Las cosas materiales se pueden estudiar con los cinco sentidos.[1] Las cosas inmateriales no (la moral, el alma humana, los ángeles, los demonios y Dios).[2] El tipo de naturalismo al que me refiero en este capítulo técnicamente se trata del naturalismo materialista, pero eso es un poco complicado, así que lo llamaremos simplemente *naturalismo*.[3]

El *naturalismo* cree solo en las cosas materiales y hace menos a la filosofía y a la teología. Sin embargo, la ironía de decir que "todo lo que existe en el mundo es material" se trata de una declaración metafísica (fuera del ámbito físico) y filosófica. El significado de esas palabras no es material. No solamente es inmaterial y filosófico, sino que es una presuposición que no se puede comprobar, una declaración que a menudo se presenta en contra de los cristianos.

> **La fe es una palabra que se ha entendido mal y debemos asegurarnos de que nuestros hijos saben qué es fe y qué no es.**

No hay un laboratorio en todo el mundo que pueda comprobar o desaprobar la existencia de las cosas inmateriales porque por naturaleza, las cosas inmateriales no se pueden estudiar utilizando métodos materiales. Jamás seremos capaces de medir nuestra alma en un vaso de precipitados ni podremos colocar a Dios en un microscopio. El naturalismo es una hipótesis que no se puede comprobar y solamente se puede creer por fe. A los naturalistas no les gusta que utilicemos la palabra con f (de fe). A sus ojos ellos son los únicos que tienen las llaves de la razón y la lógica. Para ellos la religión es tonta y está llena de supersticiones improbables. La ciencia se trata de evidencias; la religión se trata de la fe.

La *fe* es un concepto que se ha malentendido y debemos asegurarnos de que nuestros hijos sepan qué es fe y qué no lo es.

Cuando el naturalismo utiliza la palabra fe, no habla acerca de lo que entendemos tradicionalmente por fe. Colocamos nuestra fe en gente y en las cosas que hemos experimentado como confiables. Nadie proclama con orgullo tener "fe" en una niñera que nunca ha cuidado a sus hijos o en un contador con el que jamás ha tenido trato. Sin embargo, cuando se utiliza con referencia a la religión, tuercen a menudo el sentido de la palabra *fe* a un grado superlativo. El biólogo evolucionista Richard Dawkins declaró: "La fe es el gran escape, la gran excusa para evadir la necesidad de pesar y evaluar la evidencia".[4] O tal vez prefiera las palabras de Mark Twain que dijo: "Fe es creer lo que usted sabe que no es así".

La palabra *sobrenatural* tiene connotaciones negativas dentro de la comunidad científica. Cuando la gente escucha esa palabra, su mente de inmediato conjura imágenes de síquicos, alienígenas o magia. Sin embargo, la palabra sobrenatural simplemente significa "fuera de la naturaleza", nada más, nada menos. Dios es sobrenatural al universo de la misma manera en que yo soy sobrenatural para este libro. Yo estoy fuera de este libro. Puedo escribir dentro de él. (Hubo una vez una niña llamada Hillary, que amaba a las mamás y a los osos y la Apologética…) No hay nada dentro de este libro que haya creado esta oración. Una mente (la mía en este caso) la creó fuera de este libro.

Como cristianos somos sobre naturalistas, porque no creemos que lo único que existe es la naturaleza. Creemos que hay cosas muy reales que existen fuera de ella.[5] Creemos que, igual que este libro, nada dentro de la creación pudo haber creado nuestro universo. Se requiere de algo fuera del universo y de forma particular, una mente superior.

Como cristianos reconocemos la existencia del alma humana y de seres sobrenaturales como los ángeles y los demonios (¡pero no los fantasmas!) Soy algo más que mi cuerpo. Hay algo acerca de mí que no puede reducirse a componentes químicos o a cargas eléctricas que se mueven. De la misma manera, no podemos (no debemos) desacreditar el mundo material. Somos llamados a ser buenos administradores (y cuidadores) de la tierra, de nuestro cuerpo, de nuestra familia y de nuestras comunidades. Ese fue el primer mandato que Dios le dio a Adán en Génesis. Sin embargo, cuando se trata del conocimiento y la verdad, tenemos más herramientas en nuestra caja que solamente las causas naturales. Para ser un naturalista de hueso colorado se debe limitar al uso de las herramientas materiales solamente. Prefiero usar una caja de herramientas mucho más grande.

Breve historia del naturalismo

Tenemos mucho por cubrir en este capítulo, así que como la ceremonia nupcial en la película Spaceballs, voy a darle la versión más corta de todas. (Pero también voy a proveer extensas notas finales que le darán información adicional en vez de citar solamente las fuentes).

La historia de la filosofía se puede dividir en tres períodos principales: premoderno, moderno y postmoderno. Creo que técnicamente estamos viviendo en los tiempos postmodernos, pero no está muy claro cómo debemos llamarlos. Favorecemos la frase *post verdad* porque aparece en muchas fuentes.

Fuente del conocimiento Verdad final		
Premoderno	Dios o dioses Observación Sentido común Autoridad	Dios o dioses
Moderno	Observación Experimentación	La capacidad colectiva del hombre para razonar
Postmoderno	Observación Experimentación	Pregunta difícil, ¡tonto! No hay forma de saberlo
¿Ahora?	Observación Experimentación Experiencia Mezcla de todos los períodos	Fuerza de la emoción Convicción personal

El premodernismo va desde el inicio del hombre hasta mediados del siglo diecisiete. A los premodernistas se les conoce por confiar en la autoridad y la revelación como su fuente principal de la verdad. A los líderes religiosos se les ve como las autoridades preeminentes y se asume que la revelación proviene de Dios o de *dioses*. Cuando hablo de autoridades religiosas no me refiero solamente a los sacerdotes o rabinos judeocristianos. Las religiones de los griegos, mesopotámicos, suramericanos, africanos y asiáticos también contaban con deidades prominentes. Se asumía que existía el reino sobrenatural y la mayoría de la gente no lo cuestionaba. En general, si alguien negaba a Dios, se le tenía que instruir para que lo aceptara.

Los modernistas se apartaron de lo que consideraron supersticiones sin sentido. Y para ser justos, había muchas cosas sin sentido. Por ejemplo, según la mitología griega, las estaciones de crecimiento y del invierno se debían a seis semillas de una granada que Persépolis se había comido mientras que era prisionero de Plutón. Los rayos eran señal de que los dioses estaban peleando.

El período moderno técnicamente comenzó alrededor de cien años después de la revolución científica (1543 d.C.)[6] Antes de ese período, la gente creía que las preguntas más profundas del ser humano solamente hallarían su respuesta en Dios o en los dioses. El período modernista marcó el cambio en la creencia de que la gente ahora podía responder a sus preguntas utilizado la razón, la observación y la experimentación.

No toda la revolución científica fue motivada por un deseo de destronar a Dios. Es más, el punto de vista judeocristiano jugó un papel preponderante en la ciencia, aunque sus hijos no aprenderán acerca de ello en la escuela pública.[7] Los dioses de otras culturas no eran más que proyecciones de humanos súper poderosos (casi como superhéroes). Y como humanos, sus dioses eran caprichosos y temperamentales. Así que la gente asumía que la naturaleza (el mundo material) no era más confiable o predecible que las emociones de cualquier personalidad volátil.

Sin embargo, los científicos que sostenían un punto de vista judeocristiano esperaban que el mundo reflejara las características del Dios inmutable de la Biblia. Esperaban que el mundo fuera racional, ordenado y cumplidor de la ley, porque Dios es racional y "él no cambia".[8] Esta convicción le permitió florecer a la ciencia moderna, aunque el paganismo interfirió.

Pero nosotros los seres humanos somos máquinas creadoras de ídolos. La ciencia era un regalo y en vez de usarla (como lo hizo Johann Kepler) "siguiendo los pensamientos de Dios", la gente comenzó a utilizar la ciencia como un medio para reemplazar a Dios. Ya no tendríamos que preocuparnos acerca de la guerra entre las religiones. La ciencia podría "probar" la verdad en terreno neutral.

Sin embargo, cuando el hombre reemplaza la autoridad de Dios con otra (en este caso, con la autoridad de la ciencia) tiende a transferirle los atributos de Dios al otro poseedor de la corona. Es más, cuando leí el Origen de las Especies, me impresionó el texto donde Darwin cambió de sus observaciones tediosas acerca del número de pelos que tienen las palomas entre sus garras a una adoración de la personificación de la selección natural.

> ¿Podemos asombrarnos, entonces, de *que la producción de la naturaleza debería ser "más verdadera" en carácter, que la producción del hombre*; que *deberían adaptarse infinitamente mejor...* y deberían abiertamente llevar marcada la realidad de una hechura más sublime? La selección natural está sucediendo diariamente, a cada hora, haciendo un escrutinio por todo el mundo... rechazando lo que es malo, preservando y añadiendo todo lo que es bueno... la selección natural puede actuar solamente a través y por el bien de cada ser.[9]

¿Soy solo yo? O ¿suena como si estuviera hablando de Dios? Para Darwin, la selección natural y no Dios, era la fuente del carácter moral, la soberanía, el conocimiento anticipado, humilde servicio y la bondad incondicional de todos los seres. Darwin 8:28 por supuesto nos dice que (Jesús) la selección natural obra todo para nuestro bien según sus propósitos. La evolución llegó a ser la nueva religión; Darwin: el Papa, y los científicos: los sacerdotes.

La historia de la ciencia es la historia de toda relación fallida, progresa a través de tres fases: infatuación, desilusión y rechazo. En cualquier nueva relación, el idealismo está muy elevado. El ser amado no hace nada malo. Durante el período moderno, el método científico y no Jesús, se convirtió en el salvador de la humanidad. Finalmente, no tenemos que lidiar con la ¡basura de la fe! Podemos conocer las cosas con absoluta certeza.[10]

Como sabe cualquier joven amante, llega el día en que el enamoramiento se va y comienza a ver la realidad con todas sus fallas y debilidades. La gran esperanza para lograr la certeza absoluta falló de manera miserable.[11] Las teorías cambian, las facciones se forman, la gente pelea. La ciencia solamente se volvió tan dogmática y divisoria como la religión (y todavía lo es) y el Darwinismo se trasformó en el darwinismo social, que es la profunda creencia de la deshumanización, que enseña que las diferentes razas se encuentran en diferentes etapas de evolución. Esa terrible filosofía fue lo que abrió camino del supuesto razonamiento "científico" del racismo y la creación de nuevas atrocidades justificadas como la eugenesia y los experimentos enfermizos que se realizaron con judíos durante el holocausto.[12]

La mayoría de las relaciones interpersonales se desmoronan bajo el peso de las expectativas imposibles, lo cual resulta en la desconfianza y en corazones quebrantados. El pobre joven amante jura no volver a amar porque está convencido que el verdadero amor no es más que una fantasía. Eso era lo que básicamente sucedió con la verdad. El sueño de lograr la certeza absoluta se desmoronó, por lo que la humanidad entró en la fase de rechazo de esa relación. En vez de concluir que la seguridad razonable estaba muy cerca, emergió toda una escuela de pensamiento que enseñaba a sus seguidores a no confiar en nada. Juraron no volver a creer en la verdad. No existe. Es tan sólo una ilusión. O si existiera, jamás la encontraríamos. Llegamos al postmodernismo, que enseña que no existe tal cosa como la verdad absoluta y no se puede conocer nada. (¿Reconoce las dos declaraciones de derrota aquí?)

Implicaciones prácticas del naturalismo

El naturalismo no es nuevo, traza su origen hasta el año 500 a.C. hasta los griegos atomistas. El problema universal de negar la existencia de Dios es la dificultad de explicar la creación separada de su Creador. Romanos 1:20 dice que Dios se hace claramente visible a nosotros a través de lo que ha creado. La creación grita: "¡Hay un Creador!" Para silenciar la voz de la naturaleza, el hombre debe inventar formas más creativas para gritar aún más fuerte.

Así que en nuestro estudio del naturalismo debemos navegar a través de él y evaluar las teorías alternativas que se han postulado para reemplazar a Dios. Sus hijos se enfrentarán a estas teorías y es importante que nosotros los padres cuidadosos podamos razonar a través de sus lagunas.

Si Dios no creó el universo, entonces ¿quién o qué lo hizo?

Ha existido una amplia gama de hipótesis que se han ofrecido a través de la historia para desacreditar a un Dios que no fue creado, que existe en sí mismo y que es lo suficientemente poderoso como para crear el universo. ¿Cuál es la solución? Hacer hipótesis en cuanto a que algo más que no fue creado, y que no existe en sí mismo, fue capaz de crear. Padres, escuchen bien cuando digo esto: cualquier hipótesis acerca de los orígenes eventualmente se reduce a algo que (**1**) siempre ha existido, que es eterno o que (**2**) no necesita de creador alguno, existe en sí mismo y que (**3**) es lo suficientemente poderoso como para crear. Aristóteles le llamó la "primera causa". No permita que nadie le diga que la primera causa es "más científica que la de usted". Nadie puede recrear el comienzo del universo, así que todos debemos declarar por fe cuál es nuestra respectiva "primera causa". He aquí algunas primeras causas sobre las cuales nuestros hijos preguntan:

1. ***El mundo material siempre ha existido***. El reconocido show de TV de Carl Sagan llamado ***Cosmos*** comienza

con la famosa frase "el cosmos es todo lo que existe, fue y siempre será". ¿No le suena eso a Hebreos 13:8, que dice que "Jesucristo es el mismo ayer, hoy y por los siglos"?[13] ¡Debería! Lo que hizo básicamente Sagan fue sacar a "Jesús" y lo reemplazó con "el cosmos". Hasta las enseñanzas de Edwin Hubble, la creencia en un universo eterno se desvió del problema percibido de Dios.[14] Si el universo jamás fue creado, entonces no hay necesidad de un Creador. ¡Es un genio! Sin embargo... todavía nos quedamos con la presunción improbable que se basa en la fe. Ese difícilmente es un paso hacia adelante, hablando científicamente.

2. *Existen un número infinito de universos según la teoría del multiverso*. ¿Por qué alguien postularía algo tan extraño? Porque durante el último siglo los científicos han descubierto cuán increíblemente especializado es nuestro mundo en cuanto a la vida. El cambio de la proporción de protones a electrones, la constante gravitacional, la temperatura a la que hierve el agua y otras 150 constantes científicas que deben existir simultáneamente para que la vida pueda subsistir.[15] Para decir que todas esas constantes sucedieron por simple casualidad, es decir en esencia que la tierra se ganó la lotería cósmica en el primer intento. Sin embargo, el concepto de la lotería cósmica es mucho más fácil de ganar si se compran un número infinito de billetes de lotería. Esa es la idea que hay detrás del multiverso. Toma las "improbabilidades" de la especialización de la vida y dice: "Puesto que hay universos infinitos, sucede que

nos encontramos en el de más suerte y que contiene todas las constantes correctas. "¡Hurra!" Me duele tanto que la hipótesis de los multiversos sea tan popular y que tengamos que defendernos de ella. Mi hermana me llamó hace unos años porque mi sobrino de ocho años le estaba preguntando acerca de esto, así que no piense que tendrá que esperar a que sus hijos lleguen a la universidad para enfrentar esto.

La teoría del multiverso sigue siendo una gran conjetura, rayando en la teología y no tanto en la ciencia. Y aun si la hipótesis del multiverso fuera cierta, sigue sin resolverse el dilema. Solo mueve el problema un paso atrás y lo complica. Si hubiera universos infinitos, entonces ¿de dónde provienen todos ellos? No bromeo, la respuesta que dan es que existe un "generador de multiversos". Y ¿sabe cuáles son sus características? Es eterno, nadie lo creó y evidentemente es capaz de crear una y otra vez. Por favor, que alguien me explique ¿cómo es que esta hipótesis suena más sencilla y no requiere de fe como la creencia en un Dios Creador?

3. ***Las leyes naturales son capaces de crear.*** Rebekah Valerius y yo hicimos un podcast con base en ese título: "¿cuánto conocimiento debes tener para identificar los sinsentidos?" Está basado en la interacción entre el fallecido Stephen Hawking (físico brillante pero ateo) y John Lennox, matemático igual de brillante (y cristiano) de Oxford. Hawking declaró que "porque existe la ley de la gravedad, el universo puede y se creará a sí mis-

mo de la nada". Esto llevó a Lennox a responderle que "un sinsentido sigue siendo un sinsentido, aun cuando lo declare un científico mundialmente famoso".[16]

He aquí el problema: las leyes naturales describen las cosas. No las generan. Dos más dos nunca colocaron cuatro dólares en la cartera de nadie. Las leyes naturales solamente actúan sobre la materia que ya existe. La definición de la gravedad es que se trata de la fuerza que atrae a dos objetos y depende de la masa y diámetro de los objetos. El diámetro de nada es nada. No existe la gravedad sin una materia preexistente.

4. ***Una noción rudimentaria de las teorías del origen del universo.*** Luz, partículas cuánticas, vacíos cuánticos y probablemente muchas otras cosas más junto con la palabra *cuántico* se usan porque suena más inteligente y misterioso. Pero no se deje engañar, toda hipótesis dirá lo mismo: "_____" es eterno, existe en sí mismo y es capaz de crear. Lo más lógico que podemos poner en el espacio en blanco anterior, no es *qué*, sino *quién*. Las mentes crean. Discutiremos más acerca de esto en la sección de RUGE.

Muy bien. Dejemos el universo por un momento. ¿De dónde proviene la vida?

Cuando enseñaba en la preparatoria el tema de biología respecto a las células, siempre me hacían la misma pregunta cada año. Según la teoría de las células, todas provienen de células que ya existían. Sus hijos aprenderán esto desde el jardín de niños hasta la universidad. La pregunta que siempre se repite: "¿De dónde provino la primera célula?" ¡Excelente pregunta!

Por siglos se consideró como "consenso científico" la creencia de la *generación espontánea* (es decir, que la vida proviene de lo que no es vida). (Y como sabemos, el consenso científico supuestamente nunca se equivoca, mirándose a sí mismo ¡modelo concéntrico!) Por ejemplo, se observó ampliamente que en la carne podrida aparecían gusanos. Así que la gente llegó a la conclusión de que la carne podrida (una materia muerta) ¡podía crear vida (gusanos)! Es vergonzoso por cuánto tiempo y con cuánta vehemencia se defendió esa creencia. A mediados de los años 1800 el científico francés Luis Pasteur condujo varios experimentos que de una vez por todas echaron por la borda la bestia de la generación espontánea (Gracias Luis Pasteur por erradicar esa teoría, gracias a que su fe en Dios ¡daba luz a la ciencia!)

Sin embargo, como cualquier buena herejía, las ideas detrás de la generación espontánea siguen regresando. Lo único diferente es que vienen envueltas en otras cosas como el "mundo del ARN". Infortunadamente, no tenemos espacio en este libro para revisar todas las teorías alternativas que se han levantado. Baste con decir que ninguno de los nuevos descubrimientos que dicen que los nucleótidos se forman espontáneamente (los nucleótidos son la base biológica de la vida) ha recibido una aceptación real. Nos felicitamos por haber avanzado apenas unos milímetros, cuando la distancia entre la vida y lo que no es, es del tamaño del Gran Cañón del Colorado.[17] Existe un límite en cuanto a lo que los procesos naturales pueden lograr. Los naturalistas declaran la seguridad inamovible de que un día descubriremos la causa natural del principio de la vida, pero esta esperanza también se basa en la fe, no en la observación.

¡RUJA COMO UN PADRE CUIDADOSO!

RECONOZCA el mensaje

La mentira del naturalismo no está confinada a los salones de clase; ha logrado penetrar en nuestras iglesias. He aquí dos de las formas más comunes (y más importantes) en que verá al naturalismo empaquetado. Pocas veces se le reconocerá en esos términos, pero examínelo con cuidado. Verá sus semillas por todos lados.

1. *Lo sobrenatural será reemplazado eventualmente por lo científico*. Este tema se escucha constantemente en los programas de ciencia (como *Cosmos*) hasta la programación infantil. Si alguna vez en su niñez vio Scooby-Doo, recordará que casi en todos los episodios la banda investigaba algún tipo de evento paranormal. Pero como todo fanático de Scobby-Doo sabe, el misterio siempre se resolvía al exponer al personaje enmascarado del granjero Bob. De manera similar, una táctica común es preguntar a la comunidad atea: "¿Puedes decirme una cosa que originalmente pensábamos que era natural y que se convirtió en sobrenatural?" No hay

forma de que los cristianos puedan refutar esto porque los naturalistas rechazan categóricamente cualquier evidencia que apele a explicaciones sobrenaturales.

2. ***Todo lo que existe es lo natural.*** El alma, la mente, lo bueno, lo malo, las emociones y aun los instintos se explican en términos naturalistas: el amor es solamente *oxitocina* en el cerebro; la gente es esclava de sus genes; no podemos culparlos por actuar de la forma en que la naturaleza los creó.[18] Los términos naturalistas casi siempre se expresan en términos evolucionistas. La atracción sexual es solo nuestros instintos revolucionarios que escogen al mejor compañero para transmitir nuestros genes. Los pensamientos no son sino impulsos nerviosos del cerebro (Disculpe, ¿entonces por qué confiamos en ellos?)

OFREZCA discernimiento

Es importante que entendamos por qué la gente se siente atraída al naturalismo, para qué ha servido, y dónde se han infiltrado las mentiras.

Hace mucho tiempo, se utilizaba lo sobrenatural para explicarlo todo. Los rayos, los truenos, las cosechas, todo ello se explicaba atribuyéndolo a los dioses y si algo fallaba, bueno, quizás sacrificar una virgen más haría que las cosas mejoraran. Gracias a Dios ¡ya hemos superado todo eso!

Segundo, la Biblia misma eleva a la creación como el testimonio de quién es Dios. El Salmo 19:1-6 describe la naturaleza como el conocimiento revelador sin palabras. Algunos teólogos se refieren a los dos tipos de revelación de Dios: la revelación general (la naturaleza) y la revelación especial (la Biblia). Los atributos de Dios se hacen "claramente visibles por medio de las cosas creadas".[19]

Tercero, no podemos minimizar la cantidad de cosas que la naturaleza nos explica. Versículos como Filipenses 4:8 (que habla de los pensamientos) se han considerado buenos principios sobre los cuales vivir, pero no dan la solución concreta a problemas graves. Ahora, gracias a la neurociencia y a la investigación epigenética, sabemos que efectivamente los pensamientos tienen un efecto fisiológico literal sobre nuestros genes (y la química cerebral) y la capacidad de responder al estrés en formas más saludables. Nuestra respuesta al estrés es tanto mental como fisiológica. Si hay un desorden en la fisiología, lo mental también colapsa. La gente que lucha con una enfermedad como ansiedad clínica o depresión ya no tiene que vivir con la mentalidad de "quita el ceño fruncido" que recetan los que no la están sufriendo. Pueden encontrar soluciones mentales, emocionales, espirituales y ¡físicas también!

Mi punto final es un llamado contra la simplista "refutación" de la iglesia en contra de la evolución. Durante mi clase universitaria de Evolución y Genética aprendí que la evolución podría hacer mucho más de lo que se enseñaba originalmente. También aprendí que el profesor no hacía distinción entre lo que es observable y lo que se asume o postula. La conclusión: la evolución puede hacer más de lo que yo pensaba originalmente, pero todavía no era suficiente para explicar el brinco de una simple forma de vida hasta una compleja (o aun de la no vida a la vida). Para hacer eso se tiene que insertar filosofía, es decir, que la naturaleza es capaz de hacer todo esto por sí sola. La mayoría de los alumnos de biología de secundaria y de universidad no entienden lo suficiente como para hacer esta distinción. Todo lo que saben es que "la iglesia les mintió acerca de la evolución". No le demos al enemigo una oportunidad, por favor.

Así que ¿cuáles son algunas mentiras del naturalismo que vienen en un nuevo paquete?

Mentira #1: la ciencia y el cristianismo se oponen entre sí

Falso. La ciencia y el cristianismo se llevan muy bien. Lo que no se lleva bien es el naturalismo y el cristianismo que se oponen entre sí. La creencia de que el universo está gobernado por leyes naturales que se pueden probar, que son confiables y que se pueden manejar, era una idea originalmente cristiana con base en el carácter y los atributos del Dios cristiano. Cuando escuche que alguien declara que la ciencia y el cristianismo no se mezclan, pregúnteles qué quieren decir cuando usan la palabra "ciencia". Si le dan una definición naturalista, pregúnteles qué experimento hicieron para obtener esa definición.

Mentira #2: la ciencia usa hechos, la religión usa fe

Falso. Tanto la ciencia como el cristianismo usan una mezcla de hechos y de fe, mientras estemos definiendo adecuadamente la fe. La ciencia descansa más fuertemente en observación repetitiva, pero se basa finalmente en una filosofía que interpreta toda la información. Dos científicos pueden observar la misma información y llegar a diferentes conclusiones con base en su filosofía inicial. Uno podría decir que el cristianismo es más fuerte en la fe, pero igualmente lo son las ciencias históricas. No se puede repetir la historia como la química. Gracias a Dios el cristianismo se basa en hechos verificables y reales acerca de la vida, muerte y resurrección de Cristo. A partir de ahí, tenemos la fe en lo que Cristo declaró ser la verdad, pero podemos (o debemos) basar esa fe en evidencias. La fe ciega es fácil de perderse. La fe que se basa en evidencia es difícil dejar.

Mentira #3: lo que no es mente puede producir información

La información se transmite cuando hay un mensajero, un receptor y un medio de comunicación acordado. Lo único que hemos podido observar que produce información es la mente. Para los lectores de este libro, la información es el español. El español no produjo español. Se requiere de una mente fuera del español (es decir, una persona). La computadora no creó el idioma de la computadora. Una mente fuera de la computadora la creó (nuevamente, se trata de una persona). Los que abogan por el diseño inteligente dicen que nada con ADN pudo haber producido ADN, y, sin embargo, una mente fuera del ADN lo produjo. El problema con el naturalismo es que no tiene una categoría para describir esa mente fuera del ADN (aparte de los alienígenas) así que lo único que hacen es barrer el polvo debajo de la alfombra.[20]

> **Un valor importante tanto de la ciencia como del cristianismo es un espíritu de humildad, el cual no debe confundirse con el espíritu de concesión.**

ARGUMENTE por un acercamiento más saludable

La idea principal que me gustaría que usted como padre recuerde, es que la ciencia y el cristianismo son amigos y esto se demuestra al observar la historia de la ciencia. Copérnico, Kepler, Boyle y Galileo fueron hombres que aportaron grandes contribuciones a la revolución científica y eran hombres de fe. Según el libro 100 Años de Premios Nobel, más del 65% de los ganadores tenían algún tipo de relación con una denominación cristiana.[21] El astrónomo y físico ateo Robert Jastrow resume la relación entre Dios y la ciencia en su libro Dios y los Astrónomos:

Para los científicos que han vivido su fe con el poder de la razón, la historia termina como un mal sueño. Han esca-

lado la montaña de la ignorancia y están a punto de conquistar el pico más alto; al impulsarse sobre la última roca antes de llegar a la cima, se encuentran con una banda de teólogos que han estado sentados en ese lugar por siglos[22]

Además, en la declaración de fe de Mujeres en la Apologética, decimos que: "Si se entiende bien, la palabra de Dios (la Biblia) y el mundo de Dios (la naturaleza)... éstos jamás se contradicen el uno al otro". No es anticristiano admitir que hay ocasiones en que pareciera que *sí* lo hacen. Un valor muy importante, tanto de la ciencia como del cristianismo, es un espíritu de humildad, el cual no debe confundirse con el espíritu de concesión. Si parecen estar en contradicción, significa que no estamos entendiendo correctamente la revelación general (la naturaleza) o la revelación divina (la Biblia).

REFUERCE a través de la discusión, el discipulado y la oración

1. Pida a sus hijos que hagan un dibujo. Cuando hayan terminado pregúnteles: "¿Cómo llegó ese dibujo ahí? ¿Fuiste tú o los colores?" La respuesta es ¡ambos! La naturaleza es como el color y Dios es el artista. Ninguna cantidad de explicación de las propiedades del crayón podría explicar cómo es que el dibujo terminó plasmado en el papel. Se requirió de una mente. De manera similar sucede con la ciencia y Dios, no hay cantidad suficiente de explicación de cómo funcionan las cosas que expliquen de dónde vinieron (Véase el artículo la

"Explicación de la Ciencia Versus Dios" en el blog de Mamá Osa).

2. Hable con sus hijos acerca de la correcta definición de la fe. Ponga énfasis en que la fe es colocar nuestra confianza en algo o en alguien que ha comprobado ser confiable. Al traer esto al campo de la apologética y Jesús, muestre cómo Dios envió a Jesús encarnado en un punto de la historia para morir y resucitar ante muchos testigos que lo vieron después de su resurrección. Explíqueles que, como cristianos, podemos sentirnos seguros al saber que hemos colocado nuestra fe en algo que en realidad sucedió. Lea 1 Corintios 15 y muéstreles cómo es que según el apóstol Pablo, la evidencia de la resurrección es el fundamento de nuestra fe.

USE SUS "GARRAS" PARA ORAR

Alabe

Señor, reconozco que eres sobrenatural. Estás afuera de la naturaleza, eres trascendente. La naturaleza no es todo lo que existe; fue necesaria una mente para crear a la naturaleza. Tú eres esa mente generadora, la sabiduría detrás del universo. Has dejado tu huella tanto en tu creación como en tu palabra.

Reconozca

La ciencia no es mi salvadora. La naturaleza no es mi salvadora. Perdóname por los momentos en que he descartado tu palabra como mi autoridad final y la fuente de toda verdad.

Adore y agradezca

Gracias por el papel que el cristianismo ha jugado dentro de la ciencia. Te doy las gracias por revelarte a través de la creación y porque la ciencia nos permite seguir "tus pensamientos". Proclamamos que la ciencia y la fe ¡son amigas! Tú creaste un universo increíblemente funcional que nos habla de tu nombre en cada constante y ecuación. Estoy agradecido porque me has dado algo más que este cuerpo; me diste el alma.

Súplica

Que mis hijos y yo proclamemos que la naturaleza nos grita: "¡Hay un Creador!" y su nombre es *Elohim*. Señor, dales a mis hijos discernimiento para no ser engañados por las cosas que suenan inteligentes y misteriosas. Dales mentes inquisitivas y la sabiduría para distinguir entre la verdad y la especulación. Protege nuestras escuelas e iglesias de esas mentiras. Para los que están ciegos a tu verdad y a quienes descartan lo sobrenatural desde el inicio, dirígelos a tener una mente honesta para cuestionar y seguir la evidencia hacia donde los lleve, directo a Ti. Ayuda a mis hijos a entender la ciencia como la teología natural que les ayuda a aprender más de Ti.

En el nombre de Jesús mi Creador. Amén.

PREGUNTAS PARA REFLEXIONAR

1. **Rompehielos:** ¿Qué es algo de la naturaleza que siempre le ha asombrado?

2. **Tema principal**: La ciencia es un regalo de Dios, pero la gente la ha usado para reemplazarlo. ¿Cuáles son algunas formas en que la gente ha tratado de usar la ciencia para reemplazar a Dios?

3. **Autoevaluación:** Es tentador pensar demasiado alto o demasiado bajo acerca de los descubrimientos científicos. ¿Hacia qué lado tiende usted a caer? ¿Por qué? ¿Cuál es un punto de vista saludable acerca de la ciencia?

4. **Lluvia de ideas**: Esta es difícil, pero vea nuevamente las diferencias entre el pensamiento premoderno, el moderno y el postmoderno. En verdad analice la cultura. ¿Puede identificar partes de la cultura que operan bajo las reglas premodernas? ¿Cuáles son modernistas? ¿Cuáles caen en la categoría del postmodernismo? ¿Cómo sabe la diferencia? (Si esto es demasiado difícil, guarde esta pregunta hasta que termine el capítulo 10). Si este capítulo es todavía algo confuso, tenga la libertad de usar fuentes externas.

5. **Suelten el oso que lleva dentro:** Salga a dar un paseo por la naturaleza con sus hijos. Encuentre tantas cosas hermosas como pueda. Haga el estudio de la creación de Dios como parte de su diario vivir. Ponga énfasis en

que la ciencia es el medio por el cual podemos estudiar lo que hizo Dios, pero que jamás logrará explicar el propósito de Su creación.

CREERÍA EN DIOS SI HUBIERA ALGUNA PIZCA DE EVIDENCIA

—Escepticismo—

Hillary Morgan Ferrer y Rebekah Valerius

En el año 2012, el Dr. Bart Ehrman y el Dr. Daniel Wallace debatieron sobre el siguiente tema: "¿Se ha perdido el Nuevo Testamento original?" en la Universidad Metodista del Sur en Dallas. Examinaron la evidencia de los documentos del Nuevo Testamento y hablaron acerca de la posibilidad de saber con seguridad que lo que tenemos en la Biblia refleja los escritos originales de los apóstoles.

Fue "coincidencia divina" que estuviéramos presentes todos los que llegaríamos a formar parte del grupo de apologética de Dallas, solo que en ese momento no nos conocíamos unos a otros y no los sabíamos. Lo que disparó nuestra conciencia de esto fue lo que comentó mi amigo Justin acerca de una pregunta que hizo durante el debate en una sesión de preguntas y respuestas. Todos recordamos muy bien cuál fue su pregunta. Fue en ese momento en el que comenzamos a vernos unos a otros y pensamos: "Espera… ¿tú también estuviste ahí? ¡Yo también! ¿Todos estuvimos ahí? ¡Qué bien!"

Años después descubrí que se había grabado un DVD del debate, pero para mi sorpresa no se incluyeron ni la pregunta de Justin ni la respuesta de Ehrman. Se habían grabado todas las demás preguntas y sus respuestas en ese DVD excepto la de él, así que lo que voy a compartir con usted, es información privilegiada y de primera mano, de lo cual solo los asistentes al debate tuvieron conocimiento. (Rebekah y yo sospechamos que Ehrman recibió tantas críticas por su respuesta que no quiso que circulara para la posteridad).

Wallace presentó evidencia tras evidencia a la cual se refirió como "sobreabundancia de evidencia", la cual empequeñece los manuscritos disponibles de toda la demás literatura antigua. La respuesta de Ehrman con voz rasposa fue una otra vez la misma: "Pero ¿cómo podemos estar seguros?" (¿Recuerda nuestra discusión acerca de la certeza absoluta del capítulo 6?)

Ehrman es un erudito e historiador del Nuevo Testamento. Inició como defensor férreo de la fe, aunque se encontraba al otro lado del espectro fundamentalista de las creencias cristianas. Obtuvo títulos de Wheaton College y del Instituto Bíblico Moody, pero no fue sino hasta que asistió al

Seminario de Princeton que su fe se vio desafiada en relación con la inerrancia de la Biblia. Desde su perspectiva, la evidencia histórica que apoyan los documentos del Nuevo Testamento se desmoronó bajo la carga de la absoluta seguridad. Totalmente desilusionado, Ehrman dejó la fe para siempre. Pasó de ser un cristiano fundamental a un escéptico fundamental, que es el camino que muchos ateos contemporáneos recorren.

Aunque la pregunta se omitió en el DVD, Wallace menciona la interacción en su libro Una Defensa de la Biblia:

> Durante la sesión de preguntas y respuestas, un pastor local llamado Justin Bass le hizo a Ehrman la pregunta de qué sería necesario para que él se convenciera de que la composición del evangelio de Marcos era certera. Ehrman respondió que se requeriría que diez manuscritos se copiaran del original del evangelio de Marcos a una semana de haberse compuesto... Ehrman después admitió en el sitio de internet TC List que exageró cuando respondió la pregunta del Dr. Bass, a pesar del hecho de que Bass (claramente) estaba preguntando por la cantidad mínima de evidencia que se requería para convencer a Ehrman.[1]

Lo absurdo de la respuesta de Ehrman podría no tener sentido si no se han estudiado los documentos antiguos. (Quiero decir, ¿quién no estudia los documentos antiguos entre pañales y entrenamientos de soccer?) Así que déjeme poner esto en perspectiva: Primero, Ehrman estaba demandando una evidencia que no existe para ninguna obra literaria de la antigüedad.[2] Ninguna. Segundo, los historiadores determinan la autenticidad de un documento al comparar dos cosas, el número de manuscritos que se han recuperado y el lapso de tiempo entre los autógrafos originales y sus copias. Si apiláramos los documentos antiguos que han sobrevivido hasta el día de hoy de un escritor promedio clásico, el montón sería de 1.20 m de alto. Si apiláramos los manuscritos que se han recuperado del Nuevo Testamento, se elevaría a una altura de 1.609 m *¡Qué gran diferencia!* Eso implica unos 24.000 documentos antiguos del Nuevo Testamento. En segundo lugar, se encuentra la Ilíada con 1.900 copias y en tercer lugar la Historia de Heródoto con 106.[3] Cuando se trata del espacio de tiempo entre los manuscritos originales y las primeras copias, el Nuevo Testamento se mide en unos cuantos años o décadas. Toda la otra literatura se mide *en cientos de años*. Ehrman pidió semanas. Si se descarta el Nuevo Testamento como documento no confiable, entonces se deben descartar todos los documentos antiguos. Siendo un historiador profesional de literatura antigua, esto sería un gran problema para Erhman.

> Si se descarta el Nuevo Testamento como un documento no confiable, entonces se deben descartar todos los documentos antiguos.

Desearía que en el momento se me hubiera ocurrido preguntarle: "Sr. Ehrman, si su criterio para las reglas de confiabilidad descarta a todos los documentos literarios antiguos, ¿será que su criterio es un poco intransigente?" Dada la norma que estableció, la única clase que podría dar a partir de ese momento era subirse al pódium y decir: "No podemos saber *nada* con seguridad del mundo antiguo. Gracias por venir, y ¡deje su propina al mesero!" En esencia, lo que Ehrman hizo fue responder a la pregunta de Justin. Su respuesta confirmó en pocas palabras, que jamás habría suficiente evidencia que lo convenciera, porque cuando se trata del escepticismo radical, la evidencia no es el verdadero problema.

Breve historia del escepticismo

Como ya lo hemos mencionado en el capítulo anterior, el naturalismo conduce a la gente a una confianza antinatural en los poderes de la ciencia. Cualquier persona que estudia la historia de las ideas sabe que las sociedades en muy rara ocasión cambian sus ideas de manera moderada. Más bien, tenemos la tendencia de mover el péndulo de un lado al otro, lo cual nos da toda una gama de nuevos problemas para resolver. Los modernistas dicen: "Si no puedo estar absolutamente seguro de todo, entonces por supuesto, *vamos a dudarlo todo*". (Estoy segura que tuvieron que sacar la lengua en algo al llegar a ese punto. No estoy segura en qué. ¿Quizás en la ciencia?) En este punto de la historia filosófica, la tendencia es que podemos estar absolutamente seguros de que no podemos saber nada con absoluta seguridad.

Ahora viene el escéptico Hume.

> (Si) tomamos en nuestra mano cualquier libro; de divinidad o de la escuela de metafísica, por ejemplo; preguntémonos: ¿Contiene algún tipo de razonamiento abstracto en cuanto a cantidad o número? No. ¿Contiene algún razonamiento experimental respecto a los hechos y la existencia? No. Échenlo a las llamas: porque entonces solamente contiene falacias e ilusión.[4]

En el idioma de una persona normal, Hume decía básicamente que, si no puede medirlo, contarlo, experimentarlo o probarlo como verdadero o falso, entonces solamente se trata de palabras adornadas y no es real. A lo cual nos preguntamos: "¿Acaba de usar un montón de palabras ornamentales para decirnos que las cosas con palabras ornamentales no se pueden probar y ser reales? ¿Estás absolutamente seguro?" La ironía de todo era que probablemente él respondería que sí. Volveremos a Hume en un momento. Por ahora, vamos a introducir otro "ismo" del cual probablemente ya haya escuchado, el ateísmo, porque es primo hermano del escepticismo. El escepticismo radical es lo que define a nuestros ateos modernos y el mejor lugar para comenzar nuestra discusión es explicar por qué el escepticismo radical es tan insidioso.

Implicaciones del escepticismo

Tal como lo veremos en nuestra sección de RUGE, una dosis saludable de escepticismo en sí mismo no es mala. Nuestra compañera Hillary Short escribió en su blog Apologética del parque de juegos.

> ¡Yo también quiero que mi hijo que ha crecido en la iglesia, por el cual he orado y que va al preescolar sea escéptico! Porque ser escéptico significa que tendrá preguntas ante lo que se le presente. Esto es importante porque no siempre seré yo la que le presente las ideas. Un niño que entiende cómo descubrir la verdad está preparado para sostener una fe que dure mucho más que la de un niño al que solamente se le presenta la verdad.[5]

En este capítulo no se está hablando del escepticismo saludable, sino del híper-escepticismo radical que raya en el cinismo. Es el tipo de escepticismo que se rehúsa a aceptar la evidencia razonable y demanda pruebas más allá de cualquier duda posible (del tipo que Ehrman pidió). La certeza absoluta solamente se puede lograr a través de las matemáticas y la lógica. Con todo lo demás, hay lugar para la incertidumbre. Si la gente quisiera tener razones para dudar del cristianismo, las van a encontrar. Siempre podemos hacernos una pregunta más entre nosotros y Dios. Por eso es tan importante hacernos la pregunta: "¿por qué estoy haciendo esta pregunta?" En ocasiones dudar de sus dudas es lo más racional que puede hacer.

Regresemos a la cita de Hume y hágase una pregunta: "¿Cuántos relatos de la Biblia incluyen cosas que no se pueden medir, contar o experimentar físicamente?" Probablemente mucho de su contenido, si no todo. ¿Cómo respondemos entonces? Decimos: "¡Oh no, la Biblia no es verdad porque no podemos probarla en un laboratorio de química!"

Espere, ¿cómo? Esa no es la forma en la que comprobamos un documento histórico. No existen documentos históricos que puedan "comprobarse" de la misma manera en que se prueba la física o la química. ¿Por qué algunas personas tratan a la Biblia como si fuera el único documento histórico que debe pasar por este nivel de "prueba"?

Eso es hiper-escepticismo y los hiper-escépticos que quiere venderle el híper-escepticismo a sus hijos a menudo suenan a un razonamiento atractivo, susurrando en el oído de sus hijos las mismas palabras que Ehrman pronunció en su conferencia: "¿Cómo podemos saberlo con toda seguridad?"

¿Cuál es el área crucial de la teología a la cual todavía afecta el susurro de Ehrman? (Definitivamente, no la de Dios). Los milagros. Si quiere saber algo con absoluta certeza, los milagros es lo primero que descalifican. Son irrepetibles y no le hacen sentido a alguien que ya está comprometido con el naturalismo que dice que todo lo que sucede es por causas naturales, y no más. Una vez que se descartan los milagros, ya ha negado la resurrección de Cristo, milagro sobre el cual se apoya todo el evangelio. Disculpen amigos, no se puede tener cristianismo sin la resurrección de Jesús.

Lea todos los libros de apologética que quiera. Responda toda pregunta correctamente. Si sus hijos se tragan la píldora del escepticismo radical, ninguna de sus respuestas será válida. No hay respuesta alguna que satisfaga a alguien que de antemano ha determinado ser escéptico. Esta es una de las lecciones desafortunadas que hemos aprendido de los nuevos ateos.

Antiguos versus nuevos ateos (y la importancia de saber la diferencia)

Para nuestros propósitos, nos referiremos a los ateos antes del 2001 como los antiguos ateos y los ateos a partir del 11 de septiembre de 2001 como los nuevos. La diferencia entre su argumentación es gigantesca y se basa en (**1**) la definición de ateísmo y (**2**) cuán listos están los ateos para admitir lo carente de significado que es la vida sin Dios. Los antiguos ateos no se inmutaban ante ello y al menos puedo respetar su honestidad. El filósofo ateo Bertrand Russell declaró en su ensayo "La Adoración de un Hombre Libre" (pista: resulta más efectivo leer el párrafo en voz alta con acento británico):

> Sin propósito… es el mundo que nos presenta la ciencia para nuestra creencia… el hombre es el producto de las causas… su origen, su crecimiento, sus esperanzas temores, sus amores, creencias, no son otra cosa sino el resultado de la colocación accidental de los átomos… destinados a la extinción en la vasta muerte del sistema solar… ninguna filosofía que los rechaza puede esperar permanecer… solamente en el firme fundamento de

la *desesperación inquebrantable* puede la habitación del alma construir de manera segura[6] (énfasis añadido).

Apuesto a que Bert era muy divertido en una fiesta. Tal desesperación era característica de los antiguos ateos. Sin embargo, después de los eventos del 11 de septiembre, surgió un nuevo chico en la cuadra. La gente buscaba respuestas para darle sentido a la religión radical que mostraron los musulmanes extremistas, así que las librerías explotaban con éxitos de librería trayendo las ideas antiguas en formas nuevas para ofrecerlas al público. Los más notables de esos libros fueron escritos por Richard Dawkins, Daniel Dennett, Sam Harris y Christopher Hitchens, a quienes se les apodó "los cuatro jinetes del no-Apocalipsis".

Dawkins era biólogo y no solamente modernizó el naturalismo para su nuevo público, sino que también expresó su contención absoluta por la religión, tanto así que por ello se hizo famoso. Él estaba aquí para liberar a la gente de su ilusión infantil de Dios y ayudarle a "dejar la fase de bebés y finalmente madurar".[7]

Dennett y Harris eran filósofos, aunque utilizo la palabra disperso para hablar de Harris. Nunca olvidaré el momento en que mi esposo (John Ferrer) terminó de leer el libro de Harris titulado Cartas a una Nación Cristiana, lo lanzó al suelo y dijo en alta voz: "¡Yo podría defender mejor el ateísmo que esto!" (Es verdad. Lo he visto hacerlo, justo antes de refutar sus propios argumentos).

Y luego Hitchens. El atractivo borracho que te hace reír aun cuando nos está insultando. La forma en que usa las palabras cubre una multitud de pecados filosóficos. Su habilidad para conectarse con su audiencia a nivel emocional le ayuda a acomodarse en una comunidad nueva de adoradores, no de Dios, y los equipa para argumentar con convicción en el Internet con memes súper astutos. ¿Es este un indicador de la profundidad de los argumentos del nuevo ateísmo que uno de sus cuatro jinetes haya sido quien acuñó la nueva palabra meme? (Es decir, Dawkins).

Pero necesitamos hablar en serio, porque los nuevos ateos no son para dar risa. Aunque podemos sacar humor de sus ideas y métodos, son personas creadas a la imagen de Dios y sus almas son de infinito valor. Sin mencionar que no podemos subestimar su influencia en la cultura contemporánea en línea, la cultura en la que sus hijos están inmersos al hacer investigaciones para su escuela, proyectos y virtualmente cualquier pregunta que les surja en la mente.

La honestidad brutal de los antiguos ateos no es más que un recuerdo. En su lugar, estos nuevos ateos han creado una versión del ateísmo que ni siquiera se puede debatir. No, en verdad, hablo en serio. Para ellos, su tipo de ateísmo no se puede debatir.

Cómo *no* debatir con un nuevo ateo

En todo debate hay una posición en pro y otra en contra. No estoy hablando de las charlas que se dan entre amigos de Facebook. Sino de los debates formales, en los que usualmente se llama a un representante de cada lado (por lo general se trata de profesores o de voces influyentes en un campo dado), un moderador, una sede universitaria y público, que a menudo es un cuarto lleno de alumnos del primer año donde todos están de pie listos para escuchar y adoptar una nueva idea. La posición a favor propugnada por los antiguos ateos (es decir, el argumento que trataban de probar) era que Dios no existe. El debate con un antiguo ateo se vería así:

Pro (ateo)	Contra (cristiano)
Dios no existe	Dios sí existe

En este escenario no hay problemas. Con estos dos puntos de vista que se oponen entre sí, es posible debatir.

Pero cuando hablamos de los nuevos ateos, han redefinido el ateísmo como la "falta de creencia en Dios". El diagrama de este debate se vería en teoría así:

Pro (nuevo ateo)	Contra (cristiano)
Carezco de creencia en Dios	No careces de creencia en Dios

Como pueden ver, en este escenario, el opuesto a "carezco de creencia en Dios" no es "Dios existe". Estas no son declaraciones que se oponen entre sí. Lo opuesto a "carezco

de creencia en Dios" es "no careces de creencia en Dios".
¿Quién podría debatirle a otra persona que no tiene creencia en Dios? Eso no hace sentido como postura. Los cristianos que debaten esto no han captado esta nueva definición
de los nuevos ateos. Así que es infortunado que el debate
que ahora vemos entre los cristianos y los nuevos ateos es el
siguiente:

Pro (nuevo ateo)	Contra (cristiano)
Carezco de creencia en Dios	Dios existe

Note que se trata de dos ¡debates diferentes! Jamás se encontrarán en el camino y los que debaten nunca se dirigi-
rán el uno al otro. Es como el Sísifo de los debates (Sísifo
de la mitología griega fue el condenado eterno a rodar una
roca montaña arriba que siempre terminaba regresando a su
punto inicial).

Esta redefinición del debate podría ser o no intencional de
parte de los ateos. Pero lamentablemente muchos cristianos
no lo han detectado. Quisiera golpearme la cabeza cada vez
que escucho el infructuoso debate que se lleva a cabo. *Tip*
para el día de hoy: si la persona no ofrece una declaración
que tenga una posición contraria clara, no entre en debate
con esa persona. No le ofrezca otra posición contraria. Todo
lo que la otra persona hará es repetir y repetir: "no estoy diciendo que Dios no existe. Todo lo que digo es que carezco
de una creencia en él". Y lo que el cristiano hará una y otra

vez es presentar evidencias de la existencia de Dios *ad nauseum* (hasta el cansancio).

¿Recuerda el juego infantil de "tú la traes"? El grupo decidía cuál sería la "base", es decir, el lugar donde los jugadores podían estar seguros sin que se les tocara. A menudo la "base" era una roca o un árbol o cualquier otra cosa. Con la nueva definición de ateísmo, lo que los nuevos ateos están diciendo es que: "¡la suela de mis zapatos es la base!" De esa manera, donde quiera que estén parados, están a salvo. La otra persona lleva a cuestas la carga de la prueba.

Esta no es una posición honesta. Nadie escribe libros o acepta la invitación a un debate para discutir cosas en las cuales "carecen de una creencia". ¿Por qué entraríamos al juego con ellos? Se han hecho intocables y seguimos fallando. Una mejor opción es: "¡Deja de hacerlo!" y ya.[8]

¡RUJA COMO UN OSO!

RECONOZCA el mensaje

Confío que ahora ya puede ver el feliz matrimonio entre el escepticismo y el nuevo ateísmo. En esta sección vamos a hablar de *las implicaciones* de un escepticismo no saludable y *el mensaje* que difunden los nuevos ateos. En la medida de lo posible vamos a hacerlo utilizando sus propias citas. No se trata del mensaje que hipotéticamente están difundiendo; se trata de lo que *abiertamente* proclaman.

1. ***Si no puedes saberlo todo con seguridad, no puedes saber nada en absoluto***. O como lo dice Hitchens: "no podemos decir… que no hay Dios y que no hay vida después de la muerte. Podemos decir que no hay evidencia persuasiva de ello".[9] Cuando habla de algo "persuasivo" quiere decir "indiscutible".

2. ***La religión es abuso infantil***. Cuando entre a Google a buscar este concepto verá la cantidad de sitios de Internet que hablan del tema. En nuestro podcast mamá osa #21, discutimos cómo la hija de un pastor progresista explicó por qué ella no usa la frase "Jesús murió por ti/tus pecados". Ella dice: "Sé que esa declaración no dañará sicológicamente a todos los niños, pero si daña a uno solo, entonces no vale la pena usarla".[10] (Si no sabe qué es el cristianismo progresivo, vea el capítulo 15). O como lo dijo Dawkins: "Creo que se puede discutir plausiblemente que tal creencia profundamente sostenida podría ser la causa del trauma mental a largo plazo del niño, más que la vergüenza temporal del abuso físico leve".[11] (La "creencia profundamente sostenida" a la que se refiere es la doctrina del infierno). Rebekah respondió esta acusación en su artículo titulado ¿Es señal de abuso enseñar a los niños acerca del infierno? En él escribe que "uno podría decir que más que nunca nuestra mente está puesta en las cosas de la tierra; podríamos preservar nuestra salud mental, pero perder nuestra alma mortal".[12] Si el infierno es un lugar real (como la Biblia lo declara) entonces definitivamente no se trata de abuso infantil ayudar a nuestros hijos a estar

alertas ante él. No tienes que describir más de lo que dice la Biblia, con la intención de asustarlos, para que acepten la salvación, pero definitivamente deben saber cómo será una eternidad sin Dios.

3. ***El hombre no es igual a Dios; es mejor que él.*** Lo que aprendí desde mi infancia es que el pecado original de Satanás fue el orgulloso deseo de ser como Dios. El pecado de la cultura moderna, especialmente entre los que profesan su hostilidad hacia Dios, no es que quieran ser como Dios o que piensen que son tan buenos como Dios. Más bien, su narrativa actual es que son mejores que Dios, más compasivos y más amorosos. A Dios se le degrada como criminal de guerra y monstruo moral. La tentación actual no es elevarnos a Su nivel; sino rebajarlo por debajo de nosotros y verlo con desdén o **desprecio.**

4. ***Creer en Dios es algo como para cumplir mis deseos, similar a creer en Santa Claus.*** Richard Dawkins ilustra este punto diciendo: "La gente con inclinaciones teológicas a menudo son crónicamente incapaces de distinguir entre lo que es verdad y lo que ellos desearían que fuera verdad".[13] Dawkins se resiente porque la gente no supera su creencia en Dios una vez que supera su creencia en Santa Claus.[14] Pero un veterano del debate llamado Dr. John Ferrer dice en su artículo Rechazando a Rembrandt que: "los ateos de este tipo revelan lo superficial de su creencia por la velocidad con la que mencionan a Santa Claus".[15]

Es evidente que Dawkins piensa que el cristianismo se trata de vivir de una gloria a la siguiente. Pregúntele a quien ha perdido un hijo si cree en Cristo solo porque "es fácil". A veces creemos cosas porque sabemos que son verdad. Pero no podemos hacerlo si no hemos examinado la evidencia (la traes, la traes).

5. ***La religión evita que la gente haga preguntas***. Dawkins dice que: "estoy en contra de la religión porque enseña que debemos estar satisfechos con no entender el mundo".[16] Hitchens dice: "Lo que se puede asegurar sin evidencia se puede descartar sin evidencia".[17] Espere… yo estoy de acuerdo con eso. ¡Bien Hitchens! Los cristianos deberían ¡tener evidencia de lo que creen! El apologista Frank Turek dice en la introducción de su podcast *CrossExamined.com*: "(La gente) no piensa que el cristianismo sea verdad. Se han convencido de no creerlo. ¿Y sabe por qué? ¡Porque nunca se les enseñó a creerlo!" Tiene razón en un punto y Hitchens está de acuerdo.

OFREZCA discernimiento

Como lo hemos mencionado anteriormente, el escepticismo saludable es algo bueno y deberíamos alentarlo. Este libro entero se basa en la premisa de que queremos que nuestros hijos sean lo suficientemente escépticos como para distinguir las mentiras envueltas en medias verdades. No puedo decir suficientes cosas buenas acerca del escepticismo saludable.

Lo que *no* es saludable es la demanda de querer saberlo todo. Hay cosas en la Biblia y en nuestro mundo que no vamos a entender por numerosas razones. Algunas podrían ser porque están más allá de nuestra capacidad para comprenderlas. Esto es verdad en especial cuando se trata del problema del mal. No somos omniscientes. Nunca vamos a llegar a conocer por completo la mente de Dios y por qué permite que sucedan ciertas cosas. En ocasiones no nos revela algunas cosas hasta que aprendemos primero una lección específica. Lo que, es más, si Dios revelara toda la información de una vez por todas, nos desmoronaríamos bajo el peso de tal conocimiento. Y, aun así, esa no es excusa para dejar de buscar respuestas. Más bien, es la invitación para una mayor búsqueda.

Recientemente yo (Hillary) experimenté esto con mi hermana Leslie. Ella era dos años mayor que yo. Al estar Rebekah y yo escribiendo este capítulo, me sentía distraída de manera constante por el hecho de que a Leslie solo le quedaban unos cuantos meses de vida por causa de un cáncer terminal. Al tener que dejar a su esposo y dos hijos pequeños, ella estaba en una búsqueda de respuestas.

Varias semanas antes de morir, estábamos acostadas en su cama y tomé la mano de Leslie mientras clamaba y le preguntaba a Dios por qué no había respondido a sus oraciones pidiendo sanidad. Sus oraciones eran tan hermosas, tan reales, tan honestas y tan puras. Estoy segura que dije algo, pero no recuerdo qué fue. En pocos días subió un nuevo video en su canal de YouTube, describiendo cómo debió haberse sentido Juan el Bautista en la prisión cuando vinieron sus discípulos con las noticias de los milagros asombrosos que Dios estaba haciendo a favor de otras personas, pero no a favor de él. Leslie sentía la misma carga. Eran las últimas palabras de este relato bíblico de este evento que la atormentaban más. Mateo 11:6 dice: "Bienaventurado es el que no halle tropiezo en mí". ¿Por qué la gente tropezaría por causa de Jesús?

En su video Leslie nos recordó que sería muy fácil apartarse de Dios cuando él hace cosas extraordinarias por los demás, pero no por nosotros. Todas las preguntas que Leslie tuvo ese día cuando estábamos en medio de la tormenta de la confusión, todavía seguían ahí. Sin embargo, su perspectiva cambió. Tenía respuestas. No eran las que queríamos, y quizá no las entendía en su totalidad, pero podía entender esto: la gracia de Dios es suficiente. En vez de escribir ahora una nota final, le voy a animar a ver el video de Leslie en el sitio https://youtube/keR-ZYJobD8.

ARGUMENTE por un acercamiento más saludable

Uno de los secretos feos del cristianismo que muchos de los que están dentro (y fuera) de la iglesia saben, es que el cristianismo ¡anima al escepticismo! Queremos que nuestros hijos sean escépticos cuando alguien trata de meterles una idea. De todas las religiones del mundo, el cristianismo es la única que tiene declaraciones probadas e invitan a las preguntas racionales. (Otras religiones lo consideran una blasfemia cuestionar sus enseñanzas). 1 Tesalonicenses 5:21 dice que debemos "probar todas las cosas". Y recuerde: que a los de Berea en Hechos 17 se les felicitó por haber sido más "nobles" al examinar lo que Pablo les predicó. El escepticismo saludable también se llama pensamiento crítico.

Nuestros hijos necesitan ver que nuestra fe puede sostenerse ante las preguntas. Necesitan ver que cuando los adultos tienen preguntas, no tiramos la toalla o nos las guardamos. Puedo asegurarle que mis sobrinos Lucas y Joe vieron la lucha de mi hermana. Su ejemplo será algo que llevarán consigo para toda su vida.

Colosenses 2:8 nos manda: "Mirad que nadie os engañe por medio de filosofías y huecas sutilezas". Esto es lo que hace un padre o una madre cuidadoso, no solo por sí mismos, sino por sus cachorros. ¿Habrá cosas que no entendemos por ahora? Claro que sí (Por cierto, esta es una de las razones por las que ¡no estaremos aburridos en el cielo!) Sin embargo, cuando somos demasiado rápidos para aducir que son "misterios de Dios" podemos terminar dándonos el permiso de ser perezosas intelectuales.

Antes de decirle a nuestros hijos que "solamente Dios lo sabe" o "si lo supiéramos todo ya no necesitaríamos tener fe", estemos seguras en lo absoluto de que sus preguntas no tienen una buena respuesta. La respuesta no tiene que ser infalible. No siempre es posible tener respuestas perfectas para todos los "ismos" que tratamos en este libro. Lo que queremos es darles a nuestros hijos técnicas para saber que pueden examinar lo que les dicen y tener pensamiento crítico.

REFUERCE a través de la discusión, el discipulado y la oración

El instituto juvenil Fuller descubrió que cuando los padres expresan dudas, eso ayuda a los hijos a saber que la duda no es algo malo, porque puede llevarnos a buscar respuestas. En nuestra organización decimos: "las preguntas son buenas. Las que no se responden o se responden raquíticamente llevan a la duda. Cuando se deja que la duda se solidifique, entonces se convierte en incredulidad, para lo que en realidad es muy difícil de dar marcha atrás.

1. **¡Anime a sus hijos a hacer preguntas!** Así como podemos tener seguridad respecto a las matemáticas y la lógica, hay algo más de lo que podemos estar completamente seguras. (Hume, ¡toma nota de esto!) Sus hijos van a hacer preguntas que la dejarán temblando. (Recuerdo a un niño de sexto año de primaria que me hizo una pregunta acerca de la diferencia entre el satanismo y el gnosticismo. ¿De dónde vino eso?) Aunque no pueda responder la pregunta en el momento, no la descarte. Muestre a sus hijos que no le teme a las preguntas difíciles. Programe una noche de pizzas mientras navega en la red buscando respuestas. Pero háganlo juntos.

2. **Introduzca preguntas a sus hijos para las cuales usted ya sabe las respuestas**. Pero no se las dé demasiado pronto. Deje que por un tiempo se incomoden por ellas y que luchen con las preguntas. Le garantizo que usted anhela que este proceso ocurra con usted y no con un

epistemólogo callejero. (Si no sabe lo que es un episte-mólogo callejero, búsquelo en línea).

Obtenga uno de los libros de Natasha Crain, escriba sus preguntas dentro de los libros en papelitos y luego colóquelos en un recipiente de cristal. Una vez a la semana durante la cena familiar, saque una de las preguntas que pueden servir para iniciar una conversación y hablen de ello en familia (tenga el libro cerca de usted para ver las respuestas, ¡claro está!)

No necesitamos temer a los nuevos ateos. No hay nada nuevo debajo del sol. No hay necesidad de temer las preguntas difíciles. Tenemos un Dios infinito con respuestas aún más difíciles. Y no lo olviden padres: no están solos en esta travesía.

USE SUS GARRAS PARA ORAR

Alabanza
Señor y Dios, tú eres omnisciente. Sabes todo y lo ves todo. Tú eres el Dios que nos das la certeza de nuestra relación contigo. No existe duda en tu palabra, tus caminos y tu valor de que eres el único Dios verdadero. Eres confiable y el que cumple todas Sus promesas. Eres el que nos da esperanza y una mente sana.

Reconozca
Perdona mi arrogancia, orgullo y auto complacencia cuando demando seguridad y me siento con derecho a saber to-

das las respuestas que busco; cuando llego a pensar que ser escéptico es el valor más alto o cuando devalúo una cosa que sí sé con seguridad, Cristo y a Éste resucitado. Nuestras preguntas no nos salvan, Señor. Es tu respuesta la que nos salva.

Adoración y acción de gracias

Te doy gracias, Padre, porque mi fe puede enfrentar cuestionamientos, que tú me das evidencia razonable y suficiente. Tus verdades son comprobables y podemos conocerlas. Gracias porque la fe cristiana es la seguridad de las cosas que se esperan y la evidencia de lo que no se ve. Gracias por tus dones de evidencia y fe.

Súplica

¡Oh Dios, ayúdame a instruir a mis hijos para que sean como los de Berea!: Dame la capacidad de enseñarles cómo buscar con diligencia, a estar satisfechos con lo suficiente y al mismo tiempo, a no ser perezosos para inquirir. Dales un escepticismo saludable para que la fe ciega no les satisfaga. Permítenos reconocer y aceptar nuestras limitaciones porque tú eres Dios y nosotros no. ¡Que mis hijos se sientan incómodos y luchen con sus dudas y ayúdame a ser su animadora! Y que jamás les dé respuestas simplistas solo porque es más fácil.

En el nombre seguro de Jesús, amén.

PREGUNTAS PARA REFLEXIONAR

1. **Rompehielos**: Si le pudiera hacer una sola pregunta a Dios, ¿cuál sería y por qué?

2. **Tema principal**: Existe un escepticismo saludable y también uno que no lo es. Describa la diferencia entre ellos. ¿Por qué debemos animar a nuestros hijos a tener un escepticismo saludable? ¿Cómo podemos saber cuándo se ha vuelto enfermizo?

3. **Autoevaluación:** La gente a menudo cae en la trampa de responder a todas las preguntas con "solo Dios lo sabe, solo ten fe" o responderlas todas con "¿Pero ¿qué acerca de...?" En otras palabras, algunas personas no buscan respuesta a ninguna de las preguntas difíciles y otras jamás están satisfechas sin importar qué tan buenas hayan sido las respuestas. Dibuje una línea horizontal en una hoja de papel y escriba en un lado "Persona de fe ciega" y en el otro "Persona que nunca está satisfecha". ¿En qué lado de la línea se encuentra usted y por qué?

4. **Lluvia de ideas**: Haga una lista de preguntas que le han hecho sus hijos para las que no tuvo respuesta. Si forma parte de un grupo, hagan la lista juntos. Téngala en algún lugar accesible que le permita modificarla, ya sea en su celular o en su bolso o en el refrigerador.

5. **Suelten al oso que lleva dentro**: Pregunte a sus hijos qué dudas tienen para Dios. Si no pueden pensar en

ninguna, escoja una de las que escribieron en su lista maestra en su grupo. Hagan una noche familiar para buscar juntos la respuesta. (Obviamente no escoja las preguntas que no pueda contestar como: "¿Alguna vez el Señor Jesús tuvo piojos?" que fue una pregunta real que hizo uno de los hijos de un padre o una madre cuidadoso hace poco.

LA VERDAD ES QUE NO HAY VERDAD

—Postmodernismo—

Rebekah Valerius y Hillary Morgan Ferrer

Después de todo un día de atender su hogar, llevar a sus hijos de una actividad a otra, de ir al trabajo y tratar de mantenerse a flote, le queda muy poca energía mental para utilizar el cepillo de dientes correcto (oh, ¡lo siento querido!), mucho menos para entender la filosofía abstracta de quién sabe dónde, que cree quién sabe qué cosa, porque quién sabe por qué. Pero en verdad esperamos que esté comenzando a ver cuán poderosas (y engañosas) pueden ser las ideas, las ideas que están dando forma al mundo mientras dormimos.

Nosotros los padres cuidadosos hemos notado cómo han cambiado las preguntas de los niños desde que fuimos niños. En aquel entonces, los niños hacían preguntas como: "¿Qué habrán sentido al caminar en tierra seca a través del Mar Rojo después de que se abrió en dos?" Pero cuando

Alisa leyó el libro de Éxodo con su hija, la primera pregunta de Dyllan fue: "Mami, ¿de veras sucedieron esos milagros?"

¿Son 1.000 por ciento más inteligentes nuestros hijos que nosotros? Quizá, pero la inteligencia no es el tema a tratar aquí. Más bien, la filosofía del día ha cambiado. Nuestras culturas respectivas influyen en qué tipo de preguntas hacemos y por qué las hacemos. G.K Chesterton hizo la observación de que la gente a menudo tiene "una de dos cosas: una filosofía completa y consciente o la aceptación inconsciente de pedacitos incompletos y rotos y a menudo una filosofía desacreditada".[1] Luego continuó anotando cuáles son esos pequeños pedazos de ideas las que hacen el mayor daño cuando se absorben sin evaluarlas.

Cuando éramos niños la gente por lo general asumía que existían la moralidad y la verdad y que podíamos conocerlas. No se nos ocurría cuestionar los eventos sobrenaturales de la Biblia (al menos no durante la niñez). Pero con la llegada del postmodernismo, aun las preguntas de nuestros hijos han cambiado y podríamos caer en la tentación de pensar que se trata de una etapa extraña. No lo es. Estas preguntas son importantes y a menos que aprendamos a enfrentarlas en una forma en que tenga sentido para la siguiente generación, nuestros hijos dejarán de hacerse preguntas. Y créame, usted no quiere que dejen de hacer preguntas. (Aunque usted piense que sí). Para ellos significa a menudo que si dejan de preguntar está pasando una de tres cosas: (**1**) se han alienado por completo, (**2**) ya han tomado una decisión en una dirección que saben que a usted no le va a gustar, o (**3**) ya se dieron por vencidos con usted y harán sus preguntas a alguien más o a Google, "el que lo sabe todo".

Todos contamos con una filosofía, sea que nos demos cuenta de ello o no. Aun el mismo hecho de decir "no cuento con una filosofía" es una filosofía en sí. En otras palabras, todos vivimos nuestra vida con ciertas presuposiciones, creencias básicas acerca de cómo funciona el mundo: ¿Existe Dios? ¿Son reales el bien y el mal? ¿Qué es la verdad? ¿Existe la vida después de la muerte?

Estas son las preguntas más importantes de toda la vida y debemos estar seguros que las respuestas están arraigadas en la verdad y no en las tendencias culturales. La forma en que respondemos a estas preguntas determinará el fundamento sobre el cual edificamos nuestra vida. Infortunadamente, cada de una de ellas está disponible en nuestra cultura postmoderna.

¿Recuerda la parábola que el Señor Jesús enseñó acerca del sabio y el necio que construyeron una casa? (Mateo 7:24-26). El sabio la construyó sobre la roca de las enseñanzas de Jesús y cuando vinieron las tormentas, la casa quedó firme. Pero el insensato, que fue el que desechó las enseñanzas de Jesús, construyó su casa sobre la arena. Muchas de las filosofías sobre las cuales está aprendiendo en este libro son como la arena de la parábola. Son un fundamento movedizo.

El postmodernismo es una de esas filosofías, y nuestro mundo trata con desesperación de construir sobre él. ¿Cuál es el problema? Ni siquiera se trata de arena sobre la cual están tratando de edificar, sino de aire. Simplemente, los postmodernistas no confían en fundamentos, aunque sean arenosos. Es más, cuanto más sólida o fundamental sea una creencia, más escépticos son. Quieren destrozar tal creencia a través de lo que llaman deconstruccionismo. Cuando terminan, no hay nada que apoye el mundo que están construyendo y las paredes se desmoronan rápidamente, formando un montón de confusión. Tenga esta figura en mente al seguir leyendo.

¿Qué es lo más importante acerca del postmodernismo que debemos saber los padres cuidadosos? Si está planeando enviar a sus hijos a la universidad y especialmente si van al área de humanidades (como historia, español o filosofía) serán confrontados con las presuposiciones postmodernistas desde el principio. Algunas personas de las ciencias proclaman con orgullo que las humanidades ya están muertas. A esto decimos que están en un error; las humanidades no están muertas. Están gravemente enfermas y la enfermedad se llama postmodernismo.

Breve historia del postmodernismo

Recuerde del capítulo del naturalismo que los premodernistas veían a Dios (o a los dioses) como la más importante fuente de significado y conocimiento. Eso no significa que ignoraban el sentido común o la observación. Solo que no contaban con las destrezas científicas para entender cosas como las estaciones, las tormentas u otros "actos de Dios".

La verdad es que no hay verdad

Las culturas antiguas entendían a la naturaleza como personificaciones de sus deidades. Si llovía, era porque Zeus estaba feliz. Si había truenos, eso significaba que estaba enojado. Después de la revolución científica, el hombre se dio cuenta que en realidad él podía entender la naturaleza y aun manejarla para sus propósitos personales. Pero entonces fue más allá, también se hizo arrogante en el uso de la ciencia para descubrir las leyes del universo y llegó a asumir que podía utilizar esos mismos procesos para descubrir las verdades inmateriales de la misma manera. En cuanto al propósito, significado, ética y moralidad, el hombre declaró con atrevimiento que esos misterios se podían develar a través de la lógica y del método científico. Por lo tanto, ya ¡no necesitaban a Dios ni sus dioses como Zeus! Es cierto, la gente tenía razones legítimas para ser escépticos frente a la religión. Nancy Pearcey lo escribe en su libro Verdad Total.

> Durante las guerras religiosas del siglo dieciséis, los cristianos pelearon y se mataron unos a otros por sus diferencias religiosas y los conflictos férreos hicieron que mucha gente llegara a la conclusión de que las verdades universales simplemente no podían conocerse en la religión. La ruta hacia la unidad no se hallaba en la religión, sino en la ciencia.[2]

Los modernistas estaban convencidos que, al juntar su sentido común colectivo, la lógica, la razón y la ciencia, y una norma objetiva de verdad, iba a surgir de manera natural la moralidad y el significado. ¿Funcionó? ¡Para nada! Tal como lo mencionamos en el capítulo acerca del naturalis-

– 207 –

mo, la ciencia probó ser tan dogmática y peligrosa como la religión. La división era inevitable. Pregúntele a una mamá cuán fácil es que toda la familia esté de acuerdo en lo que comerán para la cena. ¿Cómo podían los modernistas pensar en la posibilidad de que la gente se uniría sobre algo tan relevante como el significado de la vida?

Entra entonces el postmodernismo. Desencantados por las fallas del modernismo, los postmodernistas hicieron lo que todos los jóvenes amantes desilusionados hacen, y comenzaron a escribir una lista de todas las fallas de su ex ser amado, comenzando con sus inconsistencias. Por un lado, los modernistas sostenían una confianza incuestionable acerca del naturalismo materialista, la creencia que la verdad solo podía hallarse a través de lo que podemos estudiar con nuestros cinco sentidos. Pero también tenían la inquebrantable convicción de que la razón humana, algo que no se puede estudiar con los cinco sentidos, también se podía confiar en ella. ¿Recuerda "mi cerebro es confiable… según mi cerebro" del capítulo 6? Pensemos en ello por un momento: los modernistas negaban que una fuente trascendente creó nuestras mentes. Mente, cerebro, es lo mismo, dicen. No se trata más que de un conglomerado de impulsos nerviosos. Los impulsos nerviosos que están mejor equipados para la sobrevivencia son los que… bueno… sobreviven. Y ¿ahora estamos confiando en estos impulsos nerviosos para que nos hablen acerca del significado de la vida? ¿Por qué? Eso ni siquiera ¡tiene sentido! Si fuera verdad la evolución puramente materialista, mi cerebro evolucionó para darme sobrevivencia, pero no la verdad.

Los postmodernistas se encontraron ante una encrucijada. Podían cuestionar el dogma del naturalismo (pero al hacerlo, darían entrada una vez más a lo divino) o podrían negar que existe la verdad absoluta o que se le podía llegar a conocer. Infortunadamente, en vez de cuestionar el dogma del naturalismo, rechazaron la idea de la verdad. (Hablando de cortarse la nariz con tal de no ¡dañar a tu cara!)

El postmodernismo logró (y lo sigue haciendo) sentir la liberación total. Siendo todas las batallas libradas por la verdad, la sociedad vio que la verdad era el bravucón, no la gente que supuestamente la estaban utilizando. Me hace pensar en la escena de la película el mago de Oz en la que todos cantan "ding, dong, la bruja está muerta", solo que la canción diría algo más como "ding, dong, ¡la verdad está muerta!"

La verdad llegó a ser sinónimo de poder y opresión. Esto es a lo que los sicólogos llaman "una respuesta condicionada". Como los perros de Pavlov que salivaban al sonido de la campana, la gente brincaba al escuchar la palabra verdad. Sonaba más como una técnica de bravuconería más.

Como minorías emancipadas, los postmodernistas proclamaron con orgullo ante Dios, la ciencia y la autoridad: "¡Ya no nos pueden decir qué hacer!" Pero como todos sabemos, la vida real es mucho más difícil que navegar sin la seguridad de una estructura. Las reglas se pueden usar para oprimir, pero también se pueden usar para establecer orden.

En sus esfuerzos por evitar que las *falsas* ideas llegaran a la sociedad, los postmodernistas hicieron que fuera imposible que las ideas verdaderas se arraigaran. Los postmodernistas se regocijaron en que nadie puede declarar que el sexo fuera del matrimonio, el aborto o la homosexualidad son inmorales de manera objetiva. Sin embargo, de lo que no se dieron cuenta es que ellos también evitaron que la sociedad dijera que el asesinato no provocado, la tortura y la esclavitud sexual eran malas objetivamente. Si no existe lo objetivo, el bien o el mal absolutos, entonces nadie puede criticar o condenar cualquier decisión moral, sin importar cuán maligna ésta sea. ¡Ni siquiera se le puede llamar malo!

¿Entonces cómo se ve una sociedad así? El filósofo Stephen Hicks observa que dado tal estado de cosas: "no hay nada que guíe o constriña nuestros pensamientos y sentimientos, Así que podemos hacer o decir cualquier cosa que queramos".[3] Así es. Esa es la forma en que se ve.

El postmodernismo y la verdad

Como podrá apreciar de la historia que acabamos de presentar, el postmodernismo está inextricablemente unido a la verdad: ¿existe ésta? Y si así fuera ¿cómo la podemos conocer? (Vea otra vez el cuadro de la página 156 de ser necesario). Al explorar este asunto hablemos un poco acerca de las diferencias entre la verdad objetiva y la subjetiva.

La verdad objetiva es otra forma de decir la verdad absoluta. Las declaraciones de verdades absolutas o creencias que son verdad para todas las personas, en todo tiempo y circunstancias. Se basan en un objeto fuera de nuestras opiniones personales, sentimientos o preferencias. (Piense "con base en lo objetivo = verdad objetiva"). Por ejemplo, Rebekah y yo estamos viendo la funda morada de mi computadora en este momento. El color morado no está determinado por nuestra percepción del color, sino en la longitud de las ondas de la luz que se emiten desde la funda de mi computadora.[4] Lo largo de esa onda no cambia con base en nuestra percepción personal de ella. Ya sea que nos guste o no, (eso es subjetivo), el color es objetivo. La mayoría de la gente entiende esto de manera intuitiva, por lo cual el vestido que se publicó color oro/blanco/negro/café provocó tanto revuelo. Afectó nuestro sentido de la objetividad.

Por el otro lado, la verdad subjetiva se basa en la persona, el sujeto. Puedo decir que el *banana split* es el mejor helado del mundo, pero eso solamente está basado en el gusto de mi paladar, mi preferencia personal (yo, el sujeto). Las verdades subjetivas a menudo se califican con un adjetivo, que puede debatirse, como el mejor. De manera personal, ni siquiera me gusta poner este tipo de declaraciones en el ámbito de la verdad, porque se les puede describir correctamente como una opinión personal.

Hasta muy recientemente, nuestra cultura postmoderna decía que todas las declaraciones verdaderas estaban en el ámbito de lo subjetivo. Ya no podemos decir que "el aborto es malo". Ahora lo único que podemos decir es que "el aborto es malo para mí". Sin embargo, hay un mundo de diferencia entre esas dos declaraciones.

Amiga, al conversar con sus hijos acerca de estos importantes temas, debe entender esta diferencia. Cuando les diga que "el cristianismo es verdad", en su mente postmoderna podrían decir en silencio "para ti", al final de la declaración. Cuando diga que algo es verdad o bueno o malo, ellos podrán estar de acuerdo por ahora. Aun podría verlos estar de acuerdo por un sentido de deber. Sin embargo, si usted no toma el sartén por el mango en esta cuestión del postmodernismo, podría terminar con un adolescente o un joven adulto de veinte años que respeta *todos* los "puntos de vista". Están satisfechos con que esas cosas sean *verdad para usted, pero no para ellos*. Si han absorbido sin discriminación las mentiras del postmodernismo, entrarán a la edad de jóvenes adultos tratando de llegar a la conclusión de "su propia verdad" sobre la cual edificar su vida, al mismo tiempo que respetan la de usted (hasta que usted trate de decirles que su verdad debería también ser la suya y entonces vendrá el rechazo).

Para los padres cuyos hijos han sido obedientes durante los años de crecimiento, esto podría provocar un fuerte impacto. Estos padres pensaban que estaban ayudando a sus hijos a construir un fundamento de verdad y estaban totalmente ajenos a que con el postmodernismo sus hijos iban a reinterpretar más tarde esta actividad con lo que los sicólogos del desarrollo llaman el "papel paralelo". Tu haz lo que tengas que hacer, y yo haré lo que yo tenga que hacer. Ellos interpretarán todas sus enseñanzas como una demostración de sus propios fundamentos y propia verdad, no *la* verdad. Los principios postmodernos son insidiosos en esa forma. Son como los virus que subyacen dormidos durante años. No nos daremos cuenta de que nuestros hijos están infectados hasta que ya sea demasiado tarde. Esta es la razón por la que debemos exponer las mentiras pronto y mostrar cómo el pensamiento postmoderno lleva al caos, y no a la libertad.

El postmodernismo y la universidad

En los tiempos premodernos, las universidades se crearon con el propósito de enseñar a los alumnos las verdades objetivas del mundo. ¿Recuerda cuando hablamos en el capítulo sobre el naturalismo que estábamos en una era medio postmoderna? Ahora las universidades tienen una nueva verdad que están promoviendo: las verdades objetivas no son sino juegos de poder. La tolerancia, diversidad, autonomía y justicia son los valores más elevados ante los que todos debemos inclinarnos. Según el filósofo Stephen Hicks, "el papel principal de los profesores postmodernos es enseñar ahora a sus alumnos a identificar la opresión política, en particular los que están en su misma cultura occidental en la que los perpetradores principales son varones, blancos y ricos; que han usado el poder de manera cruel a expensas de las mujeres, minorías raciales y los pobres".[5] (Hablaremos de las consecuencias de este acercamiento en el capítulo sobre el feminismo).

Así que, cuando su hijo regrese a casa de su primer semestre en la universidad y proclame con orgullo que sus creencias cristianas no son sino una construcción social utilizada por los hombres blancos, anglosajones y protestantes para ejercer control sobre las mujeres y las minorías entonces podrá agradecerle al postmodernismo.[6]

En muchas maneras, nuestro sistema educativo está dividido entre las líneas del modernismo de las ciencias y las escuelas de negocios y el postmodernismo de las humanidades. Seamos honestos: aun en nuestra mente, tendemos a cambiar sin saberlo entre estos dos puntos de vista acerca de la verdad. Nos tragamos sin cuestionar cualquier cosa que se dice en un artículo que comienza con las palabras "los estudios científicos demuestran", pero comenzamos nuestro estudio bíblico con "¿qué significa ese versículo para ti?" Ni siquiera la iglesia ha escapado de las mentiras del postmodernismo.

¡RUJA COMO UN OSO!

RECONOZCA el mensaje

1. *Deconstruya cualquier "verdad" que muestre parcialidad*. Una declaración de verdad no necesariamente es verdad. Como lo sugiere la frase, es solamente algo que alguien dice ser cierto. Es muy fácil creer en declaraciones de verdad que en realidad no son verdad. La manera postmoderna de tratar con tales declaraciones es deconstruir la declaración, comenzando con la persona que la proclama. Un postmodernista que trata de des-

cartar una declaración de la verdad lo hará por medio de exponer las inconsistencias escondidas de quien está declarando el dicho. Esto se hace con el propósito de mostrar que esta verdad solamente se trata de "la versión de esa persona de la verdad".

2. *Utilice "siento" en vez de "pienso".* En ocasiones esto es necesario, pero los postmodernistas exigen que *todas las declaraciones de verdad* comiencen con esas palabras. Considere esto: ¿Cuántas veces ha escuchado a alguien decir "utilice su idioma de los *sentimientos*"? No podemos decir: "actuaste de manera irrespetuosa cuando me escupiste en la cara". No. Más bien, debemos decir: "Me *sentí i*rrespetado cuando me escupiste en la cara". Este es un ejemplo extremo, pero debería aclarar este punto, porque en verdad *creo* (no *siento*) que en esta cultura es irrespetuoso objetivamente escupirle a alguien en la cara. Eso no solamente se trata de mi opinión personal.

3. *Nadie sabe con seguridad.* La tesis principal del postmodernismo es que, porque todos tenemos perspectivas ligeramente diferentes, no podemos confiar en ninguna de ellas. ¿Quién sabe la perspectiva de quién se alinea más cerca de la realidad? ¿Se trata de los blancos, protestantes de clase media? ¿Los antiguos incas adoradores del sol de Perú? Esto me recuerda de las ocasiones extrañas en las que mi hermana y yo peleábamos por un juguete y nuestra mamá nos lo quitaba. El postmodernismo nos trata como niños malcriados que no pueden jugar de manera bonita con la verdad. Todo

mundo estaba peleando por decidir la verdad de quién era la verdadera, así que los postmodernistas vinieron y nos dijeron: "Puesto que no se ponen de acuerdo en sus declaraciones de la verdad, entonces nadie puede jugar con ella. Nadie puede decir que sabe la verdad. Ahí está. Ahora ya pueden llevarse mejor".

4. ***Tiene que resolverlo por sí mismo***. Según los postmodernistas, el significado de la vida finalmente se reduce a una cosa, y como lo dijo el vaquero canoso Curly en la película City Slickers, todo mundo tiene que resolverlo por sí mismo. Por supuesto que esto suena atractivo para muchos jóvenes, porque sienten como si se embarcaran en una gran aventura. Durante gran tiempo de su vida se les dijo qué hacer y qué no hacer (vea el primer párrafo del capítulo 1) y ahora tienen una filosofía soñada que les dice: "todo depende de ti. ¡Puedes decidir por ti mismo!" ¿Quién no quisiera escuchar estas palabras? ¿La verdad se encuentra en donde queramos que esté? ¡Qué filosofía tan atractiva!

OFREZCA discernimiento

Hasta ahora, hemos subrayado los aspectos negativos del postmodernismo. Antes de hablar de las mentiras, primero reconozcamos algunas de las cosas buenas que nos ha traído el postmodernismo.

Primero, las ideas postmodernas influenciaron a la iglesia para renunciar a algunos efectos negativos del modernismo. Los modernistas asumían que toda la gente vería las cosas de la misma manera si tan solo utilizaran sus capacidades de razonamiento. Qué triste y monocromático punto de vista produjo en la iglesia, pues negaban las percepciones y perspectivas individuales.

Segundo, el postmodernismo colocó un límite práctico en cuanto a lo que podía lograr el razonamiento humano. La razón se puede utilizar para argumentar la existencia de Dios o para cuestionarla. Pero la razón por sí sola no se puede utilizar para pintar un cuadro completo de Dios y la salvación.

Finalmente, el postmodernismo nos ha revelado la rica diversidad de aquello en lo que Dios se deleita, especialmente a través de la adoración. Cuando yo (Hillary) asistía a la Iglesia Comunidad en Dallas, teníamos un servicio anual con todas las sedes unidas. Pedíamos prestado uno de los edificios de una mega iglesia cercana y todas las sedes de Dallas, Plano, Forth Worth, Denton y Flower Mound nos reuníamos en una noche de alabanza variada. Recuerdo a un hombre sentado a mi lado que se veía que quería estar en cualquier otro lugar que no fuera ahí. Era mayor y muy alto. Conforme la noche fue avanzando y él seguía sentado, me preguntaba si no podía ponerse de pie sin la ayuda de alguien. El equipo de adoración cambió su estilo contemporáneo a los números más country y luego a la palabra urbana y finalmente cantaron himnos tradicionales. Cuando comenzaron a sonar esos himnos, mi vecino saltó de su asiento y cantó todos los himnos con las manos en alto y con toda la emoción de que era capaz. Fue uno de los mejores momentos de toda mi vida. De inmediato confesé mis pensamientos de juicio y le di gracias a Dios por el privilegio de adorar al lado de un alma tan preciosa.

Yo había estado danzando entre las bancas durante una de las presentaciones de música contemporánea. Hubo un grupo de chicos unas bancas más abajo que se sintieron muy tocados durante el tiempo de música country y ese hombre más avanzado en edad a mi lado derramó su corazón durante los himnos. ¡Qué gran lección aprendí ese día! Todos estábamos adorando al mismo Jesús. Todos estábamos de acuerdo en la letra de las canciones y hablando los credos que tienen miles de años y, sin embargo, las formas en que nos relacionábamos con Dios eran singulares. Sin una variedad tal, nuestros hermanos y hermanas en Cristo serían los peores de todos. Ese es el aspecto redentor del postmodernismo. Más que los otros movimientos que le precedieron, el postmodernismo ha abierto el camino para que los artistas, bailarines y no-conformistas vengan juntos a la mesa de nuestro Padre y ha mostrado todo un espectro nuevo de lo que puede ser la adoración.

Pero de vuelta a la realidad, llega el tiempo de lo inevitable y depresivo. Esto es todo lo bueno que podemos decir acerca del postmodernismo. El daño que éste ha provocado no se puede subestimar. Como toda corrección filosófica, se fue al lado diametralmente opuesto. ¿Cuáles son algunas de las mentiras que éste ha contrabandeado en nuestra forma de pensar?

Mentira #1: Nuestras percepciones determinan la realidad

La definición básica de verdad es "todo aquello que corresponde a la realidad". En otras palabras, la verdad es decirla como es. Así que, si sus percepciones determinan la realidad, y la verdad es aquello que *corresponde* a la realidad, entonces en esencia estamos diciendo que nuestras percepciones determinan la verdad. (Es una de esas situaciones de "si A = B y B =C"). Piense en todas las implicaciones de esto. Todas las determinaciones del bien y del mal se basan en las experiencias subjetivas de la gente. Lo que solían ser inocentes notas freudianas ahora son microagresiones. Si usted se acerca a una joven que siente que es un hombre y le llama *ella*, puede ser acusado de un crimen de odio. (Cuando menos así es en Canadá, y no está muy lejos de ocurrir en otros lugares. Ese modo de pensar también se está haciendo más y más común en el mundo). Nadie está a salvo. No hay lugar a malos entendidos. En última instancia, ese es el mundo que nos da el postmodernismo.

Mentira #2. Todas las declaraciones de verdad son juegos de poder

En los debates hay una falacia lógica llamada "envenenar el pozo". Envenenar el pozo es atacar el carácter de alguna persona al señalar la supuesta falla y esta falla es tal, que nadie podrá confiar en nada de lo que diga. Por ejemplo, qué pasaría si alguien en quien usted confía dijera: "tenga cuidado con Bob. Es un maestro de la manipulación. Siempre tiene motivaciones ulteriores". ¿Cuán difícil sería para usted confiar en cualquier cosa que Bob dijera después de eso? Cuando llevamos esto al mundo real, ¿qué pasaría si un maestro o profesor le hiciera creer en realidad que "todas las declaraciones de la verdad son juegos de poder?" ¿Cuál es su reacción instintiva cuando un pastor dice que Jesús es "el camino, la verdad y la vida"? Piénselo por un momento. Para el postmodernista, esas palabras son amenazadoras. Pero el cristianismo es absoluto en cuanto a la verdad: la verdad de la vida, muerte y resurrección de Jesús y las verdades morales que enseñó. Si todo se reduce al juego de poderes, entonces no tenemos base alguna para determinar lo que es bueno y lo que es malo.

Mentira #3: toda la verdad es subjetiva

Esta es la tesis del pensamiento postmoderno: aun si hubiera tal cosa como la verdad, no hay manera de conocerla con absoluta certeza. (Experimento divertido: cuando la gente dice: "Toda la verdad es subjetiva", pregúnteles: "¿es *esa* verdad subjetiva?" Si dicen que sí, entonces su declaración es falsa. Si dicen que no, su declaración sigue siendo falsa. No es que nuestra meta sea ganar la discusión. Pero sí podemos evitar que se diseminen las ideas equivocadas, a eso es a lo que yo llamo una victoria).

ARGUMENTE por un acercamiento más saludable

¡No se dé por vencido! Sé que este capítulo puede hacerle sentir que no hay esperanza para la siguiente generación, pero sí la hay. Cuando se trata de enseñarles a nuestros hijos podemos contraatacar estas mentiras al señalar sus inconsistencias. ¿Recuerda lo que aprendimos en el capítulo 6 acerca de las declaraciones de autoderrota? Por suerte, la mayoría del pensamiento postmoderno es auto derrotista y no es difícil demostrarlo, aun a los niños. Alisa tiene una historia fabulosa acerca de una conversación que tuvo con su hija Dyllan:

> Un día Dyllan estaba enojada conmigo porque la hacía cumplir ciertas reglas. Ella dio el anuncio: "cuando crezca, no voy a tener ni una sola regla". Le dije que si ella quería cambiarlas o eliminarlas estaba bien. Pero ¿permitiría ella que todos salieran a matar a los demás? Ella respondió: "Bueno, está bien, esa sería la única regla". Luego le dije: "¿permitirías que la gente le pegara a los demás sin razón?" Ella dijo: "Bueno, pero solamente existirían esas dos reglas". Le dije: ¿Y robar? ¿Eso también lo permitirías?" Con exasperación respondió: "Muy bien, pero ¡solo esas tres reglas!" La conversación continuó en ese tenor durante unos cuantos minutos más y terminó estando de acuerdo básicamente con todas las reglas que yo esperaba que ella siguiera. Luego le señalé: "Suena como que tú también harías las reglas iguales a las que ya existen. ¿Quizá las reglas son buenas después de todo?" A lo que asintió sin opción alguna.

La mayoría de las declaraciones de los postmodernistas se pueden revertir contra sí mismas: las declaraciones de la verdad son juegos de poder. ¿Usted dice que eso es cierto? ¿Qué tipo de poder obtiene usted de tal declaración? (La verdad es que mucho). ¿Usted está diciendo que es objetivamente cierto que toda la verdad es subjetiva? ¿La percepción define la realidad, o solamente se trata de su percepción?

Ayudar a nuestros hijos a entender la diferencia entre las verdades absolutas y las subjetivas es clave para ayudarles a evitar las trampas del postmodernismo. Las declaraciones de la vida, muerte y resurrección de Jesús son absolutos, porque se basan en eventos históricos reales. El color favorito de sus hijos, el sabor de su helado o la profesión que se escoge son subjetivos, porque se basan en las preferencias de ellos

Cuando se trata de asuntos que no son absolutos (el vestido preferido, costumbres y estilos de adoración), pregunte a sus hijos por qué piensan que Dios creó casi 200 diferentes variedades de rosas. ¿Quizá a Él le gusta la variedad más de lo que imaginábamos? Podemos alabar al Señor en diferentes maneras sin relegar los credos antiguos y lanzar la doctrina a basureros de opiniones arcaicas. Hay una gran diferencia entre las verdades centrales y las periféricas y es importante saber la diferencia entre las dos.

REFUERCE a través de la discusión, el discipulado y la oración
1. *Encuentre ejemplos de la cultura*. Una manera en la que yo (Rebekah) le enseño a mis hijos las consecuencias del postmodernismo es encontrando ejemplos en la cultura; por ejemplo, los artistas postmodernos tien-

den a ufanarse de la falta de significado, divorciando su arte de un significado deliberado. Si el arte pide que el espectador haga preguntas para tratar de entender lo que significa para ellos, es probable que esté viendo arte postmoderno. Detecte ejemplos de arquitectura postmoderna en Pinterest. Esos edificios pueden tener todo tipo de formas, rayando en lo absurdo, rebelde e irreverente, los cuales son temas comunes del postmodernismo. Indique a sus hijos que, bajo la superficie, esos edificios supuestamente "postmodernos" tienen los mismos fundamentos tradicionales que todo edificio necesita para permanecer en pie. También podemos encontrar muchos ejemplos de presuposiciones postmodernas en la cultura popular, especialmente en la programación infantil. "¡Vive tu verdad!" Y "¡sigue tu corazón!" son los epítomes de los mensajes postmodernos.

2. ***Enseñe a sus hijos a reconocer estos mensajes y véalos como son***, de manera crítica y compasiva, porque la gente que los cree está confundida. Tales mensajes suenan a empoderamiento, porque permiten que el sujeto (¡ellos!) creen el significado. Pregúnteles: ¿Quién decide cuál es el significado correcto? ¿No es más divertido (y útil) encontrar el verdadero significado de una idea, palabra, concepto o creencia en vez de declarar que todas las respuestas son correctas sin importar sus diferencias o si se contradicen una a otra?

3. ***Ayude a sus hijos a ver la verdad no como un juego de poderes, amenaza o crimen pasional***. Finalmente,

la verdad es una persona. Jesús dijo: "Yo soy el camino, y la verdad y la vida. Nadie viene al Padre sino por mí" (Juan 14:6). Él también dijo: "Y conoceréis la verdad y la verdad os hará libres" (Juan 8:32). Estas son buenas noticias para compartirlas con el mundo.

4. *Discierna la diferencia entre la verdad objetiva y la subjetiva*. Cuando lea la Biblia con sus hijos, que su primera pregunta sea: "¿Qué estaba tratando de decirle el autor a sus lectores?" En vez de "¿Qué significa este pasaje para ti?" Sí, la palabra está viva y activa y nos habla el día de hoy. Sin embargo, nuestra primera meta al entender la Biblia debe ser descubrir lo que significaba para la gente a quien fue escrita originalmente. Asegúrese de que sus hijos entienden y valoran este mensaje antes de llegar a la aplicación.

¡USE SUS GARRAS PARA ORAR!

Alabanza
Señor, te alabo porque toda verdad está pesada y medida dentro de tu palabra. Eres el dador de la sabiduría cuando carezco de ella. Eres la roca sobre la cual puedo edificar mis pensamientos. Eres mi fundamento seguro, no arena movediza.

Reconozca
Señor, perdóname por caer presa de las mentiras del postmodernismo. Perdona a quienes deconstruyen lo que tú has construido con propósito y de manera soberana. Crea un

corazón arrepentido en quienes rechazan la bondad de la autoridad y la sabiduría de las reglas que establecen el orden. Perdona a quienes no adoran al gran "YO SOY" porque han hecho un ídolo de la subjetividad al decir: "Yo soy" el sujeto de mi propia verdad. Líbranos del engaño de nuestras propias percepciones.

Adoración y acción de gracias

Gracias porque la verdad absoluta es verdad todo el tiempo, para toda la gente y en toda situación y no solamente "verdad para usted" o "verdad para mí". Gracias porque la verdad, bondad, belleza y moralidad son reales y se les puede conocer. Celebramos que tu iglesia se haya enriquecido por lo bueno del postmodernismo, que reconoce la gran variedad de perspectivas en la expresión de la adoración hacia ti.

Súplica

Ayúdame a enseñarles a mis hijos que la verdad no es una pesada carga o tiranía, sino que es liberadora e instructiva. Que tu verdad sea nuestro fuerte cimiento que nadie pueda derribar. Dame el valor y la sabiduría para enseñarles a mis hijos a pensar con sus mentes y sentir con sus corazones y nunca confundir los dos. Ayúdanos a discernir la diferencia entre la verdad y las declaraciones de la verdad y no temer defender la seguridad de la verdad y "decirla tal como es". Oramos en especial por los profesores universitarios que enseñan un punto de vista posmoderno y que todo lo relacionan con opresión política. Líbralos de andar en la futilidad de sus mentes, pensamientos entenebrecidos y separados de ti por causa de su ignorancia debido a la dureza de sus corazones (Efesios 4:17-18).

En el nombre de Jehová *Nissi*, "Dios es nuestro estandarte", tú eres victorioso sobre las ideologías falsas. Amén.

PREGUNTAS PARA REFLEXIONAR

1. **Rompehielos**: La historia de la mercadotecnia muestra cómo la cultura se ha apartado de las declaraciones objetivas (modernismo) y se ha inclinado hacia las declaraciones emocionales (postmodernismo). ¿Cuáles son algunos de los anuncios publicitarios más ridículos que jamás haya visto? Dadas las presuposiciones postmodernas, ¿por qué piensa que las compañías publicitarias lo hacen como lo hacen? ¿Cómo es que eso refleja a nuestra cultura? He aquí una para iniciar su discusión: "Tu gusto, enseguida" (Burger King).

2. **Tema principal:** La verdad es real y se puede conocer. Discuta las diferencias entre las declaraciones objetivas y las subjetivas. ¿Por qué piensa que los postmodernistas han llegado a la conclusión de que no se puede conocer la verdad?

3. **Autoevaluación:** ¿Qué tan seguido acude a su Biblia y pregunta: "¿Qué significa esto para mí antes de investigar lo que el pasaje significaba para la gente a quien fue escrita? ¿Por qué es importante primero conocer el significado original del mensaje?

4. **Lluvia de ideas**: ¿Cuáles son algunas de las verdades que la cultura ha decidido que son subjetivas (es decir, un asunto de preferencias personales) y que la Biblia declara ser verdades objetivas? Haga una lista de todas las que pueda pensar.

5. **Suelten el oso que lleva dentro**: Hable con sus hijos acerca de las diferencias entre la verdad objetiva y la subjetiva. Durante la semana preste atención a las declaraciones de la verdad tal como lo promulgan los comerciales y los medios sociales. Pregunte a sus hijos: "¿Se trata de una declaración subjetiva u objetiva? ¿Cómo sabemos?"

9

¡TE EQUIVOCAS AL DECIRME QUE ME EQUIVOCO!

—*Relativismo moral*—

Hillary Morgan Ferrer y Rebekah Valerius

A mí (Hillary) me gustaba mucho jugar juegos de cartas con mis sobrinos. Hay un juego que aprendí en la secundaria que aun en la actualidad lo juegan los chicos. Sin embargo, cuando mis sobrinos me enseñaron cómo jugarlo, tenían muchas más reglas que cuando fui adolescente. La meta del juego es obtener todas las cartas. Una manera de hacerlo es ganando las batallas pequeñas, la otra es golpear el montón de cartas cuando ves dobles y así te puedes quedar con todas ellas. Las reglas del golpe se han multiplicado desde mi juventud. Ya no se trata solamente de los dobles. Ahora se puede hacer todo tipo de combinación que es difícil recordar.

La forma en que mis sobrinos tratan las reglas del juego es una analogía perfecta de lo que nuestra sociedad moderna ha hecho con la moral. Cada chico tiene sus propias reglas favoritas, es decir, las que puede recordar mejor. Así que de manera natural cada uno de ellos trata de convencernos a todos los demás de jugar con sus reglas lo cual les da una ventaja competitiva. ¿Por qué no? Si puedes hacer las reglas, también puedes deshacerlas.

Esta es básicamente la forma en que nuestra sociedad trata la moralidad ahora. En vez de verla como el reflejo de verdades más profundas, la gente la trata como normas culturales que se pueden alterar sin consecuencias, tal como las reglas del juego de cartas. Y de igual manera que el juego de las cartas, todo mundo en la sociedad lucha por sus reglas y piensa que todos los demás las debemos seguir.

Pero antes de comenzar a explicar qué es el relativismo moral, primero permítanos explicar qué queremos decir cuando hablamos del relativismo. La palabra relativo significa "en relación con". La ironía del relativismo es que para que algo sea relativo debe haber algo más que sea absoluto. Por ejemplo, dar instrucciones de cómo llegar a Dallas es relativo al lugar de donde alguien procede. Pero esto se basa en el hecho absoluto de que Dallas jamás se encontrará al sur de Houston, está en Texas y no en California. La gente a menudo piensa que el debate se encuentra entre la verdad relativa y la absoluta, pero no es así. El debate se trata en realidad acerca del absoluto del cual partimos. Como cristianos creemos que todo es relativo a la ley moral de Dios. C. S. Lewis dijo en Cristianismo Puro:

Mi argumento contra Dios era que el universo parecía ser tan cruel e injusto. Pero ¿de dónde me vino la idea de lo que es justo e injusto? El hombre no declara que una línea está torcida a menos que tenga la idea de una línea recta. ¿Con qué estaba comparando este universo cuando lo llamé injusto?[1]

El mundo trata de venderle a nuestros hijos que toda la moral es relativa al individuo, pero eso sería como tratar de dar direcciones hacia un blanco que se mueve. Todo lo que se logrará es deambular sin una meta esperando alcanzarla. Decir que toda moral es relativa al individuo es decir en esencia que no existe la moral absoluta, las cosas que son correctas o no para toda la gente, en todos los tiempos y en todo lugar.

El relativismo moral y el postmodernismo

El relativismo moral es el resultado lógico del postmodernismo. Si no se puede conocer la verdad absoluta, y todo lo que podemos hacer es "vivir nuestra verdad", entonces debemos hallar la manera de llevarnos bien con los demás cuando nuestras verdades entran en conflicto inevitable (¡y lo harán!) ¿Cuál es la solución para el relativismo moral? La tolerancia. ¿Recuerda las declaraciones auto derrotistas del capítulo sobre el naturalismo? El relativismo moral finalmente es auto derrotista porque, por un lado, demanda que todo mundo tolere a los demás y por el otro lado es muy intolerante con aquellos que se ven intolerantes. El título del capítulo dice:

"¡Te equivocas al decirme que estoy equivocado!" (A lo cual responderíamos: "No, ¡tú eres el que estás equivocado al decirme que yo estoy equivocado por decirte que estás equivocado!") Todo se reduce a los pleitos de niños con monosílabos: "No, ahh" "sí, ahh", pero en un nuevo y diferente nivel, porque estamos viendo a los adultos hacer exactamente lo mismo y están ultra convencidos de que están en lo correcto.

Si esto le suena irracional, es porque lo es. Así que, ¿por qué la gente no puede ver cuán irracional es? La respuesta es sencilla: no están utilizando el razonamiento lógico. Ahora las emociones son los árbitros de la verdad moral. La intensidad de las emociones de la persona, determinan exactamente si algo es correcto o no. Si trata de debatir el relativismo moral en Facebook y trata de tener una discusión, quizá vea que la otra persona empieza a ESCRIBIR TODO EN MAYÚSCULAS. ESCRIBIR EN MAYÚSCULAS ES COMO ESTAR GRITANDO Y SI SU RAZONAMIENTO NO TE PERSUADIÓ ANTES, QUIZÁ AHORA TE DARÁS CUENTA DE LO QUE QUIERO DECIR EN VERDAD AL ESCRIBIRLO TODO EN MAYÚSCULAS.

La emoción y la razón deberían ir mano a mano. Hace mucho tiempo la consejería se centraba en ayudar a alguien para que sus emociones se apegaran a la realidad. Ahora la gente está más interesada en manipular la realidad para que se ajuste a las emociones o para aliviar las malas emociones. Aun la ciencia debe inclinarse ante ellas. No es un bebé humano. ("Es tan solo un feto y ni siquiera el ADN puede decirte cuál es tú género"). Ya lo decíamos en el capítulo del robo lingüístico, las emociones son excelentes seguidoras, pero terribles líderes. Nuestra sociedad está viviendo ahora el gran experimento de lo que sucede cuando se pone a las emociones a cargo todo el tiempo. No es nada bueno, hablaremos más de esto en el capítulo 10.

El relativismo moral ha invadido a nuestra cultura porque la gente ha rechazado todo terreno objetivo de moralidad para el mundo real. La ley moral se llama *ley* moral por una razón. No es nuestra preferencia u opinión por encima de la ley de la gravedad. En su libro La Razón de Dios, Tim Keller escribe que los antiguos creían que "si se violaba el orden metafísico habría consecuencias tan graves como si se violara la realidad física de colocar la mano en el fuego".[2] (El orden metafísico era la ley moral).

Una ilustración muy vívida aparece en el libro de Oscar Wilde llamado El Retrato de Dorian Grey, donde un acaudalado hombre de sociedad pidió que se pintara su retrato y luego esperaba que su retrato envejeciera en lugar suyo. El libro narra las diversas depravaciones morales en las que Dorian Grey se involucra y después de cada incidente, describe el cambio físico que sucede en la pintura, consecuencias visibles de romper lo que el lector sabe de manera intuitiva que es la ley moral. Al final, Dorian se siente tan disgustado por cómo se ve en su retrato, que no puede seguir viendo su fealdad y lo destroza.

Cuando quebrantamos una ley moral, nuestra alma cambia, pero no podemos verlo como en El Retrato de Dorian Grey. Quebrantar una ley espiritual tiene consecuencias espirituales. ¿No es de extrañar que nuestra sociedad de relativismo moral sufra de depresión epidémica, ansiedad y ataques de pánico? No estoy diciendo que hay una correlación de uno con otro, como cometer un pecado y entonces caer en depresión. Más bien, nuestra sociedad enciende un fuego espiritual por todos lados y luego se pregunta por qué nuestro mundo está en llamas. No solamente cosechamos las consecuencias espirituales de nuestro pecado, sino que también estamos sujetos a los efectos del pecado de los demás. Pregúntele a cualquier persona que haya crecido con un padre alcohólico o que fue víctima de abuso sexual infantil y tendrá un cuadro muy claro de las ramificaciones que tiene desobedecer la ley moral, las consecuencias no se limitan al alma del transgresor. Existe una escuela de pensamiento llamada "realismo moral y ético" que pone énfasis en la naturaleza objetiva de ciertos "valores" tan fuertemente, que llaman a la ley moral "hechos morales" en vez de valores morales. Los valores pueden cambiar de persona a persona, pero los hechos son ciertos para todos, para toda la gente y en todos los tiempos.

La manera correcta e incorrecta de enmarcar el relativismo moral

El relativismo moral es un gran problema en nuestra sociedad ahora mismo. Nadie sabe qué está arriba o quién decide qué es lo correcto. Uno de los desafíos más grandes que enfrentamos como padres es querer tener respuestas simples para nuestros hijos. Y debemos enfrentarlo: a todos nos encantarían las respuestas simples.

La forma más fácil (pero menos efectiva) de obtener respuestas simples es simplificar demasiado el problema. Infortunadamente, los problemas morales no nos dan ese lujo. Lo que sucede a menudo es que ofrecemos clichés, versículos bíblicos aislados o lo que llamo con cariño "sabiduría de calcomanía". Decimos con frialdad "la Biblia lo dice, lo creo y se acabó", y ahí lo dejamos. Esto quizá funcione para algunas personas (usualmente lo que ya están del lado de Dios y del cristianismo), pero este tipo de "razonamiento" asume una forma de pensar premoderna cuando nos encontramos en tiempos post postmodernos. Apelar a la autoridad no hace nada para convencer a la gente de la verdad. Podemos tratar y quizá nos escuchen. Pero no nos van a entender ni seremos persuasivos.

La Biblia es vital para nuestra comprensión de la verdad, pero es más un manual que una sola herramienta. No debemos dar bibliazos y golpear cosas con ella. Debemos usarla para guiar nuestras interacciones. La Biblia nos muestra cómo utilizar las múltiples herramientas que Dios nos ha dado.

Los valores, las verdades, los principios morales y el fruto del Espíritu son como las herramientas en una caja de herramientas. Gracias Jesús ¡por darnos tantas herramientas! Imagínese tratar de arreglar el motor de un auto con un solo martillo o una llave de tuercas. (Sería difícil, ¿verdad?) Hay muchos problemas que se podrían arreglar con cada una de esas herramientas, pero si solo utilizamos una sola herramienta, podríamos hacer más daño que bien. Necesitamos muchas herramientas diferentes y necesitamos el manual (la Biblia) para mostrarnos cómo usarlas.

Infortunadamente, nuestra sociedad ha descartado muchas de las herramientas que solían estar en la caja de herramientas. Los hechos morales, las verdades objetivas, el mismo Dios y aun el manual (la Biblia) se han hecho a un lado. La gente ha optado por no tener caja de herramientas y se ha conformado con su herramienta favorita, quizá aun dos de ellas. Una persona valora la compasión e intenta resolver todos los problemas con la compasión y da prioridad a los problemas que requieren compasión. Otra persona tiene tolerancia y trata de usar la tolerancia por sí sola para resolver todos los problemas. Alguien más podría usar la Biblia, pero ignora la misericordia y las relaciones, lanzando bombas de verdad para que todas las piezas caigan donde sea y declaren a sus víctimas: "¡la palabra de Dios no volverá a él vacía!" Existe un tiempo y lugar para cada una de ellas, pero a menudo el mejor resultado se logra utilizándolas al mismo tiempo. Y no hay regla alguna que pueda reemplazar la guía y las herramientas de la Biblia y el Espíritu Santo, y no hay manera fácil de navegar en el terreno moral. La verdad no cambia, la gente sí, y la forma en que la tratamos es vital. Todos necesitamos humildad y discernimiento.

Breve historia del relativismo moral

El relativismo moral es lo que sucede cuando se lleva el postmodernismo a su conclusión lógica. (Aunque deberíamos clarificar que el relativismo moral ha existido siempre porque la gente siempre ha tratado de justificar su pecado). Para nuestro propósito, nos vamos a centrar en la ola más reciente. No queremos persistir hablando del tema de lo premoderno/moderno/postmoderno, pero la sociedad ha sido moldeada por estas ideas. Los premodernistas utilizaron la razón, la revelación y la autoridad para determinar la verdad, los modernistas decidieron que la razón humana era suficiente. Sin embargo, sus presuposiciones se basaban en la idea de que, al usar la razón humana colectiva, todos llegarían a la misma conclusión, es decir 2+2=4, así que un puño que se lanza sin provocación + un rostro = es malo, ¿verdad? Todo es simple matemática.

Los postmodernistas cuestionaron las conclusiones contradictorias del modernismo en que (**1**) los humanos podían construir su propia verdad y (**2**) que esa verdad sería objetiva y que uniría a todos. Los postmodernistas dijeron: "Esperen un momento, nadie está de acuerdo. Entonces no existe tal cosa como la verdad objetiva o nos seguimos equivocando". (Hola, hola, ¡pecado original!) En otras palabras, o se trata de nuestra culpa, o es la culpa de la verdad. Votaron por descartar la verdad.

Parte del rechazo de la verdad del postmodernismo estuvo motivado por su compromiso con el naturalismo. Como lo resume en su famosa cita el biólogo (ateo) Richard Lewontin:

> Nuestra disposición de aceptar las declaraciones científicas que están en contra del sentido común es la clave para entender la verdadera lucha entre la ciencia y lo sobrenatural. Tomamos el lado de la ciencia a pesar de lo patentemente absurdo de algunas de sus construccio-

nes… a pesar de la tolerancia de la comunidad científica hacia las historias no substanciales que así son, porque tenemos un compromiso previo, un compromiso con el materialismo… el materialismo es absoluto, porque no podemos permitir que un pie divino entre por la puerta.[3] (Y recuerde del capítulo 6 que el materialismo es casi intercambiable con el naturalismo).

La *imago dei* (imagen de Dios), está entretejida en nuestro tejido moral. Una persona puede decir: "No podemos juzgar las verdades de otra gente" todo el día, pero nos vamos a sentir visiblemente incómodos cuando preguntemos si eso aplica a la sociedad hipotética que tortura a los bebés para divertirse o si cree que la esclavitud sexual es una inversión sólida de negocios. Haciendo a un lado a los sicópatas, todos sabemos que hay cosas que son malas, para todos, en todos los tiempos y en todas las culturas. La ley moral está escrita en nuestro corazón (Romanos 2:15).

Hay ciertas partes de la humanidad que si las quitáramos crearían un vacío. Cualquier cosa que llene el vacío, finalmente se convertiría en un monstruo, porque estamos siendo regidos por algo que jamás debió haberlo hecho. Los modernistas rechazaron a Dios, lo cual creó un vacío de adoración que trataron de llenar con la razón y la ciencia. Cuando los postmodernistas rechazaron la verdad objetiva, las emociones fueron las que siguieron en la línea del trono.

El relativismo moral dice: "Lo que es verdad para ti, podría no serlo para mí. Nadie puede decirme qué es verdad. Vamos a tomarnos de la mano y cantar unidos *Kumbaya*. Nadie está mal, ¿no deberíamos celebrar?" Sin embargo, la conclusión funcional es la nueva norma objetiva: Nadie puede decir que nadie más está equivocado. Si lo haces, has roto la regla principal del relativismo moral y serás expuesto públicamente por ello. Jonathan Merrit lo dice así en El Atlántico:

> La "cultura de la vergüenza" ha tomado el lugar del relativismo moral… si se viola resultará en cruzadas morales inmisericordes en las redes sociales… Este sistema no es una regresión a los valores que desean los conservadores… en vez de centrarse en los roles de género, valores de la familia, respeto por las instituciones, y piedad religiosa, giran alrededor de los valores como la tolerancia y la inclusión. (Este nuevo código ha creado un momento paradójico en el cual todo se tolera, excepto la intolerancia y se incluye todo excepto lo exclusivo).[4]

Padres cuidadosos, seamos claros, como cristianos somos parte del club intolerante y exclusivo; el cristianismo es intolerante al pecado y las declaraciones de Jesús en cuanto a Su señorío son exclusivas. Piense en cuántas cosas fueron causa de que nos avergonzaran en la secundaria y universidad. El tipo de corte de pelo incorrecto, la forma de vestir incorrecta, la lonchera incorrecta. Y si eso no fuera suficiente, a nuestros hijos ahora se les critica por tener ¡las creencias equivocadas! No podemos subestimar la presión extrema para tratar de encajar. Para sobrevivir en la jungla de la preparatoria, nuestros chicos a menudo desconectan sus creencias públicas de las privadas. Sin embargo, el alma no puede permanecer con una visión fracturada por mucho tiempo. Busca que la remienden, pero no podrá hacerlo de manera correcta si nunca supo cómo funciona en unidad desde el principio. ¿Cuál es el resultado? Básicamente el Frankenstein de la religión. Crea una nueva fe, un nuevo cristianismo y créelo de tal manera que se sostengan los valores tolerantes que el público demanda (tolerancia al pecado, inclusión de todos los credos) y sigue abrazando todas las palabras cristianas de la fe tradicional. En caso de que se esté preguntando cómo se ve esto en la práctica, lea los capítulos de Alisa llamados la Nueva Espiritualidad y el Cristianismo Progresivo.

¡RUJA COMO UN OSO!

RECONOZCA el mensaje

El relativismo moral no es difícil de ver en nuestra cultura. Hay varias declaraciones engañosas que sus hijos escucharán o leerán.

1. *Lo que es cierto para ti podría no serlo para mí.* La palabra verdad ha sido secuestrada. La gente todavía quiere la verdad; lo que no quieren es definirla como la verdad. ¿Qué sucede si es verdad para mí que tu declaración no es verdad? ¿La verdad de quién gana?

2. *Soy el único que puede determinar mi verdad.* Este es individualismo radical. Nos convertimos en estrellas fugaces en vez de vivir en comunidad.

3. **La más alta prioridad es tomar mis propias decisiones** (autonomía personal). Si hay algo que se interponga en tu camino de hacer lo que quieres, atácalo o deshumanízalo. Te está agrediendo o es opresivo.

4. **No impongas tu verdad sobre mí.** Según el postmodernismo, todas las declaraciones de la verdad son intentos represivos para controlar a los demás. Decir que algo es verdaderamente cierto, algo real y verdadero, es una microagresión u opresión forzada.

5. **El amor es amor.** En ninguna otra área es el relativismo moral más obvio que en el área del sexo y en el asunto del género y todo lo que se relaciona con ello. La anticoncepción, el divorcio, vivir juntos, aborto, matrimonio *gay* y la identidad de género, todo esto es un verdadero desorden. (No tenía idea, ¿verdad?) Y en esta área, aun los cristianos se sienten motivados a encontrar lugar para maniobrar.

OFREZCA discernimiento

Así que ¿por qué es el relativismo moral tan atractivo y qué problemas trata de resolver? A primera vista esto debería ser obvio: Nadie quiere que se le diga lo que debe hacer. Pero vayamos un poco más a fondo. ¿Por qué la sociedad batalla tanto bajo la carga pesada de que se le diga qué debe hacer y bajo qué figuras de autoridad?

Primero, debemos reconocer cuántas veces como creyentes hemos abusado de la autoridad moral y llevado nuestras *convicciones* personales a los hechos y los hemos convertido en *absolutos* morales. Por ejemplo, el libro Le Dije Adiós al Noviazgo, salió durante mi último año de la secundaria (Hillary). Vi a algunos de la comunidad cristiana convertir el noviazgo en el pecado imperdonable. Un joven llamado Joshua Harris estaba convencido de que no debería salir con chicas y todos los grupos del país lo convirtieron en una verdad del evangelio. Harris de hecho se disculpó años después por el libro que escribió porque se dio cuenta de lo que les hizo a muchos jóvenes. (Personalmente, me hubiera gustado darle un abrazo y decirle que no fue su culpa que los cristianos hayan convertido su libro en el libro número sesenta y siete de la Biblia).

Romanos 14 clarifica que hay toda una gama de convicciones cristianas. Cuando las personas le niegan la legitimidad a la libertad cristiana, se dirigen a terreno peligroso. El hiper fundamentalismo y el relativismo moral son errores que siempre reaccionarán el uno contra el otro. Algunos relativistas morales en realidad tienen intenciones nobles y están tratando de restablecer la paz y resolver el conflicto entre los desacuerdos domésticos. O quizá están tan cansados de ver que la Biblia se utiliza como martillo. Ninguno de los dos grupos tiene malas motivaciones necesariamente. El problema es la solución que presenta el relativismo moral.

¿Cuáles son algunas de las mentiras que se encuentran en el relativismo moral que debemos reconocer?

Mentira #1: Es posible el relativismo moral total

Falso. No siquiera es posible *lógicamente*. Es una declaración de autoderrota. Decir que nada es verdad es decir que se sabe la verdad acerca de la verdad. Para que funcione de verdad el relativismo moral, nadie puede tener convicciones firmes. Se nos permite creer lo que queramos, a menos que llegue a pensar que sus creencias son en realidad la verdad. Entonces el relativismo moral tiene un problema con nosotros porque por sí mismo y en sí mismo, la verdad es exclusiva. Excluye lo falso.

Mentira #2: Si todo mundo se apega al relativismo moral eso terminará todos los conflictos

Falso. Todo lo que se hace es cambiar quién será el oprimido. Cuando las "verdades" de las personas finalmente entran en conflicto (y lo harán), es cuando la llanta que rechina gana la argumentación, a menudo orillando a todos los demás a guardar silencio. Como padres, ¿qué tan seguido puede lograr que sus hijos estén de acuerdo en cualquier tema? Y, aun así, creemos que ¿podemos hacer que todo el mundo llegue a un acuerdo? Si no sucede a menor escala, tampoco funcionará a una escala mayor.

Mentira #3: La verdad y la compasión se oponen entre sí

Muy pocos relativistas morales van a articularlo y aceptarlo de esta manera, pero se implica fuertemente. Esto es lo que se conoce como una dicotomía falsa. Es verdad que la gente a menudo gravitará hacia la verdad o la compasión. (El indicador tipo Myers-Briggs llama a esta dicotomía: los "pensadores" y los "emocionales")*. Pero ¿adivine qué? Los pensadores pueden sentir, y los emocionales pueden pensar. Podemos hacer ambas cosas. No le conceda a esta mentira que usted debe escoger entre la verdad y la compasión. La gente que piensa que debe escoger entre las dos a menudo se convierten en caricaturas que el pastor de mi niñez solía llamar los "transigentes compasivos" y "terribles defensores de la verdad". Nuestra meta es tanto la verdad como el amor.

Mentira #4: La persona que expresa compasión, automáticamente tiene una alta moral (relativista)

Esta mentira es un poco difícil de discernir. A menudo el lenguaje de la compasión respecto a la tolerancia suena tan cerca del corazón de Cristo que casi no podemos recordar (o articular) por qué ciertos pecados son malos. Como ya le he dicho antes, el camino proverbial que lleva al infierno está pavimentado con buenas intenciones. En ningún otro lado es tan evidente que en la compasión mal dirigida. La compasión casi nunca ve hacia adelante. La compasión solamente quiere mejorar las cosas ahora mismo. No anticipa las consecuencias no intencionales. La compasión mal dirigida podría decirnos que nunca debemos disciplinar a nuestros hijos porque les provocamos incomodidad. Cualquier persona que haya visto la película Charlie y la Fábrica de Chocolate sabe qué tipo de niño ingobernable producirá inevitablemente esa forma de ser de los padres. Mi esposo (de Hillary) a menudo dice que algunas de las más grandes atrocidades cometidas contra la humanidad se han hecho en nombre de la compasión.

ARGUMENTE por un acercamiento más saludable

Así que, ¿cómo podemos evitar que nuestros hijos se vean absorbidos por el relativismo moral?

1. *Ponga énfasis en que nadie es un relativista moral total*. En cuanto le roban a un relativista moral su cartera, él no va a pensar así: "Bueno, los ladrones están viviendo su propia verdad… con mi dinero". Tampoco van a culpar a la crianza del ladrón o a factores económicos. (Aunque el abogado defensor sí lo haría). La mayoría de la gente es objetiva en cuanto se viola su propia comodidad. De manera similar, si escucha a sus hijos haciendo comentarios como: "Yo no haría eso, pero tampoco le diría a nadie que no lo haga", identifique de qué están hablando y establezca si este es un hecho moral legítimo que la Biblia ha presentado, o si en realidad es un área de libertad cristiana. (O si se están refiriendo a un no cristiano, alguien a quien no deberíamos decirle lo que debe hacer).

2. ***Reconozca los hechos morales***. A sus hijos les dirán una de dos mentiras: (**1**) todas las religiones son totalmente diferentes o (**2**) todas las religiones básicamente son lo mismo (pluralismo, en el capítulo 11). Ambas declaraciones son falsas. La mayoría de las religiones difieren en sus doctrinas fundamentales y al mismo tiempo reconocen hechos morales similares, como el asesinato, la mentira, cobardía, y robar, que son cosas malas; y que el altruismo, el amor, la honestidad y la misericordia son buenas. Para ver más de esto, véase el apéndice de C.S. Lewis en su libro la Abolición del Hombre, donde él compara los códigos legales de diversas épocas y culturas.

3. ***Reconozca las consecuencias de desobedecer la ley moral***. Si tiene un hijo que se deja llevar por la compasión, ¡alégrese! Qué alma tan hermosa. Sin embargo, un hijo compasivo puede caer en la tentación de decir o hacer cualquier cosa que le provoque la menor cantidad de dolor inmediato a la otra persona. Este instinto puede provocar que afirme cosas que no deben afirmarse. Debemos poner énfasis en que Dios no es un mata-gozos cósmico. Ni creó la ley moral para privarnos de libertad y dañar a la gente. Siendo el arquitecto de nuestras almas, Él sabe qué nos dañará. El verdadero acto de compasión animará a la gente hacia lo que es bueno para su alma. Ciertamente, la manera en que hagamos esto podría ser el grato olor de Cristo o el hedor de la condenación. Seamos perfumes, no sulfuro.

4. ***Ponga énfasis en la libertad cristiana legítima y las áreas grises***. Los niños que piensan que el mundo es

blanco y negro se sentirán amargados y traicionados cuando descubran la tonalidad gris. La mayoría de las veces terminarán interpretando las áreas grises como más cercanas al negro que al blanco y entonces se desviarán al proverbial lado oscuro. No puedo contarle la cantidad de ateos con los que hemos interactuado John, Rebekah y yo, que crecieron en un ambiente hiper fundamentalista y su historia es como este escenario.

5. *Ejerza discernimiento con las celebridades cristianas.* En ocasiones, apagamos nuestro cerebro en cuanto vemos la palabra cristiano sobre la biografía de algún personaje famoso. Esto no es sabio. Uno de nuestros mayores problemas ahora mismo es el número de cristianos de alto perfil que han decidido abrazar las herramientas de la compasión y la tolerancia excluyendo la dirección bíblica, especialmente en lo que respecta a la sexualidad, el género y la exclusividad de las declaraciones cristianas. ¿Por qué están tan inclinadas las celebridades hacia esto? Se dan cuenta que el conflicto reducirá en gran manera a su audiencia. Además, a nadie le gusta herir a la gente y cuando la cultura nos dice que estamos "hiriendo a los demás" con nuestras verdades cristianas, nuestra tendencia es dejar de hablar. La compasión en nosotros quiere aliviar el dolor, aun si eso significa transigir en la verdad doctrinal.

5. *Solo porque existe la libertad cristiana no significa que no haya absolutos.* ¿Por qué seguimos rebotando entre los dos extremos, entre el legalismo y la anarquía? ¿Por qué

seguimos haciendo de esto un asunto de todo o nada? Es perezoso. Tenemos *tanto* libertad cristiana como absolutos cristianos. No se trata de escoger uno u otro. Si la moralidad se fundamenta en Dios, entonces podemos apostar que será absoluta y al mismo tiempo complicada. La vida cristiana tiene leyes y directrices tal como el sendero de una montaña tiene barandales a los lados, nos espera todo un mundo de aventuras, pero es necesario contar con medidas de seguridad que nos guíen hacia nuestro crecimiento y exploración y eviten que rodemos montaña abajo.

REFUERCE a través de la discusión, discipulado y oración

1. Los niños más pequeños todavía están en la etapa del pensamiento en blanco y negro; todavía estamos enseñándoles lo que es bueno y lo que es malo. Propóngase no solamente proveerles las reglas, sino las razones que están detrás de ellas. Ayúdeles a entender cómo las reglas fueron creadas para nuestro beneficio, por amor y para darnos estructura. Ayúdeles a reconocer las consecuencias naturales por desobedecer las reglas (como cuando se lastiman el pie cuando usted les dijo que ¡se pusieran los zapatos!) Esto los preparará para entender la idea de las consecuencias morales al ir creciendo (en oposición a decirles solamente las consecuencias físicas).

2. Al ir creciendo sus hijos se enfrentarán a cosas que en ocasiones son buenas y en otras malas. Por ejemplo, considere el asunto de guardar secretos. En general los niños deben cumplir su promesa de no divulgar un secreto. Sin embargo, es diferente si al guardar ese secreto provo-

cará que alguien salga dañado o si involucra algo que un adulto necesita saber. Tan pronto como sus hijos sean capaces de entender el concepto de dilemas morales, hable con ellos acerca de cómo navegar esas aguas y asegúrese que su instrucción está a nivel apropiado de su edad.

3. Al hablar con sus hijos acerca de las consecuencias sea honesto respecto a su propio pasado pecaminoso en formas que sean apropiadas para su edad. ¿Cómo le ha afectado al alma su pecado? ¿Cómo dañó a alguien más su pecado? Refuerce en sus hijos el concepto de que la ley moral se basa en los hechos morales y que desobedecer tiene consecuencias morales (como el caso de desobedecer la ley de la gravedad tiene consecuencias físicas).

Las siguientes son para niños más grandes si y cuando usted lo considere apropiado.

4. Hable con sus hijos acerca de las herramientas que Dios nos ha dado en su caja de herramientas. Un buen lugar para comenzar es Gálatas 5 que habla del fruto del Espíritu y pasajes que se refieren a los dones espirituales (Romanos 12:6-8; 1 Corintios 12:8-10; 1 Pedro 4:11). Cree dilemas morales hipotéticos y discuta cómo cada una de estas herramientas es importante para tratar el dilema. Por ejemplo, considere el aborto. Tenemos una epidemia de mamás solteras. Necesitamos compasión cuando hablamos de una joven mamá que está aterrorizada. Necesita que alguien le ayude a sobrellevar su carga. Necesita saber la verdad en cuanto a cómo el aborto

puede dañar su alma. Necesita gracia si ya ha tomado la decisión incorrecta.

5. Preste atención a los titulares de los medios masivos de comunicación que hablan de protestas. (No será difícil encontrar algunos en estos días). Practique los pasos de RUGE al ayudar a sus hijos a reconocer cuál es el mensaje que se está proclamando, qué valores sostienen los que protestan y qué preocupación legítima están abordando. ¿Qué mentiras se han infiltrado? ¿Cómo podemos abordar el tema con la Biblia y los valores que los que protestan están elevando con tanta vehemencia? ¿Qué podrían hacer sus hijos para ser parte de la solución?

Por ejemplo, hay historias reales de homosexuales a los que se les golpea y se les trata de forma inhumana. ¿Es esta la forma en que Dios quiere que los tratemos? Reconozca el dolor que han experimentado. ¿Se ven los que protestan a sí mismos como "campeones de la causa de los oprimidos"? ¿Qué dice la Biblia acerca de la sexualidad y el matrimonio (Mateo 19:1-4)? ¿Qué dice la Biblia acerca del amor (Juan 4:8; Romanos 5:8; 1 Corintios 13)? ¿Cuál es nuestro deber en respuesta a este movimiento? (Pista: no hemos sido llamados a juzgar a los que están fuera de la iglesia, sino a los que están dentro de ella [1 Corintios 5:12-13]. También hemos sido llamados a juzgar lo que es verdad, véase Juan 7:24 y 1 Tesalonicenses 5:21. Juzgar de la manera correcta es un concepto confuso y difícil de entender para los niños (porque lo que oyen de los demás es "no juzgues").

Hable con sus hijos acerca de cómo pueden amar a la gente y seguir apegados a las verdades bíblicas. Vea cómo Jesús trató los pecados que venían de una persona caída, débil y sujeta a tentaciones como la mujer en el pozo de Jacob y la sorprendida en adulterio. Compare estos ejemplos de cómo Jesús trató los pecados de orgullo y rebeldía, y como los exhibían los fariseos. ¿Cómo mostraría Jesús compasión sin condonar el pecado?

¡USE SUS GARRAS PARA ORAR!

Alabanza

Tú Señor eres el que nos da la ley moral. Tú eres el que nos da nuestros derechos y, por lo tanto, eres el único que los puede quitar. Tú como nuestro Creador eres el que nos ha otorgado derechos inalienables. Eres el Creador del orden moral, el que erradica el caos. Eres el Dios del universo y hay reglas universales que aplican para todos, en todo tiempo y en todo lugar. ¿Quiénes pensamos que somos nosotros para descartar o ignorar estas reglas? Tú Dios eres la definición de lo que es bueno.

Reconozca

Perdóname, perdónanos por dejar que el poder de una emoción o una preferencia personal se convierta en nuestro dios, por rechazar la moralidad que se fundamenta en la realidad. Nos avergüenza haber permitido que el hilo de la verdad se elimine del tejido moral de nuestra religión, de la política y de nuestros placeres. Admito que a menudo valoro más agradar a los hombres en vez de a ti, Dios, sin hacer olas bajo un manto de tolerancia en vez de estar firme sobre la roca. Perdónanos por apoyar a otros en su pecado cuando hemos estimado una compasión falsa por encima de la verdad. No todo es "relativo". Somos pecadores objetivos y necesitamos un Salvador.

Adoración y acción de gracias

Te doy gracias porque quebrantar las leyes espirituales tiene consecuencias espirituales que ayudan a reprenderme. Gracias porque tu santa Biblia es la costurera de nuestro tejido moral y que fuimos hechos a *imago dei*. Estamos agradecidas por los "deberías" que están plantados dentro de nuestro ser que deberíamos obedecer y no descartar.

Súplica

Muéstrame dónde he adoptado el relativismo moral. Ayúdame a mostrar compasión a quienes tienen confusión de mente y pensamientos incoherentes acerca de la verdad. Ayuda a tu Iglesia a reparar el tejido moral al introducir la verdad compasiva dentro de nuestras conversaciones. Que sigamos siendo intolerantes al pecado, que nos apeguemos a las declaraciones exclusivas de Jesús, pero que al mismo tiempo incluyamos a todos en el mensaje. No nos permitas perdernos en el lenguaje compasivo que confunde la verdad. ¡Oh Señor, esto es difícil! Necesitamos tu ayuda. Ayúdanos a ser la fragancia de Cristo a un mundo que muere de hambre por el pan de vida. Que seamos conscientes de nuestros métodos tanto como de nuestro mensaje al llamar al pecado por su nombre, y no por otro nombre.

En el nombre de Jesús nuestra roca. Amén

PREGUNTAS PARA REFLEXIONAR

1. **Rompehielos:** Haga una lista del mal que hizo por lo que nadie la castigó pero que, por causa de haber quebrantado esa ley moral, tuvo consecuencias y terminó cosechando los resultados de sus acciones.

2. **Tema principal**: Los hechos morales existen y hay consecuencias espirituales (y a veces también físicas) por desobedecerlos. ¿Cuáles son algunas de las cosas que todo mundo consideraba que era malo mientras crecía, pero que la sociedad ahora acepta? ¿En qué maneras ha visto cómo ha cambiado la moralidad social? ¿Qué efectos ha tenido todo esto en nuestra cultura?

3. **Autoevaluación**: ¿Hay alguna moralidad que usted ha sostenido por mucho tiempo, pero de la que se alejó cuando fue inconveniente? Esta podría ser una pregunta demasiado personal, así que solamente comparta lo que pueda decir y se sienta cómoda con ello. ¿Por qué piensa que cambió su forma de pensar al respecto? ¿Hubo consecuencias espirituales, físicas o emocionales por ir en contra de lo que usted sabía era la verdad?

4. **Lluvia de ideas**: Tres de las razones principales por las que Dios creó las reglas es (**1**) para protegernos, (**2**) para crear una sociedad ordenada y (**3**) para darnos verdadera libertad. Escoja un par de áreas en las que la Biblia y la cultura se oponen radicalmente. ¿Cuáles son las consecuencias individuales y como sociedad (sicológi-

cas, físicas, emocionales, económicas, etc.) que ocurren cuando se ignoran los principios bíblicos? ¿Cómo nos ayudan a tener libertad cuando los obedecemos? ¿Cómo nos traen esclavitud cuando los desobedecemos?

5. **Suelte el oso que lleva dentro**: escoja uno de los principios morales que hemos discutido, por ejemplo, la mentira, y cree un mundo ficticio con sus hijos en el que mentir es correcto. ¿Cómo será afectada la gente? ¿En qué formas una sociedad que acepta la mentira puede volverse caótica? Muestre cómo las consecuencias no siempre significan recibir el castigo de mamá o papá. Algunas consecuencias ocurren de manera natural porque hemos desobedecido la ley moral de Dios. Ponga énfasis en cómo esta ley, es decir, no mentir, es la forma que Dios creó para protegernos, liberarnos de las mentiras y crear una sociedad ordenada en la cual podemos sobresalir.

SIGUE TU CORAZÓN, ¡ÉL NUNCA MIENTE!

—*Emocionalismo*—

Teasi Cannon, Hillary Morgan Ferrer y Hillary Short

¿Alguna vez se ha acordado de las cosas que hacía en la niñez y se ha encogido de hombros de vergüenza? Yo sí (Teasi), en especial cuando pienso en mis años de secundaria. Verá, fui una niña muy dramática, no de teatro, pero muy emocional. No era difícil encontrarme parada frente al espejo de mi cuarto escuchando música triste para hacerme llorar y disfrutar ver cada lágrima que corría por mis mejillas (dejé de hacerlo al llegar a los veinte, así que no se preocupe). Por mucho tiempo la canción más efectiva para hacerlo era "Hopelessly Devoted" (Devota sin Esperanza) de la película Vaselina. Escuchaba esa canción hasta el cansancio, veía mis ojos trises, contemplaba cuán desesperadamente sola me encontraba y soñaba con el día en que alguien vendría a rescatarme de la pesadez en que me encontraba en mi vida de chica promedio de clase media.

Lo crea o no, me encantaba sentirme triste.

Pero también me gustaba sentirme feliz. Simplemente amaba el sentimiento y pensar acerca de los sentimientos y hablar de los sentimientos. Siempre me he sentido muy cómoda en el ámbito de los sentimientos o, como lo hablaremos en este capítulo, de las emociones. Y creo que no hay nada de malo en ello. Las emociones son un regalo de Dios. Las usa para tocarnos y enseñarnos. Pero estoy muy segura de que Él nunca tuvo la intención de que las emociones nos dirigieran tal como lo revelará nuestra discusión sobre el emocionalismo. En una ocasión escuché a alguien decir: "Las emociones son como bebés de 2 años. Son divertidos, pero jamás les darías un puesto de liderazgo".

La diferencia entre las emociones y las pasiones

Mi esposo (de Hillary) en una ocasión hizo la observación de que tener las emociones bajo control es diferente para cada persona. Para algunos es como luchar contra un oso, para otros es como meter un ratón en una jaula. Las emociones pueden ser bestias pequeñas y poderosas y a menudo son inmunes a los diversos métodos de la búsqueda de la verdad, como la ciencia, la revelación divina, la autoridad, e incluso el razonamiento lógico. Sin embargo, como veremos, las emociones pueden ser valiosas a la hora de descubrir la verdad, mientras estén dirigidas por la Biblia, la razón y la realidad. Igual que nuestro cuerpo físico, nuestras emociones necesitan estar moldeadas por la disciplina, de otra manera el resultado no será bueno. Para entender lo que significa disciplinar nuestras emociones primero debemos entender la diferencia entre *emociones* y *pasiones*.

Hasta donde sabemos, hay muchos paralelismos físicos y no físicos dentro del cuerpo humano. Por ejemplo, ¿cuál es la diferencia entre el cerebro y la mente? Los naturalistas creen que en esencia son lo mismo. El cristiano que reconoce tanto el cuerpo como el alma, puede distinguir entre ellos. El cerebro es el componente físico de nuestros pensamientos y la mente es la parte inmaterial que envía órdenes al cerebro. Haga un juego con sus hijos en el que cada uno adopte una pose o haga un gesto. Tendrán un tiempo divertido. Pregúnteles: "¿Qué te hizo adoptar esa postura o hacer esa cara?" Con toda probabilidad no lo sabrán. Hay algo misterioso dentro de nosotros que nos permite tener ideas y de inmediato llevarlas a cabo. Los materialistas dirían que se trata de los químicos que tenemos en el cerebro, lo que genera las ideas para hacer caras y gestos, pero esa es una barranca resbalosa para transitar. Si fuéramos esclavos de los químicos de nuestro cerebro, no seríamos responsables por nuestros pensamientos o acciones.

Pero según la palabra de Dios, somos mucho más que componentes químicos. Somos seres volitivos que tomamos decisiones, una buenas y otras malas, y podemos hacer caras divertidas (si es que decidimos hacerlas). La química de nuestro cerebro puede ayudarnos u obstaculizar nuestra capacidad para tomar buenas decisiones, pero aun así tenemos la capacidad de tomar decisiones. Hay algo acerca de la idea del *yo* o de *mí* que no se puede reducir a la química o a las neuronas. Los científicos apenas han empezado a rascar la superficie cuando se trata de entender la diferencia entre el cerebro (físico) y la mente (inmaterial) y todavía hay mucho más por aprender.

Ahora, para hacer un paralelismo respecto a las emociones, tenemos los componentes físicos y no físicos de nuestros sentimientos. En su libro No Soy Esclavo de la Pasión: Las Emociones y las Decisiones, Robert Solomon hace una distinción entre pasiones y emociones. Las pasiones son la parte química (física) de nuestros sentimientos sobre las cuales tenemos muy poco control. Éstas son los componentes primitivos y físicos de nuestros sentimientos, tal como el temor, la excitación o la ira. Por el otro lado, Solomon identifica las *emociones* como una clase de *juicio*. Las emociones pueden cambiar rápidamente sin importar lo que está sucediendo en el cuerpo. Vamos a desarrollar esto por un momento.

Digamos que un adolescente malhumorado está esperando a su mamá para que lo recoja de la escuela. Pasan diez minutos, luego media hora y luego toda la hora. Con toda probabilidad el chico está hirviendo de coraje. De pronto llega un vehículo rechinando las llantas y es su papá. Le dice: "Rápido, súbete, mamá sufrió un accidente y vamos al hospital". Apuesto a que la ira hacia su mamá desaparecerá de inmediato. ¿Por qué? Porque su emoción de ira estaba basada en el juicio de que probablemente ella olvidó pasar por él. (¡Cómo se atreve!) Pero con esta nueva información que recibe de su papá, su juicio emocional ha cambiado y ahora está preocupado por su mamá. Quizá ahora siente pánico, que es entendible dadas las circunstancias. Al principio estaba enojado por lo que pensó era verdad (mamá se olvidó de mí), pero sus emociones cambiaron de manera inmediata una vez que descubrió los hechos. *Las emociones bien informadas pueden ayudarnos a entender la verdad.*

Cuando hemos sido disciplinadas en la Biblia, la razón y la realidad, las emociones son refuerzos poderosos. Cuando advierto que hay una injusticia, podría sentirme enojada y motivada a actuar. Cuando como padre, veo que la verdad está en peligro, puedo indignarme y esto me podría motivar a escribir un libro para ayudar a otros padres cuidadosos a navegar a través de las mentiras. (¡Guiño de ojo!) Cuando veo un documental sobre los niños que venden para esclavitud sexual, siento compasión y motivación para contribuir para una organización que trabaje para terminar con el tráfico de seres humanos. Cuando experimento un servicio de adoración profunda puedo sentirme sobrecogida por el amor a Dios y por todo lo que ha hecho a mi favor. En cada una de estas situaciones, las emociones me dirigen no solo hacia la verdad, sino a la acción. Es maravilloso cómo Dios nos creó, pero el pecado nos ha afectado en maneras en que ya no funcionamos según las especificaciones originales del Creador.

Breve historia del emocionalismo

Básicamente, el emocionalismo se refiere al reemplazo de nuestras facultades de razonamiento dadas por Dios con las emociones. ¿Es algo bueno o malo? No estoy segura. Espere un momento, déjeme ver cómo me siento al respecto… ¿Hacia dónde me llevas, corazón mío?

Hemos ya visto explicaciones más detalladas sobre el movimiento histórico hacia el emocionalismo en los capítulos anteriores, pero repasemos algunas más aquí. Recuerde que el naturalismo dice que las únicas cosas que podemos conocer son las que podemos experimentar a través de nuestros cinco sentidos; en otras palabras, el mundo material. El problema es que el naturalismo no tiene una categoría para definir aspectos de la vida que son innegablemente reales pero que no se pueden definir o experimentar a través de nuestros cinco sentidos, cosas como el amor, la moral o aun Dios. El naturalismo material relega estas cosas al ámbito de la ficción, útil para los bravucones y tiranos. Los modernistas esperaban que la ciencia proveyera respuestas irrefutables a todas las preguntas de la vida. Cuando eso no sucedió, se dio lugar al escepticismo radical que fue lo que preparó el camino para el postmodernismo.

Cuando el postmodernismo subió al escenario, las multitudes desilusionadas dijeron: "si no lo podemos saber todo, entonces no podemos saber nada". Los modernistas ya habían descartado la autoridad y la revelación divina como fuente de conocimiento. Los postmodernistas fueron un paso más allá y también descartaron la razón humana y declararon que toda verdad en realidad es subjetiva, un producto de las percepciones que han sido formadas por la cultura y la sociedad. En este punto, sospechamos que tuvieron un momento de realidad cuando se dieron cuenta que habían descartado todos los medios para llegar a la verdad. Quizá se trató de algo que no vieron venir.

Considere esta ilustración: A mí (Hillary F.) me encanta el chocolate. En ocasiones compro una bolsa de chocolates y poco a poco me los voy comiendo. Cuando se acaban todos los chocolates me entristezco. A veces, cuando ya sé que no tengo chocolates, vuelvo a revisar en la bolsa en caso de que me quede todavía uno más. ¡A veces sí lo hay! ¡No puedo describirle la sensación de felicidad al encontrar la última pieza de M&M en el paquete! Apuesto que así es como se sintió la humanidad después de haber descartado *todos* los métodos disponibles para encontrar la verdad. La gente regresó a su caja de herramientas a ver si todavía le quedaba algo que le ayudara a encontrar la verdad, y sí, ahí estaban, encontraron las emociones. ¡Hurra!

Tal como lo hemos discutido anteriormente, las emociones podrían ser un medio valioso para reforzar la verdad, pero la advertencia es absolutamente imperativa, y no tengo problemas con repetirlo una vez más: nuestras emociones deben disciplinarse según la Biblia, la razón y la realidad. Porque si no, quién sabe qué es lo que nuestras emociones darán como la "verdad". Jeremías 17:9 dice: "Engañoso es el corazón más que todas las cosas, y perverso. ¿Quién lo conocerá?" Aunque trate de manera desesperada de controlar e informar a mis emociones con la verdad, todavía tengo sentimientos irracionales. Puedo sentirme sin valor (no es verdad), puedo sentirme no amada (no es verdad) y puedo sentirme totalmente sola (¡no es verdad!).

El problema de usar nuestras emociones para determinar la verdad es que primero tienen que *conformarse a toda verdad* para que nos digan cualquier cosa que sea útil. Para que funcione una brújula, primero tiene que magnetizarse. De otra manera, no va a señalar el verdadero norte. Disciplinar nuestras emociones con la verdad es como magnetizar nuestra brújula emocional. Podemos seguir nuestras emociones, solamente después de asegurarnos de que nuestra brújula emocional nos está llevando en la dirección correcta.

Demasiada gente en la actualidad determina la verdad por sus emociones, pero no se ha tomado la molestia de magnetizar su brújula emocional. Dicen así: "¡Vayamos al norte!" Y proceden a avanzar en todas direcciones tratando de convencer a todos los demás de seguirlos. En vez de disciplinar sus emociones para que se apeguen a la realidad, tratan de hacer que la realidad se apegue a sus emociones. Cuando sienten temor, *asumen* que están en peligro, en vez de percibir el peligro real y entonces sentirse con temor. De esta manera, el emocionalismo confunde los sentimientos con los hechos. Pero hay poca seguridad de que esas opiniones cargadas de emociones sean en verdad *hechos*, a menos que la Biblia, la razón y la realidad comprueben con hechos esos sentimientos. Y cuando la gente ya ha entrado al postmodernismo, ni siquiera cree que puedan conocer la verdad objetiva. Los sentimientos de una persona pueden estar tan "apegados a los hechos" como los de otra, que en realidad es decir que ninguno de nosotros tenemos los verdaderos hechos y que todos estamos perdidos en un laberinto de mal. La única manera en que sus sentimientos pueden ser una guía confiable es cuando no necesita usted llegar a ningún lugar pronto.

Amigos, esta no es una situación saludable. El emocionalismo ha sacado por completo a la realidad de la ecuación. He aquí otros ejemplos: ¿el infierno le hace sentir incómodo? No se preocupe; lo vamos a convertir en una metáfora. Y por favor, no use el ADN o las partes físicas de su hijo para determinar su género. Primero, ellos deben decirle "cómo se sienten". ¿Suena familiar? Todo esto comienza con una emoción y luego llegan a conclusiones acerca de la realidad en vez de tomar la realidad como punto de partida y disciplinar las emociones para que la sigan. Las emociones ahora son las que determinan la verdad y la realidad. (Para los que son padres de hijas adolescentes, ¡eso da miedo!)

¡RUJA COMO UN OSO!

Reconozca el mensaje

Esta parte de la sección de RUJA será un poco diferente que, en los capítulos anteriores, porque hay dos aspectos del emocionalismo: las *presuposiciones* que conlleva y la manera en que se *presenta*. Es importante saber ambas facetas para reconocer el mensaje erróneo del emocionalismo.

Las presuposiciones del emocionalismo

La sociedad postmoderna de la actualidad ha descartado cualquier norma verdaderamente útil para juzgar la verdad de nuestras emociones. Para que podamos reconocer más fácilmente el error del emocionalismo en acción, veamos algunas de sus presuposiciones.

1. *No puedo escoger o controlar mis emociones*. Esto es una verdad a medias; es decir en parte es falso. No podemos controlar nuestras *pasiones*, que son la respuesta fisiológica del cuerpo a las diversas situaciones. Sin embargo, podríamos ser la primera generación que ha aceptado ampliamente la idea de que las emociones no se pueden controlar. Todas las sociedades civilizadas se construyen sobre la presuposición de que la gente puede y debe controlarse a sí misma, incluyendo sus emociones. La civilización depende de ello. Esperamos un comportamiento diferente entre adultos y niños precisamente porque los niños todavía están en la etapa de aprender a controlar sus emociones. Aún tenemos diagnósticos clínicos para la gente que tiene dificultades en esta área (es decir, bipolaridad, TOC, etc.)

2. *Las emociones negativas son dañinas*. Esta declaración tiene la verdad limitada. Hay muy pocas cosas buenas que provienen de cosas como el abuso verbal o la depresión clínica, pero las emociones negativas son parte de la vida. Las cosas se ponen raras cuando tratamos de eliminar las emociones negativas de la vida de una

persona. La creencia de que las emociones negativas son dañinas ha desarrollado dos fenómenos recientes: (**1**) el tremendo énfasis en la importancia de la autoestima (lo cual no es totalmente malo), y (**2**) quitar el espíritu de competencia de muchas de las actividades infantiles. En el esfuerzo por evitar que los niños interpreten como rechazo perder una competencia o un juego, se ha quitado la competencia del todo. ¡Todo mundo obtiene un trofeo! ¡Todo mundo es especial! Infortunadamente, si la auto estima de los niños se ha elevado, su auto control se ha venido en picada. Muchos perdieron la capacidad de manejar la competencia, los fracasos, el rechazo y las emociones negativas. Entramos a la generación del copo de nieve, para quienes su sentido de equilibrio en la vida es tan volátil como la nieve fresca en un día soleado.

3. ***Debemos cambiar la realidad para proteger las emociones***. Esta es la conclusión lógica de las dos presuposiciones anteriores. (**1**) Si no podemos cambiar nuestras emociones y (**2**) las emociones negativas son dañinas, entonces (**3**) debemos cambiar todo lo que provoque emociones negativas para que vivamos vidas sanas. Es la conclusión ineludible de las primeras dos premisas.

No puedo ni siquiera comenzar a explicar de cuántas maneras estas presuposiciones se han infiltrado en la sociedad. Lo vemos en nuestro sistema educativo (que aprueba y promueve a todos los alumnos aunque no tengan conocimiento), nuestro sistema judicial (como el tristemente famoso caso de violación de Stanford donde el juez no quería "arruinar la vida del violador"), nuestro sistema político (en el que cerraron universidades, cancelaron exámenes y llevaron perritos y plastilina para ayudar a los alumnos a enfrentar los resultados de las elecciones del 2016) y no tengo que mencionar cómo esto ha afectado los temas del sexo y del género. Ahora Canadá está legislando políticas públicas que dictaminan qué palabras debe usar la gente con base en cómo hacen sentir a los demás. Y no solamente hablamos de palabras que legítimamente se deben evitar. Como sociedad ahora estamos en el punto en que se disgustan por el uso de las palabras que empiezan con *f* o *m* (femenino o masculino).

El envoltorio del emocionalismo

Ahora que hemos entendido las presuposiciones básicas del emocionalismo, veamos cómo viene envuelto.

1. *Advertencias detonantes*. Las advertencias gatillo son declaraciones que alertan con anticipación a la gente sobre temas o palabras que podrían causarle a alguien cierto estrés. El término se aplicaba originalmente a las advertencias que se dirigían a las víctimas del trauma que necesitaban saber que la discusión que se acercaba podría causarles recuerdos, pánico o ansiedad. Ahora el término se usa con mucha más familiaridad para referirse al material que podría causar cualquier tipo de sentimiento incómodo, todo por causa de la presupo-

sición de que los sentimientos negativos son dañinos supuestamente y se deben evitar a toda costa. (Nota al calce: Uno de los mensajes que me gustó (a Hillary) de la película de Pixar Intensamente fue cuando el personaje de Alegría se dio cuenta cuán importante había sido Tristeza y cuán importantes pueden llegar a ser las emociones negativas).

2. *Sigue tu corazón*. ¿Cuántas veces ha escuchado esta frase? A mi esposo y a mí nos encanta mencionar esta pequeña frase de excelencia cuando uno de los dos necesitamos direcciones para saber cómo llegar a un lugar. "¿Hacia dónde me dirijo?" "No lo sé, ¡sólo sigue tu corazón!" Según la sabiduría de esta época, nuestros corazones son los barómetros de la verdad y es nuestra mente intranquila la que ¡se interpone en el camino! Si tan solo pudiéramos apagar nuestro cerebro para poder escuchar con claridad lo que dice nuestro corazón, entonces el camino estaría libre y abierto. (Haga una búsqueda en Internet acerca de "tatuajes que lamentarás" y encontrará mucha evidencia en cuanto a que "seguir tu corazón" no es la mejor manera de tomar decisiones).

3. *Me han ofendido*. Más y más estamos viendo un mundo que se rige porque alguien ha sido ofendido, o no. (Excepto cuando se trata de los cristianos, a nadie le importa cuando nos ofenden). No solo la gente habla sobre su ofensa, pero tratarán de predecir que ofenderá a alguien más y hablarán a favor de esa persona. Hace algunos años, en uno de nuestros bancos locales qui-

taron el árbol de Navidad de su vestíbulo porque un cliente reclamó y dijo que era ofensivo. Todo lo que tengo que decir es que, si vive en Norteamérica y no puede soportar ver un árbol de Navidad, entonces no salga de su casa entre noviembre y enero. ¡No se arriesgue mi amigo!

OFREZCA discernimiento

Mencioné (Teasi) al principio del capítulo que las emociones fueron dadas por Dios. No podemos descartar la verdad de que las emociones son reales, son importantes y no se van a ir. Tampoco debemos subestimar la forma en que éstas pueden reforzar la verdad.

Una de las mejores analogías que he escuchado para entender el propósito real de nuestras emociones es compararlas con las luces de advertencia en el tablero de un auto. Las luces que están ahí son para alertarle de que algo está pasando y que se necesita hacer una investigación más profunda. El dueño del auto tiene varias opciones cuando se enciende la luz de "Check del motor". Podría ponerle una cinta engomada para no verlo (negación), podría golpearlo (agredir la realidad) o puede llevar el carro al mecánico y saber la verdad acerca de lo que está sucediendo debajo del cofre. Obviamente la tercera opción toma más tiempo, requiere confiar en un experto y puede ser costoso, que es la razón por la que muchas personas demoran en enfrentar los hechos.

También hay ocasiones en que las emociones nos pueden avisar de realidades más profundas que hemos olvidado. En el artículo "Fui Ateo Hasta que Leí el Señor de los Anillos" el autor Fredric Heidemann registra cómo su crianza en una familia atea lo llevó a rechazar a Dios a nivel intelectual. (La razón humana puede dirigirse mal tanto como las emociones). No fue sino hasta que leyó la novela clásica de Tolkien que notó que había anhelos en sí mismo que no podían ser explicadas por medio de sus presuposiciones naturalistas.

> En mis estrechos límites del cientificismo no tenía forma de procesar qué hizo que la pieza maestra de Tolkien tuviera tal efecto en mí. ¿Cómo podría un mundo de fantasía irreal revelar algo acerca de la "verdad"? ¿Por qué me estoy relacionado de manera ridícula con cosas como árboles que hablan y espectros corrompidos? ¿Por qué me sentí tan cautivado por esta historia que hacía tan profunda la lucha contra el mal inevitable? ¿Por qué sembró en mí el deseo de tener una aventura del riguroso bien? ¿Y cómo hace la historia que el sacrificio sea atractivo? El Señor de los Anillos me mostró un mundo donde las cosas parecen ser más "reales" que el mundo en que vivimos… La hermosa lucha y la gloria del auto sacrificio que permea al Señor de los Anillos tocó una fibra en mi alma y me llenó de anhelos que no podía desechar fácilmente. Los intentos por explicar estos problemas con mi punto de vista del mundo naturalista y ateo fallaron totalmente.[1]

Las emociones no solo nos dan indicios de los problemas, también nos pueden ayudar a ver las cosas buenas. Es interesante que el fruto del Espíritu que se describe en

Gálatas 5:22-23 incluya términos cargados de emociones como el amor, gozo y paz. Estos sentimientos son indicativos del ministerio del Espíritu Santo en nuestra vida personal. Las emociones pueden movernos hacia emprendimientos de valor.

Al afirmar el lugar que las emociones pueden tener en nuestra vida, es importante equiparnos para discernir las mentiras que se promueve en el emocionalismo.

Mentira #1: Si lo siento, es porque es verdad

Nuevamente, las mamás de chicas adolescentes han visto esta mentira muy de cerca. Probablemente todos los días. Debemos recordar a nuestros hijos que sí, las emociones pueden llevarnos a la verdad, pero no siempre sucede así. Por ejemplo, considere los artistas mundialmente famosos y los músicos que lucharon con sentimientos de poco valor al punto que se suicidaron. Dejaron que sus sentimientos dictaran su percepción de su valor y tristemente actuaron con base a esos sentimientos, aunque mucha gente los consideraba a ellos y sus capacidades como de gran valor.

A veces nuestros sentimientos nos mienten y otras veces reflejan la realidad de forma correcta. Pero, ¿cómo podemos saber la diferencia? Es importante volver a la norma externa que nos ayude a evaluar nuestros sentimientos de forma correcta. Es verdad que no somos buenos para nada o ¿solamente nos sentimos de esa manera en este momento?

Yo (Hillary F) tengo un chiste con mi esposo sobre lo que yo llamo mi "hora de poco valor". Imagino que esto tiene algo que ver con mi ritmo circadiano. Cada noche y a cierta hora, me siento cansada y este sentimiento a menudo mi mente lo interpreta como un sentido de falta de valor. Ahora estoy en el punto en que he aprendido a esperar esto, pero me tomó mucho tiempo (y muchas pláticas de motivación de John) para darme cuenta que no estaba engañada durante todo el día con un sentimiento de logro solo para llegar a la verdad de mi falla abyecta, a menudo entre las nueve y las doce de la noche. Algo más está sucediendo en mi cuerpo y en vez de confiar en ello, ahora solamente bromeo al respecto.

Mentira #2: alguien más es responsable de mis sentimientos

Anteriormente ya hemos visto al fenómeno de "me ofendieron" que se ha diseminado por todos lados en la actualidad. La gente se ha tragado la mentira de que, porque no pueden controlar sus sentimientos, entonces el mundo externo debe conformarse a sus sentimientos, de manera ideal en formas en que evite la posibilidad de tener emociones negativas. Una de las primeras lecciones que aprendemos en el jardín de niños es que no todo mundo puede tener exactamente lo que quiere todo el tiempo. Debemos tomar turnos. Debemos compartir. Debemos seguir las reglas y a menudo no nos toca definirlas. No podemos ser una mariposa volando por todo el salón de clases cuando es momento para que los niños humanos del jardín de niños tomen su siesta. En un mundo no existen dos personas que piensen o sientan exactamente lo mismo, podemos esperar que las ideas entren en conflicto, choquen y provoquen sentimientos negativos.

La mentira #2 no nos da permiso para ser pesados y decir: "¡los sentimientos negativos son tuyos!" "Lo siento, que triste". Sí, sus acciones pueden provocar sentimientos negativos en los demás. Pero la verdad es que no podemos orquestar al mundo de tal manera que nadie experimente jamás ¡emociones negativas! Tristemente, los legisladores del mundo están bajo este engaño y están tratando de incluir este aspecto de lo políticamente correcto dentro de la ley. El hecho de que estén tratando de hacer esto debería darnos temor, porque si siguen esta tendencia, existen implicaciones de largo alcance para los que somos cristianos.

Mentira #3: Soportar la angustia emocional es soportar la injusticia

Esta es la narrativa de moda, porque incorpora una de nuestras palabras robadas: *injusticia.* Veremos esta mentira con más detalle en el capítulo del feminismo, pero aclaremos una cosa ahora mismo: Aparte del abuso coercitivo o traumático, nadie puede *obligarlo* a usted a sentir nada. ¿Pueden *influir* en cómo se siente usted? Por supuesto, pero en realidad necesitamos encontrar el punto medio entre ser unos fastidiosos y desarrollar una mayor resistencia. En algún lugar entre estos dos puntos está una expectativa razonable para la sociedad.

ARGUMENTE por un acercamiento saludable

¿Cómo entonces podemos dignificar todo el bien que hacen las emociones sin caer en las mentiras que acabamos de presentar? He leído en varios lugares que cada día tomamos aproximadamente 35.000 decisiones de manera consciente. Seré la primera en admitir que al menos unas pocas de las mías las tomo con base en mis emociones. Estoy agradecida por la gracia que Dios y mi familia me muestran en esos momentos en que no tomo las mejores decisiones (mi esposo se ha ganado en el cielo una recompensa por "soportar las decisiones de Teasi" ¡esto es seguro!)

Al volvernos más conscientes y alertas ante nuestra tendencia de sacar conclusiones basadas en emociones, nos encontraremos en el camino hacia el cambio. El primer paso más importante que podemos dar en la dirección correcta es ser conscientes de la diferencia entre la verdad y una declaración de la verdad. Como ya lo hemos dicho en capítulos anteriores, la verdad es cualquier cosa que corresponda a la realidad. Una declaración de verdad es algo que alguien dice que corresponde con la realidad, lo sea o no, y sin importar cómo se sienta al respecto. Se puede probar. Las declaraciones de verdad no se ganan el derecho de ser ciertas a menos que en realidad correspondan a la realidad. A menudo reaccionamos de manera emocional a declaraciones que, con un poco de análisis, podrían descartarse de manera lógica.

La Biblia nos instruye a ejercer este tipo de discernimiento. En 2 Corintios 10:5 se nos dice que "llevemos cautivo todo pensamiento". Como lo mencionamos ya, las emociones son un tipo de juicio y a menudo se pueden expresar en forma de declaración. Por ejemplo: "Mi maestra me odia", "esta relación se siente tan bien", "los platos sucios me hacen enojar". Usualmente cuando alguien se siente enojado, puede señalar a algo que piensa ser la causa, ese es un pensamiento y un juicio emocional. Nuestras emociones y pensamientos pueden interactuar así. Al examinar nuestras emociones, examinamos nuestros pensamientos.

Esto podría sonar raro, pero me gusta imaginar que literalmente pongo mis pensamientos y sentimientos en un frasco como lo hacía cuando era pequeña con algunos bichos. Analice el pensamiento. Dele vuelta al frasco. ¿Qué tipo de pensamiento o sentimiento es este? ¿Se alinea con las enseñanzas de Cristo? ¿Está en la Biblia esa declaración que escuché de un maestro popular del cristianismo o al menos es bíblicamente correcta? ¿Este pensamiento o sentimiento está alineado con la realidad o es solamente mi percepción?

Recientemente leí un mensaje de *twitter* de una organización cristiana que decía: "Dios va a tomar toda lágrima que has derramado y la convertirá en una bendición 100 veces mayor". Hubo varias personas a quienes les gustó el comentario (la versión en línea del ¡amén!) Aunque ese mensaje sonaba muy atractivo para mí, especialmente porque estaba atravesando una época muy difícil en mi vida, tomé el pensamiento cautivo y me hice la pregunta: "¿Cómo saben eso?" Ese mensaje alcanza a todo el mundo. ¿Están diciendo que alguien que se encuentra en el Medio Oriente en un lugar destruido por la guerra, puede hacer suya esa declaración hoy? ¿Tienen alguna autoridad bíblica para proclamar tal cosa?"

Estoy segura que la motivación para escribir y enviar ese mensaje fue inocente, pero la declaración de verdad no es verdad. Podría hacer que la gente se sienta bien, pero ¿se alinea con la realidad que está enfrentando en su vida? ¿Cuántas declaraciones más como éstas nos alimentan cada día? Debemos poner esos bichos, quiero decir, esas declaraciones de verdad, en un frasco, apretar la tapa y examinarlos.

Cuando se trata de nuestros hijos, he aquí algunos mensajes importantes que debemos transmitirles:

1. *Tenemos algo de control sobre nuestras emociones.* Porque la Biblia nos dice que podemos llevar nuestros pensamientos cautivos y nos instruye a renovar nuestra mente (Romanos 12:2), podemos estar seguros de que es posible cambiar lo que pensamos y cómo nos sentimos. He aquí una pequeña prueba: Piensa en una hamburguesa. ¿Ya pensaste en una hamburguesa? Ahora piensa en un *hot dog*. ¿Pudiste hacer el cambio de imagen en tu mente cuando te pedí que lo hicieras? Pues tengo muy buenas noticias para ti, hijo: eres capaz de cambiar tus pensamientos (pero ahora quizá estás hambriento…). Puesto que nuestras emociones fluyen de nuestros pensamientos y creencias, cuando cambiamos nuestros pensamientos podemos dar grandes pasos hacia la transformación de nuestras emociones. Podemos ser *transformados por la renovación de nuestra mente.* Eso

significa que aun cuando experimentemos una pasión que no podemos controlar (como la ira), podemos controlar nuestras acciones. Cuanto más repitamos a nuestros hijos esa idea cultural de que son esclavos indefensos de sus emociones, más y más se convertirán sus emociones en sus tiranos implacables. Créame, ese no es el legado que quiere dejarle a sus hijos.

2. *Alabe las emociones cuando estén alineadas con la verdad.* No queremos criar pequeños quebrantados que estén aterrados ante las emociones. Esa es la razón por la que es esencial ayudar a nuestros hijos a disciplinar sus emociones. Las emociones que no han sido entrenadas pueden ser como perros que corren por todos lados y se orinan, sobre todo, o peor, que atacan sin provocación. Un perro bien entrenado, por otro lado, puede correr dentro de un edificio en llamas y salvar a una persona del incendio. Los efectos de las emociones entrenadas son igualmente dramáticos.

Deléitese en su amor por los demás. Sumérjase en la fuente de la alabanza en un servicio de adoración. Enójese cuando vea una verdadera injusticia. Proteja con vehemencia a los necesitados. Dé generosamente a los pobres. Permita que sus emociones refuercen lo que Dios ha declarado bueno, malo, vergonzoso, digno de alabanza y hermoso. Pero no deje que sus emociones dicten lo que es bueno, malo, vergonzoso, digno de alabanza o hermoso.

REFUERCE a través de la discusión, el discipulado y la oración

1. *Enseñe a sus hijos acerca de las emociones.* Cuando yo (Hillary S.) me encontré frente a la agonía (y sufrimiento) de un bebé de voluntad férrea, compré una caja de "tarjetas de sentimientos" por el consejo de un increíble *coach* de paternidad. Mi esposo y yo repasábamos las tarjetas con nuestro hijo a la hora de acostarlo, cómo si le estuviéramos leyendo una historia. En un lado de cada carta se encontraba una emoción, en el otro lado se encontraba la emoción opuesta. "Emocionado" y del otro lado se podría ver la ilustración y la palabra "Desilusionado". Era importante leer esas tarjetas cuando estuviera en calma y reforzar el aprendizaje al decir simplemente a nuestro hijo cuál era el sentimiento cuando se ponía mal (por ejemplo, "En este momento estás muy enojado. Estás muy, muy enojado") eventualmente obtuvo un "vocabulario de sentimientos" lo suficientemente amplio como para decirme "¡Edtoy fdustado!" en vez de reaccionar con ira y jalarme los aretes. Comprar o hacer las tarjetas de las emociones es una gran ayuda para los pequeños.

2. *Enseñe a sus hijos a identificar sus emociones.* Cuando crecen, los hijos necesitan que les enseñemos a identificar sus sentimientos. Con mucha frecuencia asumimos que los niños saben qué está sucediendo dentro de ellos emocionalmente cuando, de hecho, ese podría no ser el caso. Esa es la razón por la que es importante que seamos su modelo de identificación emocional para ellos. Permita que ellos escuchen cuando usted examina e

identifica sus propias emociones, las positivas y negativas y enséñeles a hacer lo mismo. Pregúnteles: "¿Cómo te hizo sentir eso?" Es una buena manera de comunicar compasión y atención y crear un espacio maduro para escuchar más detalles de la historia.

3. *Entrene a sus hijos para tomar decisiones correctas.* Después de que sus hijos son capaces de describir e identificar sus emociones, entonces están listos para aprender cómo integrar de manera apropiada sus emociones a su proceso de toma de decisiones. Los sentimientos nunca deberían ser los que decidan, pero tampoco se les debe dejar fuera de la ecuación. El indicador tipo Myers-Briggs utiliza el modelo Z para la toma de decisiones, utilizando las cuatro facetas principales de cómo la gente procesa la información. El modelo Z es una excelente herramienta para enseñar a los niños que ya están listos para esta etapa. El diagrama a continuación muestra las cuatro partes del proceso. (**1**) Vea los hechos, (**2**) use los hechos para formar un cuadro amplio del tema, (**3**) identifique posibles cursos de acción y sus resultados y (**4**) evalúe cada resultado y cómo afecta a todos los demás, no solo a sí mismo. De ahí, escoja el mejor curso de acción.

1. Hechos   **2. Cuadro amplio**

3. Posibles Resultados   **4. Impacto**

Modelo Z para la toma de decisiones
Ilustrado por Rachel Forrest

Después que sus hijos han trabajado las cuatro partes de la Z, pídales que revalúen su emoción. Será común que una nueva perspectiva marinada en la verdad ponga a la emoción en el enfoque correcto, transformando así la ira en compasión, la soledad en seguridad o el temor en valor. Claro que en ocasiones este proceso afirmará las emociones negativas como la indignación, que como ya se mencionó en este capítulo, puede llevar a la acción que provoque un cambio positivo. De cualquier manera, el proceso sirve de manera positiva para integrar las emociones con el razonamiento cuidadoso. Y eso, es lo que significa ser humano.

USE SUS GARRAS PARA ORAR

Alabanza

Señor, tú eres el creador de mi mente, voluntad y emociones; tú eres mi razón y mi intelecto. Aunque mis sentimientos fluctúen, tú no cambias, eres el amante de mi alma, paciente con mis emociones egoístas y paciente con mis caminos pecaminosos. En tu sabiduría como Dios de la disciplina me corriges con amor. En la misma manera en que le has puesto límites a las aguas de la tierra, puedes dar límites a los hábitos de mi mente, rescatándome de las olas del emocionalismo que se estrellan contra la razón que me has dado.

Reconozca

Perdóname por no darme cuenta de cuán engañoso es mi corazón y por dejar que las emociones manden sobre la razón. Perdóname cuando permito que sean mis sentimientos y no tu palabra la que determine la verdad. Perdóname por hacer de los sentimientos un ídolo y esperar que los demás se conformen a ellos.

Adoración y acción de gracias

Te doy gracias, Señor, porque mis emociones son un regalo que proviene de ti y porque tú me ayudas a disciplinarlas utilizando tu palabra, la razón y la realidad. Me das la capacidad de equilibrar el corazón y la mente y usarlos a los dos como catalizadores de la acción. Me has dado la mente de Cristo, y no percepciones falsas para evaluar las declaraciones de la verdad contra la realidad y tu palabra.

Súplica

Ayúdame a reconocer la diferencia entre mis pasiones y mis emociones y usarlas según tu voluntad. Concédeme que pueda analizar de manera puntual mis pensamientos y emociones y descubrir las declaraciones de verdad que están disfrazadas de verdad. Señor, magnetiza mi brújula emocional para apuntar hacia las verdades objetivas. Ayúdame a enseñar a mis hijos a navegar por las mentiras de la cultura al sostener Tu palabra como su brújula. Que aprendan a controlar de manera apropiada sus emociones negativas y tratar con la realidad de la misma manera en que yo soy ejemplo para ellos.

En el nombre de Jesús, el Pastor de mi mente. Amén.

PREGUNTAS PARA REFLEXIONAR

1. **Rompehielos**: Describa una época en la que usted "siguió su corazón" y terminó haciendo algo realmente tonto. Sea honesto, todos tenemos al menos una de esas historias que contar.

2. **Tema principal**: *Las emociones pueden ser de ayuda en tanto que las disciplinemos conforme a la Biblia, la razón y la realidad.* ¿Cómo ha confundido nuestra sociedad los hechos con los sentimientos? Con base en lo que ha aprendido en este capítulo, ¿cuáles son las diferencias entre las *pasiones* y las *emociones*? ¿Puede pensar en una época en la que sentía fuertemente sobre algo y después de haber recibido nueva información cambiaron sus emociones? ¿Cómo nos muestra esto que las emociones pueden ser juicios? (¿O al menos reacciones a juicios defectuosos?)

3. **Autoevaluación**: ¿Qué tan seguido permite que las emociones dicten sus decisiones? ¿Sus hijos han visto que usted toma decisiones con base en sus emociones al calor del momento? En retrospectiva, ¿lamenta haber tomado esas decisiones con base en sus emociones y por qué? ¿Cómo puede ayudar la renovación de su mente (Romanos 12:2) a santificar sus emociones?

4. **Lluvia de ideas**: ¿Por qué es usted cristiano? (En su respuesta no deje fuera el papel del Espíritu Santo en su salvación). Dibuje una línea que divida una

hoja de papel por la mitad y en un lado escriba "Razones emocionales" y en el otro "Razones de hechos". ¿Cuántas de las razones caen bajo la categoría de hechos? ¿Y cuántas caen bajo la categoría de emocionales? Si las razones principales por las que usted es cristiano son emocionales, ¿cómo podría el enemigo venir y robar su fundamento? ¿Cuáles son algunas maneras en que usted puede integrar las razones de hecho con las creencias? Las emociones pueden cambiar, los hechos no. ¿A la luz de Hebreos 11:1 cómo puede incorporar los cambios inmutables para que su fe sea más fuerte?

5. **Suelte el oso que lleva dentro**: La próxima vez que enfrente una emoción fuerte y desagradable, no permita ser vencido. Lleve esa emoción cautiva al Señor y pregúntese: "¿Qué juicio está dictaminando esta emoción? ¿Es este juicio la verdad?"

SOLO ADORA LO QUE SEA

—Pluralismo—

Cathryn S. Buse

Recientemente cambié de carrera y pasé de ser ingeniera en la NASA a enseñar cálculo avanzado y apologética en una pequeña escuela secundaria cristiana. ¡Fue una transición tan extraña como suena! Tengo mucha experiencia con el cálculo, pero enseñarlo era muy diferente a utilizarlo en el área laboral.

Imagínese el siguiente escenario: un día estaba revisando las tareas durante una sesión de clase y cada alumno obtuvo una respuesta diferente para el mismo problema. Todos los alumnos eran sinceros en sus respuestas. La mayoría había trabajado duro para llegar a su solución y se sentía bien al respecto. Algunos no habían prestado mucha atención al problema, pero se imaginaron que su respuesta era lo suficientemente cercana. Y otros más no estaban seguros, pero no sabían qué más hacer acerca del problema. Como maestra, decidí darles el 100 por ciento de calificación a todos y les dije que todos estaban en lo correcto, siempre y cuando fueran sinceros o hubieran trabajado duro en ello. También les di 100 puntos a los que no se habían esforzado tanto, mientras que sus respuestas los hubieran hecho sentir bien.

¿Eso me habría convertido en una buena maestra de matemáticas? ¡Claro que no! ¿Por qué? Porque sin importar cuántas respuestas sinceras, pero diferentes hayan escrito, todavía existía una única respuesta correcta (que es algo que me encanta de las matemáticas).

¿Qué tiene esto que ver con este capítulo acerca del pluralismo? Por definición el pluralismo se refiere a una sociedad con diversidad étnica, racial, religiosa, social e ideológica. Pero para nuestros propósitos, queremos discutir el pluralismo religioso, la idea de que todas las religiones ofrecen caminos legítimos para llegar a Dios. No se trata solo de que tanta gente tenga diferentes ideas sobre la religión, sino de que hagan declaraciones de verdad (aunque sean contradictorias) y afirmen que todas son igualmente válidas. ¿Cómo llegamos a esa determinación?

Breve historia del pluralismo religioso

Cuando los peregrinos llegaron a Estados Unidos buscaban un lugar donde pudieran adorar a Dios con libertad. Fue la libertad de adoración lo que puso el fundamento de la sociedad americana y la primera enmienda de la Constitución. El gobierno de Estados Unidos no puede prohibirle la práctica de cualquier religión que escoja en tanto que no la imponga sobre los demás, lo cual significa que no podrá practicar una religión en la que se sacrifiquen vírgenes al dios volcán. De otra manera, puede adorar lo que quiera.

En los años cuando se formó el país de Estados Unidos, el punto de vista cristiano era la creencia religiosa predominante. En general había unidad de pensamiento y no había conflictos reales acerca de a quién adoraban las personas. Al ser este país un faro de libertad religiosa y económica para el mundo, una plétora de otras personas que sostenían creencias religiosas diferentes llegó a nuestras costas. El día de hoy solo el 46% de los norteamericanos dicen ser cristianos y solamente el 10% de los adultos dicen sostener un punto de vista bíblico.[1] Vivimos en verdad en una sociedad pluralista.

Sin embargo, el pluralismo no es el problema. El hecho de que haya múltiples religiones a nuestro alrededor simplemente nos dice que hay oportunidades amplias para compartir la fe cristiana ¡con los demás! Así que, ¿cuál es entonces el problema? Mucha gente ha llegado a la conclusión de que todas esas creencias diferentes son igualmente válidas y entonces deben ser verdad. Pero como recordará de los capítulos previos, solo porque una opinión sea sincera o popular, no significa que sea verdad. Es común escuchar decir a la gente: "Tu religión es verdad para ti; la mía lo es para mí". ¿Cómo llegó la sociedad a esa conclusión?

Los puntos de vista contemporáneos del secularismo y la tolerancia han jugado un gran papel para hacernos llegar a este punto. El secularismo dice que la iglesia y el estado deben estar separados y presiona para quitar toda discusión y expresión de religión del ámbito público, convirtiendo así la religión en un asunto privado. Crea y practique lo que prefiera mientras que no hable de ello. La *tolerancia*, bajo la nueva definición de la sociedad de este término, insiste que las ideas de alguien no se pueden tratar como inferiores (aun cuando sigan siendo muy malas ideas). En una sociedad en la que coexisten múltiples creencias religiosas, el *secularismo, barnizado de tolerancia, lleva a una dicotomía falsa de (1) todas las religiones son igualmente válidas o (2) no debería hablarse de ninguna religión.* No hay punto intermedio. O afirma todas las religiones o no reconoce ninguna. Como cristianos, ciertamente queremos que nuestra religión se reconozca, así que ¿eso significa que debemos aceptar las demás religiones como ciertas? ¿Cómo resolvemos este dilema?

¡RUJA COMO OSO!

RECONOZCA el mensaje

La cultura dice que debemos ser tolerantes con la gente de todas las creencias religiosas. Estamos de acuerdo, siempre y cuando estén utilizando la definición correcta de tolerancia. (¿Recuerda el capítulo del robo lingüístico?) Debemos tratar a los seguidores de las demás religiones con respeto y dignidad, lo cual incluye extenderles su derecho de adorar lo que escojan. Debemos desear tener paz unos con otros sin importar nuestro trasfondo o creencias. La Biblia nos dice que debemos buscar la paz con todos los hombres (Hebreos 12:14) de tal manera, que los no creyentes se sientan atraídos por la paz y santidad del evangelio. El segundo gran mandamiento es amar a nuestro prójimo, por lo tanto, debemos ser tolerantes en el sentido de ser respetuosos de manera legítima ante los puntos de vista de los demás, sus perspectivas y su religión.

Haga preguntas con todo respeto a la gente que sostiene creencias religiosas diferentes. Aprenda por qué creen lo que creen. Muéstreles que los ama como personas, aunque sigan una religión diferente. De esa manera puede entender mejor cómo tener un punto de encuentro con ellos por medio del evangelio. Deberíamos aceptar, ser pacíficos, amorosos, y ayudar a quienes sostienen creencias diferentes. *Este* tipo de tolerancia y aceptación es bíblica.

Pero nuestro deseo innato de tener paz con nuestros vecinos es algo bueno hasta que eso altera la manera en que vemos la verdad. Negamos la verdad cuando decimos cosas como "no importa lo que usted crea, siempre y cuando sea sincero". O cuando alabamos otra religión porque pensamos que hace que sus seguidores sean buenos y morales, mientras que la Biblia dice que sin Cristo todos somos pecadores y separados del Dios perfecto y santo. ¿Podemos decir con seguridad que todos los caminos hacia Dios son igualmente válidos o que todos oramos al mismo Dios? ¿Acepta Dios todas las formas de adoración? ¿Podemos aceptar otras religiones tan válidas para llegar a Dios solo para poder llevarnos bien unos con otros? Quizá ha visto la calcomanía que dice COEXISTA que defiende tal pensamiento. Pero no podemos centrarnos en el segundo gran mandamiento de amar a nuestro prójimo si ¡ignoramos el primero! La nueva definición de tolerancia y aceptación no es bíblica. La verdadera tolerancia no requiere que consideremos a las demás religiones como verdaderas igual que el cristianismo.

En la cultura actual el problema va más allá de eso. Se nos dice que en la búsqueda de la paz debemos permanecer callados respecto al evangelio para no ofender a la gente. Algunos grupos de iglesias ahora hacen la obra misionera centrada solamente en amar a los demás sin hablar la verdad del evangelio. Hay pastores y maestros que se rehúsan a predicar sobre pasajes difíciles de la Biblia porque no quieren que la gente se incomode. En pocas ocasiones hablan del pecado, del juicio o del infierno, porque temen que esos temas ofendan a los demás y provoquen que se vayan. El enfoque ha cambiado a usar el evangelio para dar estructura a la sociedad y la paz en vez de compartirlo para que traiga salvación a los que están espiritualmente separados de Dios.

Con las presiones combinadas de la sociedad pluralista y la corrección política, los cristianos se han callado, descuidando el mandamiento de ir y compartir el evangelio a los demás. Esto confirma la declaración que a menudo se cita de: "Predica el evangelio en todo tiempo. Cuando sea necesario, usa palabras" que se atribuye equivocadamente a San Francisco de Asís.[2] Una declaración que sabemos que él sí dijo es: "No tiene caso ir a ningún lado a predicar a menos que nuestro andar sea la predicación". Lo que Asís le estaba diciendo a los que se llaman cristianos es que debían practicar el evangelio en su vida. Quería que la gente no solo proclamara el evangelio, sino que lo vivieran dando ejemplo de Cristo a los demás. Su exhortación podría resumirse correctamente así: "Practica lo que predicas". Y note que su punto giraba alrededor de *predicar*. Eso es a lo que Asís dedicó toda su vida: a predicar el evangelio en todo momento *con palabras*. Predicaba en la iglesia, en la arena pública y por los campos, porque sabía que era necesario decir las palabras para que los demás conocieran a Jesús y él sabía que su vida también tenía que demostrar a Jesús.

OFREZCA discernimiento

Así que ¿cómo mostramos tolerancia sin aceptar como válidas las ideas que se han "levantado en contra del conocimiento de Dios"?[3] Podemos aceptar una invitación a cenar y disfrutar una rica comida con alguien sin aceptar (o estar de acuerdo con) sus opiniones y cómo disciplinar de la mejor manera a los hijos. De la misma manera, podemos mostrar amor cristiano a nuestros vecinos y comunidad que nos rodea, aceptándolos como seres humanos dignos de ser amados y darles un trato digno sin tener que estar necesariamente de acuerdo con sus creencias. Como dice el eslogan de mamá osa, amamos a la gente, pero demolemos sus argumentos.

Por lo tanto, debemos demostrar a nuestros hijos un espíritu de amor hacia todas las personas, no solamente hacia aquellos con los que estamos de acuerdo. Nuestro valor intrínseco no se basa en nuestra doctrina. Debemos amar y respetar a todos porque son hechos a la imagen de Dios. Sin embargo, la manera en que Dios nos dice que los amemos y respetemos es diferente a la manera en que el mundo insiste que lo hagamos. He aquí algunas de las mentiras que debemos reconocer para mantenernos en la perspectiva correcta.

Mentira #1: las creencias sinceras de las personas hacen que algo sea verdad

Uno puede creer algo sinceramente y aun así estar sinceramente equivocado al respecto, aun si lo cree con todo su corazón. Mi hijo sinceramente cree que merece una galleta, aunque no haya comido su cena, pero está sinceramente equivocado. Y aunque mis alumnos de matemáticas crean sinceramente que la respuesta es 19 cuando en realidad es 53, siguen estando equivocados. Las creencias sinceras no hacen que algo se vuelva verdad.

El mismo principio se aplica a la religión y a la filosofía. Una de las leyes de la lógica es la ley de la no-contradicción. Es decir, dos declaraciones en conflicto no pueden ser verdad al mismo tiempo y de la misma manera. Si yo digo que una mesa es rectangular y usted dice que esa misma mesa es triangular, por definición las dos no podemos estar en lo correcto. De la misma manera, si Becky dice que no hay Dios, y yo digo que existe un solo Dios en tres personas, Jane dice que hay un Dios pero que no existe la Trinidad (no hay un Hijo de Dios y un Espíritu de Dios) y Mary dice que existen 19 dioses, en esencia lo que estamos haciendo todas es definir a Dios de manera diferente y en formas en que se contradicen unas a otras. Dios puede ser tres personas en una misma, pero al mismo tiempo no puede existir como 19 dioses separados. Dios no puede consistir del Padre, Hijo y Espíritu Santo (definición cristiana) y al mismo tiempo ser un solo Dios sin Hijo de Dios y sin Espíritu Santo (como lo enseña el islamismo).

No podemos entonces ser todos adoradores del mismo Dios si cada uno lo definimos en formas que entran en conflicto entre sí. Aunque las diferentes creencias sean muy sinceras, si hay contradicción, significa que solamente una está en lo correcto y las demás están sinceramente equivocadas, o todas están equivocadas. La única opción no viable es que todas estemos en lo correcto.

No importa cuán sinceramente creamos algo, cuán devotas seamos o cuán bien nos haga sentir nuestra religión. Si existen diferencias fundamentales en el centro de nuestras creencias, no todos podemos estar en lo correcto.[4] Cuando Jesús dijo: "Yo soy el camino y la verdad y la vida"[5], estaba haciendo una declaración de verdad. Con esta misma definición de la verdad Jesús excluyó todos los demás caminos al cielo.

¿Podemos coexistir con personas de otros credos religiosos de forma pacífica? Claro que sí, en tanto que reconozcamos que nos contradecimos unos a otros en los puntos fundamentales de la doctrina. No estamos de acuerdo y ¡está bien! No podemos forzar a todos a creer las mismas cosas. ¿Sería la vida más fácil si todos estuviéramos de acuerdo? Claro, pero eso no va a suceder. Como aprendimos en el capítulo 4, ser tolerante asume que la gente tiene diferentes puntos de vista, de otra manera, no habría nada que tolerar.

Mentira #2: No importa a quién adores, con tal de que adores

No toda la creación es creada igual. Así como adorar a algo no hace que sea verdadero aquello que adora. Nuestro deseo de adorar simplemente demuestra que hacemos algo para lo que fuimos creados: adorar. Pero el objeto de nuestra adoración es en realidad lo que más importa. La adoración no siempre es religiosa por naturaleza. La gente adora equipos deportivos, celebridades, pasatiempos y otras cosas.

No hay nada redentor acerca de la adoración si es que ésta se dirige hacia el objeto equivocado. Esa es la razón por la que Jesús dijo que debemos adorar en espíritu y en verdad (Juan 4:24). Eso nos remonta al gran mandamiento que nos dio: amar al Señor nuestro Dios con todo nuestro ser y solo a él (Mateo 22:37). Adorar sin una doctrina sana es idolatría, y es como inventar un dios y decidir adorarlo en vez de adorar al único Dios verdadero.

Es algo como cuando dejamos a nuestros hijos en la guardería. Cuando usted regrese, no recogerá a cualquier niño. Quiere recoger a sus hijos, aunque la vuelvan loca. Y la verdad de quiénes son sus hijos excluyen a todos los demás. ¿Quiere decir eso que es intolerante, desamorado y que no acepta a los demás niños? ¡Claro que no! Simplemente quiere decir que los demás niños no son los suyos. No puede simplemente escoger otros niños y decir: "Bueno, al menos me llevo dos niños a casa". De la misma forma, Dios no dice: "No me están adorando a mí, pero al menos están adorando algo". No, Él quiere que toda la adoración sea para *Él* y solo para *Él*. Después de todo, Él es quien nos creó, nos ama y murió por nosotros. Cuando la gente adora al sol como dios en vez de adorar al Dios que creó el sol, Dios no se agrada. Cuando los israelitas hicieron un becerro de oro y danzaron a su alrededor, deshonraron a Dios. Es el corazón *y* la doctrina detrás de nuestra adoración lo que hace que honremos o no a Dios.

Ese es el peligro de validar las demás religiones simplemente porque sus seguidores son sinceros y devotos en su adoración. Mire cómo Dios respondió a los grupos de gente en el Antiguo Testamento que adoraban otras cosas o a otras personas en lugar de adorarlo a él. Dios quería que las religiones paganas y falsas fueran erradicadas de la tierra que iba a entregarles a los israelitas. Les ordenó que destruyeran a los cananeos y a los amalecitas por causa de sus prácticas religiosas paganas, que incluían el sacrificio de infantes. Prohibió a los israelitas que se casaran con los pueblos que seguían una religión diferente (el equivalente en el Nuevo Testamento lo encontramos en 2 Corintios 6:14, "no os unáis en yugo desigual con los incrédulos"). Quizá esto suene duro, pero Dios sabía el efecto que las religiones paganas tendrían sobre la nación de Israel, la nación de la cual provendría el Salvador de la humanidad.

Dios no pediría la destrucción de las religiones falsas si la adoración religiosa fuera igualmente agradable y aceptable delante de él (Deuteronomio 12:29-31). Aclaró que no quería que el pueblo de Israel coqueteara con las religiones falsas porque al hacerlo haría que aceptaran sus enseñanzas y adoptaran sus prácticas. *Dios habla en serio acerca de la influencia y los peligros de adorar a dioses falsos.*

Mentira #3: todos los caminos llevan a Dios

No solamente importa a quién adoramos, sino que importa a quién o a qué le confiamos nuestra eternidad. Jesús dijo que él es el camino, la verdad y la vida, y que nadie va al Padre si no es a través de él (Juan 14:6). Esto significa que la gente no puede llegar a Dios a través del hinduismo, el budismo o cualquier otra religión. Solamente porque otro sistema de creencias ofrezca adoración sincera no significa que el sistema honre a Dios o que sus caminos lleven a él. La adoración debe hacerse en espíritu y en verdad y esto significa adorar solamente a Dios y tener fe solamente en Jesús.[6]

Mentira #4: El verdadero evangelio une a toda la gente

Falso. El evangelio puede ser ¡muy divisivo! Cuando Jesús dijo que trajo paz a la tierra, no hablaba de la paz entre la gente, sino paz entre la gente y Dios. Solamente a través del sacrificio de Jesús en la cruz la humanidad pecadora y depravada puede experimentar paz con un Dios perfecto y santo. Infortunadamente, nuestro Señor predijo exactamente lo contrario, en Lucas 12 dijo: "¿Pensáis que he venido para dar paz a la tierra? Os digo: No sino disensión".[7] Y poco después de haber hecho esta declaración Jesús nos mandó a vivir en paz unos con otros. Eso parecería contradictorio ¿verdad? Pero piense acerca de lo que estaba diciendo: *el evangelio dividirá a la gente, pero debemos vivir en paz con todos.* Esta es la manera de vivir en la sociedad pluralista en la cual vivimos.

Hablemos de que el evangelio crea divisiones entre la gente. Después de todo, o estás a favor de Dios o en contra de él. Jesús dijo que pasamos por la puerta estrecha hacia el cielo o vamos en el camino ancho que lleva a la perdición (Mateo 7:13-14). Ama la verdad o las tinieblas (Juan 3:19). El nombre de Jesús dividirá a la gente y este mundo nos odiará por portar su nombre. Pero cuando el mundo nos odia, es porque lo odiaron a él primero. No es a nosotros a quienes rechazan ni contra quienes están divididos, sino con Jesús.

¿Significa eso que debemos permanecer calladas para evitar tal división? ¡Claro que no! Se nos ordena ir por todo el mundo y predicar a los demás acerca de Jesús y lo que ha hecho a nuestro favor. Pablo dijo en Romanos 10:14: "¿Cómo, pues, invocarán a aquel en el cual no han creído? ¿Y cómo creerán en aquel de quien no han oído? ¿Y cómo oirán sin haber quién les predique?" Una manera en la que los demás llegarán a conocer a Jesús es por medio de que nos escuchen hablar de él y de su verdad. No podemos darnos el lujo de permanecer en silencio. Dios usa a su pueblo para alcanzar a los perdidos. ¡Qué gran privilegio ser parte de su plan de cambiar el destino eterno de alguien por medio de hablar la verdad!

ARGUMENTE por un acercamiento saludable

Estamos rodeadas de seguidores de múltiples sistemas religiosos. Queremos vivir en paz con ellos, y sin embargo también queremos compartir el evangelio. El problema es que el evangelio provoca divisiones. ¿Qué haremos? No somos la nación de Israel tomando posesión de la tierra prometida, así que debemos tratar el asunto del pluralismo religioso de una manera muy diferente. Gracias a Dios, siempre podemos volver al Antiguo Testamento para ver algunos ejemplos muy buenos de qué hacer.

Daniel, junto con otros jóvenes judíos prominentes, fueron llevados de Jerusalén al cautiverio en Babilonia. El Rey Nabucodonosor quería reeducar a los judíos para que pensaran y actuaran como los babilonios y les instruyó en todo el estilo de vida de Babilonia, en cuanto a la educación, leyes, religión y comidas. Ya que la dieta de los babilonios era tan diferente de la que se prescribió en la ley de Levítico para los judíos, Daniel y sus tres amigos se levantaron para defender lo que era correcto delante de Dios. De manera muy amable rechazaron la comida del rey y pidieron comer vegetales y beber agua. No orquestaron una protesta ni condenaron al rey diciéndole que iba a arder en el infierno. Más bien le pidieron si podían obedecer las leyes de Dios.

Tome en cuenta que también miles de otros judíos fueron llevados al cautiverio igual que ellos. ¿Qué estaban haciendo? ¡Comiendo de la comida del rey! Se sintieron bien al alinearse con las costumbres de los babilonios y abrazaron las prácticas religiosas de sus captores. Intercambiaron al Dios que les sacó de la esclavitud egipcia por los dioses falsos de los babilonios. Así que cuando el rey llamó a los judíos para que adoraran a su estatua de oro, ¿qué hizo la mayoría? ¡Se inclinaron ante ella! ¿Qué hicieron Sadrac, Mesac y Abednego? No se inclinaron y se rehusaron a adorar la estatua. Estaban rodeados de adoradores paganos, pero sabían que su devoción no era aceptable delante del único Dios verdadero. Cuando un rey posterior llamado Darío del imperio medo persa aprobó una ley que prohibía la oración a nadie que no fuera él mismo, ¿qué hizo Daniel? Abrió su ventana y siguió orando a Dios, tal como siempre lo había hecho. ¡Ni siquiera hizo el intento de esconderse!

A pesar de haber vivido en el exilio entre gente cuyas creencias contradecían las suyas, Daniel y sus amigos continuaron adorando al único Dios verdadero. Amaban a su prójimo y vivían en paz con ellos y se les recompensó por servir como consejeros cercanos del rey. Pero no adoptaron la religión que se practicaba a su alrededor solo por la presión de los demás. *Tampoco pensaron, todo mundo cree algo diferente al Dios de Abraham, creo que yo también debería hacerlo. Esta religión debe ser igualmente válida, quiero decir, miren cuántas personas adoran ¡de esta manera!* No, ellos sabían que su Dios era el único vivo y verdadero Dios que excluye a todo otro objeto de adoración. Aun si todo mundo rechazaba al único y verdadero Dios, ellos no lo harían. Al vivir su fe en verdad, terminaron haciendo un impacto significativo sobre el rey Nabucodonosor. Es más, se podría pensar que el mismo Nabucodonosor se convirtió (véase Daniel 4). En el libro de Daniel vemos que es posible que los creyentes adoren a Dios en medio de una cultura pagana bajo un gobernador pagano.

Queremos criar a nuestros hijos para que sean como Daniel. Es muy probable que a donde quiera que vayan en la vida, ellos y otros que sostienen el punto de vista bíblico serán minoría entre los que tienen sistemas de creencias diferentes. Así que debemos enseñar a nuestros hijos a vivir como exiliados: (1) ser respetuosos con los que les rodean y (2) no ceder ante las otras creencias sin importar cuán populares sean o cuán impopular sea el cristianismo. ¡No es fácil hacer esto! Una analogía sería el caso de una dieta, es muy difícil guardarla cuando todos nuestros amigos están comiendo un pastel de chocolate frente a nosotros. ¿Cómo podemos permanecer firmes como cristianos en nuestra fe cuando todo mundo a nuestro alrededor piensa diferente? Creo que es posible cuando nosotros y nuestros hijos conocemos las verdades del cristianismo. Nuestros hijos no estarán motivados a permanecer bajo la presión social solo porque su mamá y papá se los dijeron. Más bien, deben saber y estar convencidos en sus propias mentes de la verdad del cristianismo. Entonces pueden levantarse con fe de la misma manera que Daniel lo demostró con valor.

Para ver un ejemplo del Nuevo Testamento de alguien que se aferró a la verdad del cristianismo al mismo tiempo que estuvo rodeado de personas de diferentes creencias, veamos el caso de Pedro. Él estaba en Jerusalén donde los judíos eran muchos más que los cristianos, pero él no dejó de predicar el evangelio. ¿Cómo pudo seguir siendo valiente? Él y otros nuevos creyentes le pidieron a Dios que les diera valor para hablar su palabra. Le dijeron: "No podemos dejar de decir lo que hemos visto y oído".[8]

Debemos orar lo mismo todos los días, que Dios nos dé el valor para hablar de las cosas que hemos visto y oído en Cristo Jesús. Probablemente no seremos llamadas a hablar ante los reyes, como Daniel, o en las gradas del templo como Pedro, o aun en la plaza principal del Areópago como Pablo. Pero si ellos pudieron hablar delante de reyes y burladores, ciertamente podemos hablar la verdad al calor de un café con una amiga que no crea en Jesús.

Sí, debemos vivir en paz con nuestros vecinos y amarlos como a nosotros mismos, sean hindúes, musulmanes o ateos. Debemos estar al pendiente de ellos, ayudarles y orar por ellos. Y al mismo tiempo, no podemos callar la verdad. Porque cuando conocemos el verdadero camino a la salvación, dejar de compartir esa verdad es no amarlos.

Nabeel Qureshi fue un musulmán que depositó su fe en Cristo después de interactuar con sus amigos cristianos, y él comentó acerca de otros creyentes que conoció que jamás le preguntaron si conocía a Jesús. Él dijo: "¿Por qué otros cristianos nunca me hicieron esta pregunta? Pensaban que yo necesitaba a Jesús para ir al cielo, ¿verdad? ¿Estaban contentos con dejarme ir al infierno, o en realidad no creían en su propia fe?"[9] Debemos amar a los demás lo suficiente como para hablar la verdad, aun cuando sea tan impopular. En nuestra sociedad pluralista; la mies es mucha, pero los obreros son pocos. ¡Sea amorosa y valiente en su fe!

REFUERCE a través de la discusión, el discipulado y la oración

Niños pequeños

Dé algunos ejemplos de cosas opuestas y luego explique por qué ambos no pueden ser ciertos al mismo tiempo y de la misma manera. Relacione esto con las creencias diferentes que se encuentran en otras religiones (como la persona que cree que Dios existe y otra que no lo cree). Explique por qué dos creencias contradictorias no pueden estar en lo correcto. Asegúrese de que sus hijos entienden que no todos creen en el Dios de la Biblia y esta es la razón por la que se nos ha llamado a hablarles de Cristo. Hable de las diferentes maneras en que puede mostrar amor por alguien con un sistema de creencias, intereses o convicciones diferentes a las suyas.

Secundaria y preparatoria

Hable sobre maneras en las que sus pre adolescentes y adolescentes pueden mostrar amor y bondad por alguien que tiene una fe diferente. Identifique formas respetuosas en las que pueden hacer preguntas y construir puentes. Haga alguna dramatización que enseñe a sus hijos a escuchar a alguien cuyo punto de vista es diferente, antes de atacar con el propio. Escoja una religión diferente cada semana y discuta las doctrinas básicas de esa religión y cómo es diferente al cristianismo (para encontrar ayuda, véase la serie de blogs sobre las religiones mundiales de Lindsey Medenwalt en el sitio de *mamabearapologetics.com).* Pero lo más importante es asegurarse que sus hijos entiendan por qué el cristianismo es la verdad (vea mi libro Cómo Enseñar a los Demás a Defender el Cristianismo).

¡USE SUS GARRAS PARA ORAR!

Adoración

Jesús, tú eres supremo, el más alto de todos, soberano, que reinas sobre todos los demás. Te alabo porque tú, sin duda o confusión, eres el único camino verdadero para reconciliarnos con Dios. Proclamo lo que dijiste: "Yo soy el camino (el único para llegar a Dios) y la verdad (real) y la vida (la única), nadie viene al Padre sino por mí" (Juan 14:6).

Reconozca

Perdona a nuestro mundo por valorar la tolerancia por encima de la verdad. Perdona a los que te llaman mentiroso y abaratan tu sacrificio declarando que todos los caminos a Dios son igualmente válidos. Perdónanos a quienes no hablamos por temor a ofender a los demás.

Adoración y acción de gracias

Gracias porque, a pesar de los peligros del pluralismo, tenemos oportunidades para compartir que no hay "otro nombre bajo el cielo dado a los hombres en el que podamos ser salvos porque Dios no ha provisto al mundo otra alternativa para la salvación" (Hechos 4:12). Gracias por tus leyes de la lógica que ayudan a revelar las contradicciones y por la capacidad de amar con discernimiento a alguien que fue hecho a tu imagen aun cuando sus creencias no correspondan a tu verdad.

Súplica

Señor, necesito de tu poder para ayudarme a enseñar a mis hijos a respetar y amar a nuestro prójimo y hablar la verdad, aunque sea incómodo o impopular, especialmente cuando las convicciones que tenemos tan arraigadas se vean amenazadas. Ayúdame a ser ejemplo de mis hijos en cuanto a no sacrificar la verdad en el altar de la paz o la popularidad. Enséñanos a no confundir la sinceridad en una creencia con la verdad de una creencia. Ayúdame a demostrar que los cristianos pueden amar a los demás aun en desacuerdo con ellos en las creencias básicas. Derriba la mentira de que el desacuerdo es sinónimo de odio. Muéstrame cómo enseñar a mis hijos que hay pluralidad de ideas, pero no existe la pluralidad de la verdad. Encauza mi adoración con espíritu, verdad y doctrina sana. Dame el poder de reconocer y rechazar toda creencia que se levanta contra el conocimiento tuyo al mismo tiempo que afirmo a la persona creada a tu imagen.

En el nombre que es sobre todo nombre, Jesús. Amén.

PREGUNTAS PARA REFLEXIONAR

1. **Rompehielos**: ¿Con cuánta gente de otras religiones ha interactuado? ¿Cómo han sido sus interacciones?

2. **Tema principal**: Puede buscar la paz con toda la gente sin tener que aceptar todas sus ideas como igualmente ciertas. En la *En defensa de la fe de nuestros hijos* decimos que demolemos argumentos, no a la gente. ¿Cuál es la diferencia entre los dos? ¿Cómo ha visto esto funcionar bien? ¿Cómo ha visto que esto se dé de manera negativa?

3. **Autoevaluación:** ¿Se siente cómoda interactuando con la gente que es diferente a usted, sea por causa de raza, salario, religión, sentido del humor o …? ¿Qué tan bien conoce lo que enseñan las otras religiones?

4. **Lluvia de ide**as: ¿Cuáles son algunas formas en que usted y otros padres pueden practicar ser amorosos con la gente que sostiene creencias diferentes a las suyas?

5. **Suelte al oso que lleva dentro:** Es muy probable que haya otras mamás en la escuela de sus hijos que son muy diferentes a usted y que tienen diferentes creencias. Escoja a una e invítela a comer. Comience escuchándola y haciendo preguntas. Conózcala personalmente. Pregunte por qué ella cree lo que cree. Si quiere más *tips*, vea la serie de Hillary Short *Apologética de Jardín de Juegos* en el sitio web de Mamá osa.

NO SOY RELIGIOSO, ¡SOY ESPIRITUAL!

Nueva espiritualidad

Alisa Childers

"Ommmmmmmmmmmmh"… Entré a mi sala una noche para descubrir a mi hija de siete años sentada en el suelo con las piernas entrecruzadas, ojos cerrados, brazos ligeramente inclinados y sus dedos pulgar e índice unidos.

"Mmmh. Querida, ¿qué estás haciendo?" Le pregunté en la forma más calmada que pude. Por un instante me imaginé a mi preciosa y dulce hija que amaba a Jesús yéndose a la universidad algún día, para convertirse al budismo y huyendo con el primer *hipster* angustiado que pudiera mencionar las citas de Deepak Chopra. De regreso a la tierra. Ella tiene 7 años. Tenemos tiempo.

"¡Lo aprendí en la escuela!", me respondió inocentemente como si no tuviera idea de lo que estaba haciendo. No lo sabía. Le enseñaron meditación transcendental en su clase de educación física en su escuela cristiana privada. Piense en ello por un momento. Esto podría sonar impactante para algunos, pero para otros podría ser cualquier otro martes típico, aun dentro de una escuela cristiana. ¿Por qué tanto problema? (Resulta que se trataba del astuto maestro de educación física que no había consultado su idea con la administración, pero aun así...)

Esto sucede porque nuestra cultura ha sido inundada con el misticismo de la Nueva Era durante las últimas décadas y cada vez más gente, incluyendo cristianos, no se dan cuenta cómo está permeando todo, desde la forma en que comemos hasta la manera en que hablamos y pensamos acerca del mundo, y hasta en algunos casos, en la manera en que hacemos iglesia y adoramos a Dios.

Para algunos de nosotros, la sola mención de la frase Nueva Era evoca imágenes de *hippies* drogados que meditan en campos de flores o algún sanador holístico extravagante con su bolsa de cristales entregando muestras de vitaminas en una tienda local de comida saludable. Aunque estas imágenes suenen fuera de realidad, las creencias de la Nueva Era son increíblemente populares en nuestra cultura y hasta algunas se promueven como si fueran ideas cristianas de una u otra manera.

Para entender esta nueva espiritualidad, debemos entender el Misticismo de la Nueva Era (MNE).

Breve historia del misticismo de la Nueva era

El MNE comenzó a florecer en Norteamérica durante los tumultuosos años sesenta basándose en las antiguas prácticas del ocultismo, las religiones orientales y el transcendentalismo de principios de los años 1800. En medio de la guerra, las amenazas nucleares, la revolución sexual, la segunda ola del feminismo y el movimiento de los derechos civiles, las tensiones estaban por los cielos y la gente buscaba respuestas espirituales.

En 1987, la revista *Time* publicó una historia sobre la tendencia creciente del MNE con la foto de Shirley MacLaine en la portada. El ejemplar reportaba que el movimiento iba creciendo a un ritmo constante en los Estados Unidos y las ventas de libros con títulos de la Nueva Era en las librerías Bantam iban creciendo al diez por uno solamente en la década de los ochentas.[1]

Pero casi nadie tiene más responsabilidad por catapultar el MNE en la conciencia popular de los norteamericanos que el programa de la reina Oprah Winfrey. A principios de los noventas, ella comenzó a hablar de los libros de la Nueva Era, tales como Regreso al Amor en su programa número uno de la televisión diurna, y estableció a su autora, Marianne Williamson como la voz prominente del movimiento de la Nueva Era y promovió su libro para que llegara a la lista de los éxitos de librería del New York Times. Si Oprah apoya un libro, lo más seguro es que llegue a ser un éxito de librería, un fenómeno que se conoce como "el efecto Oprah".

Ese es tan solo un ejemplo, pero es incalculable la influencia de Oprah al promover el pensamiento de la Nueva Era (que se presenta con lenguaje cristiano) en el corazón y hogares de millones de norteamericanos. A través de todos sus medios de comunicación masivos, ella ha hecho proselitismo y ha promovido a líderes con pensamiento de la Nueva Era tales como Deepak Chopra, Eckhart Tolle, Rhonda Byrne, Gary Zukav, Elizabeth Lesser, Michael A. Singer, Mark Nepo y Rob Bell. (Sí, el pastor Rob Bell, y llegaremos a él en un momento).

Para 2012 el Centro de investigaciones Pew había reportado que un tercio de los *milenials* no se identificaban con alguna religión en particular, de los cuales el 37% se describen a sí mismos como "espirituales, pero no religiosos" y el 58% se sienten con una "profunda conexión con la naturaleza y la tierra".[2] Combine esto con los artistas famosos que les dicen que "vivan su verdad" y tenemos el terreno fértil para las doctrinas de la Nueva Era y para que se arraiguen bajo un manto que ahora se ha llamado la nueva espiritualidad.

Esta nueva espiritualidad es la misma Nueva Era antigua, pero con un maquillaje moderno. Ha cambiado la imagen de un adivino con bola de cristal y se ha puesto a la moda la imagen de un *hipster* que usa pantalones de mezclilla ajustados, que toma café *latte*… y a menudo se cuelga una cruz. Es el mismo mensaje, con una marca diferente.

En este capítulo nos centraremos en cuatro de las mentiras más comunes y culturalmente populares de la nueva espiritualidad que tienen que ver con la meditación, el panteísmo, la divinidad de toda la humanidad y el relativismo.

¡RUJA COMO UN OSO!

RECONOZCA el mensaje

El MNE típicamente se trata de una mezcolanza de ideas tomadas de las religiones de oriente, la sicología, la filosofía moderna, la pseudociencia y el cristianismo. Acerquémonos a ver un ejemplo práctico de las enseñanzas del MNE en acción.

En enero de 2008 el canal de radio satelital "Oprah y sus amigos" lanzaron una clase de un año con lecciones diarias y afirmaciones del libro Un curso en Milagros. La maestra de la clase era Marianne Williamson que lo describía como "un programa de auto aprendizaje de sicoterapia espiritual"[3] que busca tomar ciertos "principios" para aplicarlos en formas prácticas.

El libro sobre el cual desarrolló su clase, Un curso en Milagros, se publicó en 1975 y es una colección de revelaciones espirituales registradas por la profesora Helen Schucman de la Universidad de Columbia. Schucman recibió estos mensajes de una entidad que ella llama "la Voz", que más tarde ella identificó con "Jesucristo".[4] Si se pregunta qué tipo de "dictados" recibió de este supuesto "Jesús", he aquí algunos ejemplos que resumen las ideas de la nueva espiritualidad perfectamente:

🖐 "No cometa el patético error de ´aferrarse a la antigua cruz´. El único mensaje de la crucifixión es que usted puede sobreponerse a la cruz".[5]

🖐 "El nombre de Jesucristo como tal no es más que un símbolo. Pero representa el amor que no es de este mundo. Es el símbolo que se usa de manera segura como reemplazo de muchos nombres de todos los dioses a los que usted invoca".[6]

🖐 "La expiación es la última lección que debemos aprender, porque nos enseña que como nunca pecamos, no tenemos necesidad de salvación".[7]

🖐 La lección 61 le pide al lector que afirme "soy la luz del mundo".[8]

🖐 La lección 259 también le pide al lector que afirme "no hay pecado".[9]

🖐 La lección 70 le pide al lector que afirme "mi salvación proviene de mí".[10]

Schucman declaró de manera efectiva que los humanos son sus propios dioses y tienen la fuente de verdad y quita todas las partes del cristianismo que se perciben como de mal gusto tales como el pecado, la expiación por sangre y la separación de Dios; mezclando la "sabiduría" de las diferentes religiones y convirtiendo a Jesús en nada más que el símbolo genérico del amor.

Mentira #1: Dios es todo y todos somos uno

Uno de los principios fundamentales de la nueva espiritualidad es que todo en el universo (incluyéndome a mí y a usted) estamos hechos de la misma sustancia y realidad. En otras palabras, no hay separación entre usted, su perro y el árbol que está afuera en el cual su mascota acaba de orinar. Este punto de vista se llama panteísmo y cree que "Dios" es un tipo de conciencia cósmica o una energía que es una y lo mismo que todo el universo, algo que podemos llegar a conocer al hacernos cada vez más "iluminados".

¿Recuerda el éxito de taquilla de James Cameron llamada Avatar? Este es un excelente ejemplo de lo que el punto de vista panteísta promueve. Pero nada ilustra mejor el panteísmo que la muy amada zaga de la Guerra de las Galaxias.

Los fanáticos de la Guerra de las Galaxias recordarán la famosa escena de la película El Imperio Contraataca en la que Buda… quiero decir, Yoda (¡¿dije Buda?! Ujum, lo siento) está en el pantano entrenando al joven Jedi Luke Skywalker. Le está enseñando a Luke a mover objetos inanimados al accesar a "la fuerza" con el poder de su mente. Yoda le explica que la fuerza es así: "La vida la crea, la hace crecer. Su energía nos rodea y nos une. Somos seres iluminados, no somos esta materia cruda. Debes sentir la fuerza a tu alrededor; aquí, entre tú, yo, el árbol, la roca, en todos lados, sí. Aun entre la tierra y la nave".[11]

Es interesante que el creador de la franquicia de películas de La guerra de las Galaxias, George Lucas, confirmó en una entrevista realizada por la revista *Time* en 1999 que él en efecto trataba de presentar a la fuerza como un símbolo religioso: "Puse la fuerza en las películas para tratar de despertar cierto tipo de espiritualidad en los jóvenes… más una creencia en Dios, que cualquier otro sistema religioso". (Suena mucho como el lema popular que dice: "soy espiritual pero no religioso" con el que el 37% de los jóvenes se identifican ahora, ¿no es así?) Cuando el reportero señaló que la fuerza hace fuerte eco de una noción de Dios que se encuentra en los sistemas orientales como el budismo, Lucas respondió: "Supongo que es más específico en el budismo… quería tratar de explicar de manera diferente las religiones que ya existían. Quería expresarlas todas".[12]

Se sorprendería al saber cuántos pensadores cristianos enseñan algo muy similar a lo que Yoda le enseñó a Luke. Por ejemplo, muchos cristianos están conscientes de la oleada de controversia que se levantó cuando el pastor de Michigan, Robert Bell publicó su libro El Amor Gana. La insinuación de Bell de que quizá no hay un infierno literal, fue recibida por algunos cristianos como una nueva mirada, fresca y revolucionaria acerca de esa doctrina arcaica, mientras que otros clamaron: "¡Herejía!" En respuesta, el teólogo conservador John Piper mandó un tweet famoso en el que decía: "Adiós a Rob Bell".

Pero el tratado de Bell acerca del infierno tan solo fue el principio. El siguió y escribió un libro titulado Lo que Hablamos Cuando Hablamos Acerca de Dios, en el cual describía a Dios en términos de la Nueva Era tal como "fuerza de vida" y "energía creadora" y una "vitalidad divina sin fin".[13] Aunque Rob hizo un comentario breve acerca de la trascendencia de Dios, siguió haciendo eco de muchos gurúes de la Nueva era al describir cómo era que esta "energía" lo conecta todo en el universo: "Cuando hablamos acerca de Dios, hablamos de la afirmación directa de que todo tiene una fuente singular y común y que todo está conectado de manera infinita, sin fin y profundamente".[14]

Este no es un gurú hippie sentando en la cima de una montaña en la India meditando en el Nirvana. Este es un pastor reconocido y amado promoviendo estas ideas del cristianismo envolviéndolas en un moderno moño ingenioso pero insustancial. Es interesante que Bell llegara a hacer un tour con Oprah y Deepak Chopra. Se logró el círculo completo.

Si usted cree que estas ideas jamás entrarían en iglesias sólidas y bíblicas, considere lo siguiente: el verano pasado estaba muy emocionada porque encontré una escuela bíblica de vacaciones nocturna para mis hijos (¿cinco noches libres para mí sola a la mitad del verano? ¡Inscríbanme!) Y el tema era La guerra de las Galaxias. Cuando recogí a mis hijos al final de la primera sesión justo a tiempo para presenciar la dramatización de cierre, en la cual se les enseñaba a los niños la importancia de la obra del Espíritu Santo, comparándolo con la Fuerza de La guerra de las Galaxias. "Es una sensación que comienza en el estómago y se mueve pronto a su corazón. Esa es la manera en que uno sabe que ha sido llamado". ¿Qué? Mi esposo volvió a verme y me dijo: "Bueno, parece que finalmente no tendrás noches libres esta semana". Perder esas noches no era nada frente a la defensa de la verdad.

Mentira #2: Felicidades, ¡tú eres Dios!

Si verdaderamente todos somos uno, sucederá una progresión natural de pensamiento: Sigamos la línea de pensamiento hasta sus últimas consecuencias, ¿vamos? Si estamos hechos de la misma sustancia o realidad, entonces no hay separación alguna entre nosotros y Dios. Por lo tanto, Dios y nosotros somos uno, todos somos divino. Lo único que tenemos que hacer es lograr una "conciencia elevada" o un alto estado del ser para entenderlo por completo, así ¡como Jesús! Es más, existe un término que se utiliza en los círculos de la Nueva Era que definen la "conciencia de Cristo" y que se describe como el "despertar" que tuvo Jesús cuando finalmente se dio cuenta de su propia divinidad y su conexión con el universo.

Este es un engaño increíble porque es obviamente muy atractivo. Si tan solo podemos llegar a reconocer la divinidad en cada uno de nosotros, podemos deshacernos de las minucias molestas y anticuadas como el pecado y la depravación humana. En otras palabras, deje de verse a sí mismo como algo negativo, como pecador. Usted es maravilloso ¡por lo que es! ¿Suena grandioso ¿verdad?

Estos mensajes no siempre están dirigidos solo a nuestros hijos en maneras obvias. Sus hijos no van a empezar a ver el último programa de Netflix para escuchar a su personaje favorito decir algo como: "Hola niños … ¿adivinen qué? ¡Ustedes son dios!" Pero hay formas increíblemente sutiles y persuasivas en las que este mensaje permea los medios de comunicación y entretenimiento infantil.

Por ejemplo, la película de Disney del 2018 basada en la novela popular de Madeleine L´Engle, Un Viaje en el Tiempo (irónicamente protagonizada por Oprah Winfrey) presenta a una joven llamada Meg que viaja por todo el universo para salvar a su papá. Conoce a otros tres seres que la reclutan para esa misión y le otorgan sabiduría y ánimo. Después de decirle que su padre está atrapado en una "energía" malévola que es demasiado fuerte para su propia "luz", Meg recibe el consejo de la Señora Cuál (Oprah). "Serás probada en cada paso del camino. Ten fe en quien eres tú". En el tráiler de la película, el mensaje "La única manera de derrotar la oscuridad es convirtiéndote en la luz", aparece en la pantalla en letras que resaltan con mucha fuerza al mismo tiempo que la música crece en intensidad.

Note que el énfasis está en *ella*. Tú te convertirás en luz. Ten fe en *ti misma*. No hay necesidad de buscar algo fuera de ti para ayudarte o para salvarte. Tú eres suficiente. Todo ya se encuentra dentro de ti. Esto hace eco de las afirmaciones que hemos mencionado previamente sobre la clase maestra de Oprah: "No existe el pecado. La salvación proviene de mí". (Y como eres dios, ¡eso tiene mucho sentido!)

Mentira #3. Todo es relativo

La nueva espiritualidad abraza la "libertad" de soltar las ideas de la verdad absoluta y la moralidad objetiva. Es más, enseña que cada quien puede crear su propia realidad. Si alguien siente que algo es real, pues lo es. Si usted cree que algo es correcto, entonces lo es. Si usted piensa que algo es verdadero, ¡lo es! Claro está, no se necesita un cirujano de cerebro para saber que esta forma de pensar es un verdadero lío, lleno de contradicciones. En un interesante cambio de eventos, la nueva espiritualidad enseña que las contradicciones son buenas y esa lógica es menos confiable que la "verdad" que se obtiene a través de la meditación y la intuición personal. Deepak Chopra cita a un maestro espiritual de la India que escribió: "la medida de la iluminación es cuán cómodo se siente con sus propias contradicciones".[15] (Para investigar más sobre esto, vaya al capítulo 9 que trata del relativismo moral).

Mentira #4: la meditación es la respuesta a todos sus problemas

Además de las varias *creencias* que forman la nueva espiritualidad, hay diferentes prácticas como la meditación que se han vuelto muy populares como medios para acabar con el estrés y conectarse con lo divino. Los proponentes promueven estudios científicos para respaldar sus beneficios y usualmente se trata de meditación como algo no religioso, que son prácticas meramente sicológicas por naturaleza.

Hace unos años, Oprah fue como invitada al programa del Dr. Oz para hablar de su descubrimiento de la meditación transcendental (MT). Con mucho entusiasmo cantó las alabanzas de la práctica y estaba muy impresionada con los resultados que obtuvo al pagar para que cientos de miembros de su staff recibieran el entrenamiento de la MT. Explicó que se detenían para meditar dos veces al día como staff y eso les ayudaba a mejorar las relaciones interpersonales, patrones del sueño y su rendimiento promedio del trabajo.

La MT se ha vuelto muy popular en el occidente gracias a personajes famosos como Katy Perry, Jerry Seinfeld, Russel Brand, David Lynch y Clint Eastwood, que le atribuyen beneficios de haber mejorado su vida.

Algunos tipos de meditación incluyen vaciar de los pensamientos la mente por completo, pero la MT involucra centrarse intencionalmente en una palabra que sea lo menos significativa (un mantra) y luego dejar que esa palabra se transforme y cambie en cualquier cosa que quiera. Los practicantes siguen el sonido hacia donde los lleve, y en ocasiones pueden llegar a no pensar en nada. El experto en MT Bob Roth explica que: "La MT produce el pensamiento de una mente activa, toda ella, para calmarse y experimentar niveles más callados de pensamiento y luego experimentar lo que se ha llamado la fuente del pensamiento, el campo unificado de conciencia, o el nivel trascendente de la mente".[16] Note el énfasis en *sí mismo*, es decir, conectarse con lo que ya está dentro de uno.

Otra de las formas de meditación popular en el occidente es el "*mindfulness*" (conciencia). Marcia Montenegro fue una devota y entusiasta seguidora de la Nueva Era que se convirtió en educadora cristiana y lo define de la siguiente manera: "es una técnica de sentarse quieto (aunque también existe la meditación mientras camina), observando la respiración, siendo conscientes solamente del momento presente y aprender a dejar pasar los pensamientos sin pensar en ellos".[17] Aunque muchas veces se presenta un método secular fundamentado en la ciencia, el *mindfulness* (conciencia) está profundamente arraigado en las enseñanzas budistas del desprendimiento, es decir, desconectarse del deseo, lo cual le permite al practicante lograr el Nirvana.

OFREZCA discernimiento

Los proponentes de la nueva espiritualidad a menudo son seguidores sinceros que buscan respuestas espirituales. Entienden el vacío del ateísmo y la bancarrota del naturalismo. Aunque son admirables, estas características caen en la trampa de antaño que el apóstol Pablo describió en Romanos 1.

1. *Panteísmo*

El cristianismo es singular entre la mayoría de las demás religiones porque enseña que Dios es personal y separado y distinto de su creación. Él no es piedra, árbol o el océano; Él creó todas esas cosas y está separado de ellas. Esto es a lo que se refiere la trascendencia de Dios. Dios tampoco es una fuerza o un campo de energía o algún tipo de pegamento cósmico, Él es una persona.

En Romanos 1 el apóstol Pablo explicó de dónde proviene el panteísmo. Comenzó diciendo que toda la gente puede saber algunas cosas acerca de Dios al observar la naturaleza. (¿No es eso maravilloso?) En otras palabras, podemos ver los árboles, el cielo y al mundo que nos rodea y saber que Dios existe y que es poderoso. Pablo luego pasa a describir la mente de las personas cuando se entenebrecen y se confunden, al punto que comienzan a pensar que son sabios cuando en realidad, son necios.

Pablo lo dijo así: "ya que cambiaron la verdad de Dios por la mentira, honrando y dando culto a las criaturas antes que al Creador, el cual es bendito por los siglos" (v. 25). Ese es el origen del panteísmo, en vez de adorar al Dios todopoderoso, la gente adoró *las cosas* que él creó.

2. *La divinidad de toda la humanidad*

La Biblia claramente establece que los seres humanos estamos dañados (por decir lo menos). Nos enseña que nuestros corazones son impíos y que todos hemos pecado al punto de que no podemos acercarnos a Dios por nosotros mismos. En el Antiguo Testamento el profeta Jeremías describió el corazón humano como "engañoso y perverso" (Jeremías 17:9) y en el Nuevo Testamento el apóstol Pablo nos describe como "muertos en delitos y pecados" (Efesios 2:1). Es más, Marcos 7:21-23 da una lista de todas las cosas malévolas que fluyen de nuestro corazón (malos pensamientos, engaño y homicidio, ¡qué barbaridad!) Eso está muy lejos de ser divinos. En realidad, todo esto nos coloca en la posición de necesitar un Salvador.

Y ¿qué acerca de la "conciencia de Cristo"? La Biblia describe a Jesús como el Jesús resucitado, el Ungido, y *no* se trata de un símbolo de amor divino o el representante de otro dios que usted decida escoger para orar a él. Jesús no fue un chico común que logró cierto tipo de iluminación o estatus divino. Más bien, él dijo haber existido eternamente con Dios antes de haber tomado forma humana y venir a la tierra (Juan 8:58; 17:5). Es más, una lectura cuidadosa de los evangelios demuestra que él desplegó todos los atributos de Dios mismo. No solo vino a invitarnos a tener un tipo de epifanía para darnos cuenta que todos estamos unidos como humanidad. Él vino a salvarnos de nuestro pecado.

3. *Relativismo*

Antes de entrar a lo que dice la Biblia, ¿podemos entrar en el sentido común? Póngase su sombrero de pensar y haga este viaje conmigo.

Comencemos hablando de la verdad. La verdad es cuando usted cree o dice algo que se alinea con la realidad. Todos queremos que lo que creemos acerca del mundo esté en línea con la realidad, ¿verdad? (Si no fuera así, casi podríamos diagnosticarla con algún tipo de desorden mental).

De manera instintiva, todos sabemos que dos declaraciones contradictorias no pueden ser ciertas al mismo tiempo y en el mismo sentido. Por ejemplo, si tengo una manzana en la mano digo: "Esta es una manzana" y luego digo: "Esta no es una manzana", una de las dos declaraciones está equivocada. Está claro que la manzana no puede ser manzana y no ser manzana al mismo tiempo y en el mismo sentido. Así que, si yo digo que es una manzana y usted dice que no lo es, una de las dos estamos equivocadas, la creencia de una de las dos no refleja la realidad. Esto hace que la creencia, por definición, no sea verdad.

No existe tal cosa como mi verdad y su verdad. "Mi verdad" es un mito. Existe una sola verdad. Imagínese que está ayudando a su hija con la tarea de matemáticas y ella resuelve el problema llegando a la conclusión de un número aleatorio. Cuando entregue su tarea al siguiente día, ¿qué cree que dirá la maestra cuando le explique que ella estaba "viviendo su verdad"?

O imagínese a su adolescente abriendo su bolsa para robarle $20 dólares. Cuando lo confronte y él diga: "Estoy viviendo mi verdad, mamá". No lo justificaría, ni por un segundo.

O imagine que usted de manera sincera cree que es capaz de volar. ¿Qué significaría para usted "vivir su verdad" cuando decidiera probar su teoría por primera vez y saltara de un rascacielos? Ouch. (Si usted cree esto, por favor, no siga su corazón. Si le han dicho que nunca se dé por vencida con sus sueños, por favor, abandone ese sueño inmediatamente).

Podría seguir y seguir, pero creo que ya he aclarado el punto. Es una idea muy linda decir que las contradicciones son algo bueno, pero cuando lo llevamos a la realidad, no funciona.

La Biblia tiene mucho que decir acerca de la naturaleza de la verdad. Es más, enseña que la verdad es una *Persona*. Jesús dijo: "Yo soy el camino y la verdad y la vida" (Juan 14:6). Cuando fue juzgado delante de Pilato, él declaró: "Quien está de lado de la verdad me escucha". Esto es lo opuesto a decir: "vive tu verdad". Debemos vivir la verdad *de él*, que es la verdad.

4. *Meditación*

Algunos cristianos dirían: "La meditación es bíblica, ¿verdad?" Están en lo correcto, pero depende mucho de qué tipo de meditación estamos hablando. Hay muchos versículos bíblicos que hablan positivamente acerca de la meditación, siempre y cuando el enfoque sea la palabra de Dios. Es más, la palabra meditación que se usa en el Antiguo Testamento significa pensar profundamente, ponderar o reflexionar en algo. El Salmo 119:15 dice: "Meditaré en tus preceptos" y el versículo 148 dice: "Se anticiparon mis ojos a las vigilias de la noche, para meditar en tus mandatos". La Biblia nos manda meditar en lo que Dios tiene que decirnos. Para decirlo de manera sencilla, este es un enfoque intenso en el estudio del significado y aplicación de la Biblia.

¿Existen estudios que demuestran "beneficios" saludables de la meditación? Por supuesto, pero no solamente estamos hablando de la salud física. La salud espiritual es muy importante y la mayoría de los tipos de meditación que se enseñan se basan en principios abiertamente de la Nueva Era que son anti bíblicos, los cuales abren la mente a no sabemos qué.

El meollo del asunto es: la meditación bíblica nos lleva a centrarnos en algo fuera de nosotras mismas, el enfoque está en la verdad de Dios. Así que se conecta con la parte lógica/razonamiento de su cerebro. La meditación de la Nueva Era por el otro lado, nos lleva hacia nuestro interior y nos desconecta de la parte lógica/razonamiento de nuestro cerebro y supuestamente nos conecta con la "unidad" del todo.

ARGUMENTE por un acercamiento saludable

La idea clave de este capítulo es ayudarle a reconocer las enseñanzas más importantes de la nueva espiritualidad y cómo éstas tratan de la dependencia total y adoración de sí misma. ¿Ha escuchado alguna vez el mantra que dice: "eres suficiente"? En verdad la Biblia nos dice lo contrario. De manera categórica y definitiva, no somos suficientes. Tanto es así, que sería imposible calcular de cuántas maneras no lo somos.

¡En verdad estas son buenas noticias! Es más, ese es el énfasis principal del cristianismo: todos somos pecadores y necesitamos con desesperación un Salvador. Podemos luchar todo lo que queramos, tratar todo lo que podamos, meditar todo lo que intentemos, centrarnos en nosotras mismas todo lo que podamos, pero nada de esto nos hará buenas. Separadas de Cristo, no hay nada que pueda salvarnos, redimirnos, limpiarnos y hacernos dignas. Esa es la razón por la que la nueva espiritualidad es una parodia. Busca convencernos de que ya somos buenas, pero un rápido repaso de la historia del comportamiento humano nos da un cuadro totalmente diferente".[18]

Este reconocimiento es lo que hizo que la promotora de la Nueva Era Mary Poplin rindiera su vida a Cristo. Ella escribió:

> Recuerdo a una popular maestra de la Nueva Era atrayendo la atención sobre sí en un restaurante de California, radiante de luz y amor. Después de eso, la mujer tuvo un altercado con el conductor de un auto que le había dado un golpe a su auto accidentalmente. En medio de sus gritos airados, el conductor le decía una y otra vez, de manera calmada, pero firme: "Así que esto es lo que usted es en realidad". Cuando lo escuché decir eso, supe que yo era igual que ella: pretendía ser buena, pero por dentro estaba llena de bilis".[19]

Mary entendió lo que el cristianismo ha enseñado siempre. No importa cuánto nos esforcemos, cuán seguido meditemos y cuánto practiquemos ciertos principios, jamás podremos ser buenos. Nuestros corazones están terriblemente enfermos y solamente la sangre de Jesús puede limpiarnos y restaurarnos.

REFUERCE a través de la discusión, el discipulado y la oración

Una de las estrategias principales del enemigo es normalizar y desensibilizar a nuestros hijos ante la nueva espiritualidad. Ver a su personaje animado favorito decir: "vive tu verdad" o "sigue tu corazón" puede verse muy positivo y benéfico. Por ejemplo, vea el programa popular de televisión de Disney Junior llamado Mickey y los Súper pilotos y el episodio titulado "Goofy (Tribilín) el Gurú". Según la descripción del episodio: "Goofy (Tribilín) trata de enseñarle a Donald el *mindfulness* (conciencia) para calmarse en las carreras de los súper pilotos. ¡Ey!, si Goofy (Tribilín) practica el *mindfulness* (conciencia), debe ser inofensivo y aun nos puede ayudar con la ansiedad, ¿verdad?

Es bastante fácil detectar las doctrinas de la nueva espiritualidad en "Goofy (Tribilín) el Gurú", pero ¿cómo podemos aprender a reconocer esas ideas cuando están enmascaradas cuidadosamente? Tres palabras: práctica, práctica, práctica. Esté alerta ante los mensajes propugnados por la nueva espiritualidad en la televisión, en los cortos comerciales, las películas, las apps, en juegos en línea, las redes sociales y en los carteles publicitarios. Haga un juego con esto y hágalo una actividad divertida con sus hijos. Enséñeles a ser como detectives buscando pistas.

Cuando escuchen una frase como "sigue tu corazón", hágales preguntas prácticas como: "¿Qué pasaría si el corazón de alguien les dice que hagan algo malo?" Y "¿Qué dice la Biblia acerca de nuestro corazón?" Inyectar algo de humor puede ayudar también. Inclínese y diga en secreto: "¿qué pasaría si mi corazón les dijera que tomaran una siesta en medio de una calle transitada?" O, "¿qué pasaría si me enojo con tu papá y mi corazón me dijera que lo pateara en las espinillas?"

Si un comercial de la televisión nos comunica: "Eres suficiente" quizá podría decir algo como: "Oye, ¿puedes ir a levantar ese carro solo con tus manos"? ¿No? Es decir que en realidad ¿no eres suficiente?" O para contestar a "las respuestas que buscas están en tu interior" podría decir "¿De verdad? ¿Aun encontrarás la respuesta a cómo arreglar la lavadora de trastes que se descompuso?" Quizá sus hijos voltearán sus ojos, pero ese tipo de respuestas les entrenará a pensar críticamente al enfrentarse a su cultura.

Cuando nos vean interactuar con la nueva espiritualidad de forma tranquila, sin temor, y aun con un poco de humor, les mostrará que se encuentran en un lugar seguro para ayudarles a procesar lo que están escuchando y abrirán las líneas de comunicación en los años por venir.

¡USE SUS GARRAS PARA ORAR!

Alabanza

Dios, te alabo porque eres la roca de la eternidad, el Anciano de días. Tú eres la voz de la verdad que se proyecta a través de las edades y la eternidad. Solo tú eres la luz del mundo. Eres trascendente, el Creador que es diferente de su creación. Te muestras a través de tu creación y "su magnificencia nos alumbra" hacia ti (Romanos 1:20).

Reconozca

Señor, perdona a tu iglesia, que en ignorancia o a sabiendas, hemos andado en áreas que son contrarias a tu verdad. Perdona a todos los que han cambiado la gloria "del Dios incorruptible en semejanza de imagen de hombre corruptible, de aves, de cuadrúpedos y de reptiles" (Romanos 1:23) y que dieron "culto a las criaturas antes que al Creador, el cual es bendito por los siglos. Amén" (Romanos 1:25).

Adoración y acción de gracias

Te doy gracias porque no soy capaz de proveerme mi propia salvación. La verdad absoluta y la moralidad objetiva existen porque están arraigadas en tu naturaleza. Como hija tuya, me conecto con lo divino a través de la oración y tu palabra. No necesito "desengancharme" de nada porque estoy injertada en la familia de Dios; no tengo que desconectarme de mis deseos; más bien, me das los deseos de mi corazón.

Súplica

Señor, abre los ojos de mi familia a los diferentes tipos de nueva espiritualidad que les tratan de enseñar desde la escuela a los niños, aun las escuelas cristianas. Danos ojos para ver, oídos para oír y mentes para reconocer el idioma disfrazado, las creencias y las prácticas y luego ayúdanos a que en obediencia expongamos los engaños sutiles y seductores. Que con sabiduría enseñe a mis hijos que la única iluminación que necesitamos es la que se encuentra en tu palabra, que tú la escribiste y que eres la luz del mundo. Que nuestra única meditación sea en tu palabra, su significado y su aplicación. Por favor, erradica cualquier temor de interactuar con una mente lógica y razonable. Por favor, protégenos contra la normalización e insensibilización de nuestros hijos ante las enseñanzas de la nueva espiritualidad. Dame la capacidad y persistencia para entrenar a mis hijos a pensar de manera crítica sobre lo que escuchen y dales ojos para percibir las mentiras que están encubiertas como verdades. En el nombre de Elohim, el Dios trino y creador. Amén.

PREGUNTAS PARA REFLEXIONAR

1. **Rompehielos:** ¿Alguna vez usted o alguien que conoce jugó a la Ouija, cartas del tarot o leyó el horóscopo? ¿Por qué cree usted que esas cosas son tan atractivas para la gente, incluyendo a los niños?

2. **Tema principal**: Los principios de la Nueva Era se han re-empaquetado, pero siguen siendo tan peligrosos como siempre. De los cuatro temas principales de la nueva espiritualidad, ¿cuál de ellos es el que ha notado con mayor frecuencia y popularidad en la cultura?

3. **Autoevaluación:** Hay aspectos de la nueva espiritualidad que suenan muy atractivos. Siendo honesta consigo misma, ¿qué partes son las que a usted le atraen? ¿Por qué piensa que esto es así? ¿Hay alguna verdad que se ha distorsionado? ¿Por qué piensa que usted y la gente en general, se sienten atraídas por la versión distorsionada?

4. **Lluvia de ideas**: ¿En qué maneras la cultura ha usado a Jesús como una estampa genérica para convertir cualquier cosa en un mensaje cristiano? ¿Ha habido un tiempo en el que usted cayó en los principios de la Nueva Era y los mezcló con sus creencias cristianas? ¿Ha visto que esto ocurra en los libros cristianos populares? ¿Cómo debe responder cuando esto suceda?

5. **Suelte al oso que lleva dentro**: Uno de los problemas con la nueva espiritualidad es que trata de añadirle algo

a la Biblia, ya sean cristales, meditación, encantamientos, etc. Enfatice a sus hijos que si necesitáramos cristales (o cualquier otra cosa), Dios nos lo hubiera dicho.

EL COMUNISMO FALLÓ PORQUE NADIE LO HIZO BIEN

-Marxismo-

Hillary Morgan Ferrer

¿El marxismo? ¿Estamos hablando del comunismo marxista? ¿En un libro para padres? Sí, eso mismo pensé yo. Nunca se me hubiera ocurrido incluir al marxismo en este libro hasta que se hizo claro que sería negligente no hacerlo. Es muy dominante.

Hasta hace poco mi pensamiento era: *¿No es el comunismo algo que pertenece al pasado? ¿A la URSS? ¿El muro de Berlín? ¿No hemos aprendido nada acerca de los errores y maldades del marxismo? ¿Y no está aprendiendo Venezuela esta lección, ahora mismo?* Triste alerta: No, es evidente que no hemos aprendido esta lección.

Mi sobrino pasó por una fase en la que le encantaba brincar desde el respaldo de un sillón. Durante varias semanas mi hermana y su esposo le advertían: "te vas a lastimar", lo cual sucedió por supuesto. Después de ir a que le pusieran varios puntos en su labio, mi hermana le preguntó: "¿Qué aprendiste?"

"A no brincar del sillón", respondió.

"¿Qué de brincar desde otras cosas? ¿Eso estaría bien?" Le volvió a preguntar.

"¡Ah sí, eso sí estaría bien!"

¡Esa es la lógica de un niño!

Es evidente que muchas personas son iguales cuando se trata de política marxista y eso incluye tanto al socialismo como al comunismo. Hable con cualquier marxista y señale todos los regímenes comunistas que han fallado en el pasado y en el presente y le dirán: "Ninguno de esos países lo hizo correctamente. Si se hace de la manera correcta, funcionará". En algunos aspectos están en lo correcto. Cuando se lee la literatura marxista notará que por completo ignora el pecado original y la naturaleza humana. El marxismo funcionaría en teoría si no tuviéramos en juego esos pequeños factores. Buena suerte con eso.

Los que ignoran la historia están condenados a repetirla y amigas, he aquí una advertencia justa: Estamos en camino hacia repetirla. ¿No me cree? Solamente lea el ejemplar de la revista *Teen Vogue* de mayo del 2018 y verá un artículo principal acerca de Karl Marx y sus ideas, las cuales están presentadas bajo una perspectiva muy favorable.[1] Al final del artículo se encuentra un enlace para acceder a un artículo sobre el capitalismo lo cual ayudará a su hija adolescente a entender la filosofía capitalista ("la avaricia es buena") y a los capitalistas individuales (los ricos que tienen mucho capital ... se benefician del sistema).[2] ¡Eso se encuentra en una revista para adolescentes! Cuando yo era joven aprendíamos acerca de los colores de labiales y nos reíamos de los relatos que enviaban los lectores acerca de sus momentos más vergonzosos.

El punto principal es que, si el marxismo no está en su radar, debería estarlo.

La historia que sus hijos aprenden en la escuela ya no es la misma que usted y yo aprendimos. La búsqueda de los peregrinos por su libertad religiosa ha sido reemplazada por terribles historias de las masacres de los nativos norteamericanos, la conquista, y en general de ejemplos de racismo de los padres fundadores. No estoy diciendo que eso no sea verdad, pero aquí tenemos una agenda: Norteamérica es mala. Norteamérica es capitalista. Por lo tanto, el capitalismo es malo.

¿Por qué estamos hablando de políticas económicas fallidas en un libro para padres?

Solo para estar segura que no me malinterpreten, quiero decir ahora mismo que *la Biblia no es pro-capitalismo y que Norteamérica no es la nación escogida por Dios.* No estoy tratando de defender a ningún partido político aquí. Más bien, mi meta es exponer las mentiras que están tratando de meter en la mente de nuestros hijos a través del marxismo. Las ideas marxistas en la forma del socialismo y comunismo podrían sonar totalmente razonables y aun motivadas por el evangelio. Pero no cometamos un error: la meta final es la disolución de todas las jerarquías. Y sí, eso incluye la unidad familiar, la religión y la moralidad. Marx dice en su Manifiesto Comunista: "El comunismo es esa etapa del desarrollo histórico que hace que todas las demás religiones existentes sean superfluas e inferiores"[3] y el "comunismo erradica verdades eternas, suprime toda religión y toda moralidad".[4] Aun se refiere a lo sagrado de la relación entre un padre y su hijo como "repugnante".[5]

El marxismo es más que solamente una política económica fallida, esencialmente es una religión, una que toca toda faceta de la vida desde la iglesia, la familia y la moral. Bruce Mazlisch dijo en su libro El Significado de Karl Marx, que "naturalmente, definido así, el marxismo no se puede considerar una religión. Sin embargo, si uno ve las funciones de la religión, en especial en cuanto se refiere a sus funciones sicológicas, su oferta es una explicación total de la historia, su sentido mesiánico del tiempo, su visión escatológica del conflicto entre las fuerzas del bien del mal y su esperanza de la completa regeneración del hombre, entonces el marxismo puede calificar en sí como una religión".[6]

Marx siempre fue muy claro en cuanto a que el cristianismo y su filosofía no podían coexistir. Un discípulo marxista llamado William Z. Foster dijo en su libro escrito en 1932 titulado Hacia una Norteamérica Soviética: "No es el cristianismo, sino el comunismo lo que traerá paz a la tierra".[7] El marxismo toma esencialmente la historia del pecado y la redención y la reinterpreta en términos de capitalismo y comunismo.

Al estudiar el marxismo, esto es lo que he aprendido: (1) es peor de lo que esperaba y (2) siento mucho tener que reportar que no solamente son los universitarios los que están expuestos a ello. Aunque para aclarar el punto, si va a mandar a sus pequeños amados a la universidad, es muy probable que usted necesite entender a qué los están exponiendo, si no por alguna otra cosa, para poder detectar pistas cuando platique con su pequeño camarada en ciernes durante las vacaciones de Acción de Gracias.

¿Cuál es la diferencia entre marxismo, socialismo y comunismo?

Antes de embarcarnos en la historia del marxismo debemos clarificar en primer lugar algunos términos. Primero, el marxismo es un campo amplio de pensamiento y no un sistema de creencias monolítico. Existen tantas marcas del marxismo que se han peleado guerras por las diferentes versiones. Ni siquiera los mismos escritos de Marx se consideran consistentes.[8]

Segundo, el marxismo, socialismo y comunismo se utilizan (incorrectamente) de manera intercambiable porque se encuentran en la misma familia. Pero hay diferencias sutiles entre ellos. El socialismo ha existido por más tiempo que el marxismo o el comunismo. Igual que el marxismo, el socialismo tiene diferentes tintes, pero la idea general es que el estado (es decir, el gobierno centralizado) está en control de toda la producción y la distribución de bienes y toma todas las decisiones respecto al comercio. El socialismo sí puede coexistir con la libertad de religión, pero en general promueve el secularismo, una separación radical de la iglesia y el estado en el que las ideas religiosas se pueden presentar solo en el lugar privado de la chimenea del hogar. Por el otro lado, el comunismo es ateo y no se disculpa por ello.

La versión marxista del socialismo es un paso más allá del comunismo.[9,10] El comunismo es la creencia utópica de que todo el poder puede regresarse a manos de la clase trabajadora y que ellos mismos podrán gobernarse, sin dioses, ni amos. El "pueblo" puede ser dueño de forma colectiva de toda la manufactura, las materias primas y no habría "clases" sociales, es decir, que todos serían perfectamente iguales. ¿Suena increíble verdad? A menos que usted sea como yo y recuerde lo bien que esto funcionó en los proyectos de grupo en la preparatoria. Yo era la que más me preocupaba por ello, así que terminaba haciendo todo el trabajo. La idea de la igualdad es buenísima hasta que recuerdas que eso no garantiza igualdad de *motivación*. Pero me aparto del tema.

En este capítulo estamos abordando el marxismo porque es la semilla que se está plantando en todas las universidades por todo el mundo. En general no escuchamos a los profesores decir: "Ahora trataré de convertirlos al marxismo". Los padres se amotinarían. Sin embargo, después de haber hecho ministerio universitario, puedo asegurarle que se están promoviendo las ideas de Marx de forma increíble. Y en caso de que todavía no esté convencida, piense en la gran cantidad de seguidores jóvenes que tuvo Bernie Sanders, que compitió abiertamente para ser Presidente desde una plataforma socialista.

Así que, mientras hablamos en este capítulo, de los tres términos *marxismo, socialismo* y *comunismo*, tenga las diferencias en mente. Y recuerde que el marxismo falló finalmente, pero sigue regresando a la popularidad bajo una nueva administración, esperando cautivar a una nueva generación sensible que es muy probable que tenga las intenciones más nobles (es decir, equidad y cuidado de las minorías y los oprimidos).

Breve historia del marxismo

El marxismo es una teoría filosófica y económica propugnada por Karl Marx en los años 1850. Según Marx, toda la historia humana se puede entender en términos del "modo de producción" de la civilización. En otras palabras, ¿cómo controlan los seres humanos la naturaleza y la tecnología para suplir sus necesidades? Aunque varios sistemas filosóficos han tratado de explicar los aspectos individuales de la existencia humana, el marxismo tenía la intención de ser un principio abarcador, un punto de vista mundial.

> Si una teoría no toma en cuenta el mal
> que hay en el alma, no podrá tomar
> en cuenta el mal que hay en el mundo.
> Punto.

Piense de nuevo en nuestro capítulo sobre el naturalismo. Según Marx, los seres humanos son predominantemente seres biológicos sin un alma inmaterial (naturalismo materialista). Eso en sí debe darnos una pista por la cual esta teoría jamás funcionará.

Si una teoría no toma en cuenta el mal del alma, no podrá tomar en cuenta el mal en el mundo. Punto. Y cualquier solución que proponga terminará finalmente poniendo a gente mala en el poder, que ha sido siempre el caso cuando un país se vuelve comunista. Todo comienza con una idea soñadora y utópica y luego, se vienen para abajo, Lenin, Stalin, Mao y Castro.

Si los seres humanos no somos sino máquinas biológicas sin una naturaleza pecaminosa, entonces, aparte de los genes y el ambiente, no podemos dar cuenta de por qué hacemos cosas malas. El marxismo dice. "Cambia el ambiente, dale a la gente todo lo que necesita y todos serán nobles y trabajarán duro para beneficio de la sociedad". (Porque eso es lo que vemos en nuestros hijos ¿correcto? ¡Claro que no!) ¿Es una persona defectuosa por genética? Es tiempo de quitarlo de la reserva genética. (Pista: existe una razón por la que los dictadores han asesinado sin precedentes a su propia gente).

No subestime cuánto mal se puede justificar cuando
alguien está convencido que está actuando
"por un bien mayor".

Así que, ¿qué *piensan* los marxistas que están haciendo?

El marxista devoto está totalmente convencido de que nuestra sociedad solamente necesita un ambiente adecuado en el que la gente mala se volverá buena y que se erradicará la diferencia entre las clases de personas. Están tan convencido de que su solución resolverá todos los problemas del mundo, que ellos justifican la filosofía "por todos los medios necesarios, ¡confíen en nosotros! ¡Nos agradecerán más tarde, cuando vean que las cosas han mejorado en gran manera!" O como lo resume Robert Harvey: "Estaba implícita la creencia en toda la estructura… de que el fin justifica los medios, que… cualquier cosa que se haga en nombre del progreso en esencia es bueno, sin importar el costo".[11] No subestime cuánto mal se puede justificar cuando alguien está convencido que está actuando "por un bien mayor".

Los filósofos como Platón y Aristóteles enseñaron que los humanos necesitaban que floreciera en ellos la verdad, la bondad y la virtud. Y entonces vino Marx y de pronto los seres humanos no solo podrían florecer si se erradicaban las diferentes clases. Las decisiones personales no nos hacen quienes somos. Para Marx ni las creencias, la religión, el gé-

nero, la filosofía, la familia, el pecado o la naturaleza humana podrían explicar de manera adecuada a los seres humanos. Realmente, son los "modos de producción" (es decir,
las interacciones económicas) los que explican de todo el
comportamiento humano.

¿Qué significa "modo de producción"?

A finales de los años 1700 se levantó un nuevo desarrollo
que cambió para siempre la forma en que la gente hacía,
compraba y vendía bienes: las fábricas. Antes de eso, la gente hacía su propia ropa, cultivaba su comida y construía
sus casas. O eran hábiles artesanos y producían bienes de
principio a fin y los intercambiaban con los de alguien más.
Recuerdo ver el programa de televisión La Casa de la Prade-
ra (La Familia Ingalls) cuando era niña. Todo mundo en la
comunidad tenía su comercio, con excepción de la familia
Olsen, que representaba básicamente el mal, la ambición, el
capitalismo que todos rechazaban.

La revolución industrial sucedió porque las fábricas eran
más eficientes que los individuos en la producción de bienes. Se quitaron a los artesanos de sus hogares y se les colocó en maquiladoras de producción masiva, lo cual significaba que se podían producir y vender bienes por una
mínima fracción del costo. Los trabajadores ya no eran
dueños de los bienes, pero intercambiaban su tiempo por
dinero. Estos trabajadores eran tratados como prescindi-
bles y perdieron su independencia y su creatividad. Marx

lo señaló correctamente, el obrero llegó a ser "un accesorio de la máquina".[12]

Para ser el abogado del diablo, Marx señaló algunos puntos legítimos en su Manifiesto Comunista acerca de los abusos que se daban contra los obreros durante la revolución industrial, como cuando la industria empezó a usar niños como mano de obra barata.[13] Infortunadamente, a pesar de las mejoras a las normas de trabajo y las regulaciones gubernamentales que redujeron de manera significativa el abuso en las fábricas (como cuando corrían a los trabajadores cuando se accidentaban en una máquina), los marxistas modernos (socialistas y comunistas) todavía señalan a todo el capitalismo como malévolo (y usualmente lo personifican como "el hombre").

Pero hagámonos una pregunta: *¿es malo construir un negocio?* Digamos que una persona comienza su negocio y con el tiempo tiene tanto éxito que contrata trabajadores. Esos trabajadores no tienen su propio negocio; más bien trabajan para el dueño cuya meta no es solo crear y vender a un buen costo, sino crear y vender con ganancias. Cuando eso sucede, los empleados tienen estabilidad en el trabajo y el dueño puede expandir su negocio, y contratar más trabajadores. Este es el capitalismo básico.

Marx consideraba que este proceso era la explotación de los trabajadores, porque sus esfuerzos no se recompensaban equitativamente con el producto. Un intercambio equitativo no produciría superávit y, por lo tanto, no habría ganancias. Según el capitalismo, la ganancia es buena. La ganancia significa que el dueño puede reinvertir su dinero, crecer su negocio y finalmente contratar a más empleados. A más empleados, mayor producción de bienes, lo cual a su vez crea más ganancia. Esta es la manera en que se construye un negocio. Eso a su vez le permite a la gente hacer su vida y las comunidades crecen.

Sin embargo, según Marx la ganancia concentra el poder en manos del dueño mientras que los trabajadores quedan en desventaja y por lo tanto son explotados. Los ricos siguen siendo ricos y los pobres, pobres. Los trabajadores ni siquiera podrían darse cuenta de que los están explotando, un concepto que cobrará un nuevo significado cuando hablemos del feminismo (véase el capítulo 14).

La ya mencionada diferencia de poder y ganancias son lo que Marx llama la "lucha de clases". Tan central es este tema para él, que la primera parte 1 de su libro el Manifiesto Comunista comienza con la siguiente declaración: "la historia de todas las sociedades que han existido hasta ahora ha sido una de lucha de clases".[14]

No es el pecado. Es la lucha de clases.

La clase gobernante (a la que él llama la burguesía) toma sus decisiones con el único propósito de aferrarse al poder. Cualquier plática sobre la virtud, el sentido común, la religión, ética, valores, o la humanidad, es un engaño astuto para reforzar el poder de la clase gobernante para subyugar a la clase baja (el proletariado). Para traducir esto al idioma del siglo veintiuno, el lenguaje de la "ocupación de Wall Street", el proletariado constituye el 99 por ciento y la burguesía solo el 1 por ciento. También vemos este tipo de pensamiento en el feminismo, excepto que la clase gobernante se refiere al "patriarcado".

Marx creía que, para poder crear una sociedad justa, el poder debía estar de regreso en manos de la clase trabajadora. La revolución no vendría de los intelectuales de élite, sino de los obreros. (Pero no mal entienda: la élite intelectual debería despertar a la clase trabajadora y movilizarla políticamente, que es un fuerte tema del marxismo intelectual contemporáneo).[15]

Marx también veía al capitalismo como inestable en su forma fundamental, porque los trabajadores no iban a poder aguantar la explotación para siempre. Puesto que Marx predijo una implosión económica como resultado del capitalismo, los que siguen sus enseñanzas creen que, al acelerar el colapso económico, le están rindiendo un servicio al país. Es como jalar de un golpe la vendita curativa. Si se apresura la revolución, se apresurará el progreso. (Si alguna vez se ha preguntado por qué pareciera que algunos políticos tratan de destruir el fundamento y el tejido de Norteamérica, esta es la razón. Para que nuestra sociedad sea "fundamentalmente transformada" uno deberá primero demoler la antigua guardia que actualmente "oprime a los trabajadores" por medio del capitalismo).

Nuestra respuesta inicial al mensaje general del marxismo sería: "¿Cuál es el problema? ¿No deberíamos estar contra la explotación de los trabajadores? ¿No quisiéramos defender la causa de los oprimidos? ¿No estamos hablando de las viudas y huérfanos de los que habla el apóstol Santiago a quienes debemos proteger?" Es tiempo de colocarnos nuestro sombrero de pensar y examinar esta filosofía a la manera de RUGIR.

¡RUJAN COMO OSOS!

RECONOZCA el mensaje

Ahora que hemos entendido el marxismo de forma básica, debemos ver cómo se ha integrado a la sociedad contemporánea y cómo podemos reconocer su mensaje cuando lo escuchamos.

1. *Rechazando el pecado innato.* Según el marxismo, tenemos un enemigo y pecado original, pero se deletrea C-A-P-I-T-A-L-I-S-M-O y el capitalismo es sinónimo de opresión. Ya que el mal es supuestamente el producto del ambiente económico en el que vivimos, los marxistas utilizan el ambiente de la persona no solo para explicar el mal comportamiento, sino para justificarlo. (Hay parte de verdad en esto, de lo cual hablaremos en la sección de OFREZCA discernimiento). La gente actúa como actúa por causa de las fuerzas opresoras fuera de su control. Si se erradican esas fuerzas tóxicas, también se erradicarán su avaricia, egoísmo y violencia. Lograr que nuestro país adopte estas condiciones

"justas y parciales" será difícil, según los marxistas, pero definitivamente valdrá la pena.

2. *Reconocer la opresión.* Los marxistas creen que la historia del hombre es la historia de los opresores que están protegidos por "el sistema", sea éste el capitalismo, la religión o la familia tradicional. Según el marxismo, los oprimidos también juegan un papel en el que no se dan cuenta de que se les está oprimiendo (lo cual ellos llaman la "falsa conciencia"). Si la gente no se da cuenta de que está oprimida, entonces no unirá sus fuerzas para derrocar a los opresores. Así que el trabajo de un buen marxista es ayudar a la gente a reconocer todas las formas en que han sido dañadas y a identificar de manera apropiada a la clase que lo ha hecho. Esto es a lo que llaman la "identidad de políticas" y es un fuerte tema en la esfera política y ahora en la esfera de la educación, desde alumnos de jardín de niños hasta la universidad.

3. *Demonizar la riqueza.* Se asume que la gente rica puede alcanzar su altura solamente por medio de la explotación de los obreros que trabajan para ellos y pasando de manera injusta la riqueza de las previas generaciones a sus hijos. Marx creía que una verdadera revolución no podría provenir de una rebelión de la clase trabajadora, así que la meta de los marxistas es describir a la clase alta como lo más inhumana posible. Se lanza en ira contra los "peces gordos" hacia un activismo político efectivo. En palabras de Jack Black de La Escuela del Rock, los marxistas tienen un mal caso de "manía contra los hombres".

4. *Enfatizar la "justicia" y "equidad"*. Cualquier forma percibida de diferencias entre las personas se consideran inequidades o injusticias. Para rectificar la situación, debemos luchar por la equidad y la justicia, ¿verdad? (Pero no hagamos demasiadas preguntas, nos dirán. Si no estás con nosotros, estás contra nosotros).

Sin embargo, cuando los marxistas hablan de la injusticia, lo que en realidad están diciendo son "diferencias". (¿Ha notado cómo las películas futuristas a menudo presentan a la gente utilizando la misma ropa? Se supone que, si se disuelven las diferencias, equivaldrá a disolver la inequidad). La comprensión tradicional de justicia es "un trato justo y razonable de los individuos". Para los marxistas la justicia significa equidad de resultados, no igualdad de acceso, oportunidad o trato. (¿Recuerda el capítulo del robo lingüístico?) Si existe alguna diferencia entre hombres y mujeres, existe la injusticia de género. Si el hombre puede huir de un embarazo, pero la mujer no puede, entonces debemos llamarlo injusticia reproductiva. Si hay diferencias entre las culturas de negros, blancos, latinos, asiáticos o americanos nativos, a éstas se les ve como injusticias raciales. Para un marxista no hay lugar alguno para diferencias legítimas. Aun las diferencias válidas son injustas y deberíamos luchar para erradicarlas.

5. *Oscurecer las metas*. Según los escritos de Marx, aceptar metas más pequeñas puede ser contraproducente, porque cuando la gente suple algunas de sus deman-

das, tienden a tener contentamiento con su situación presente. El contentamiento es el enemigo de la revolución, y la meta es la revolución. Saúl Alinsky escribió en su libro Reglas Para los Radicales, que las "metas deben plantearse en términos generales como libertad, igualdad, fraternidad… no en términos concretos de dólares y horas, sino en forma sicológica, que está en cambio constante".[16] Cuando usted pregunta a uno que protesta de Ocupemos Wall Street o a una mujer que participa en una marcha por las mujeres, cuáles son sus demandas, quizá no reciba una respuesta clara que se pueda medir de manera objetiva. (¿Cómo medimos si "el patriarca" ya se ha ido?) Las metas medibles son malas porque pueden cumplirse. En el marxismo, el objetivo es producir un cambio de largo alcance que ayude a establecer el comunismo el cual, según Marx, debe ir precedido por la revolución. En caso que se lo pregunte, el primer paso hacia la revolución es crear suficiente caos para que la clase reinante sea más fácil de derrocar. Al darse cuenta de esto, empezamos a entender mejor lo que hacen los que protestan en las universidades. Si usted cree que estoy inventando todo eso, lea las Reglas para los Radicales de Alinsky. Es muy revelador.

OFREZCA discernimiento

Muy poca gente se identifica abiertamente como marxista (aunque esto ya está cambiando). A pesar de los esfuerzos de la revista *Teen Vogue*, la gente todavía ve como negativo al marxismo y sus prácticas comunistas políticas y económicas. Pero las ideas que los marxistas apoyan no se van; son como un ex novio malo al cual regresamos una y otra vez. Después de todo, ¡se ve tan diferente! (Se hizo un retoque y ahora se llama "justicia social"). Nos dice todo lo que queremos oír ("Vamos, bebé, ¡puedo traerte el cielo a la tierra!") Muy en lo profundo, sabemos que no va a cumplir sus promesas, pero quizá ha cambiado. ¡Será diferente esta vez!

El comunismo es malo, pero la justicia social suena bien, ¿verdad? Los nuevos seguidores de Marx a menudo se hacen llamar los guerreros de la justicia social o SJW por sus siglas en inglés. Los SJW tienden a ser jóvenes e idealistas. Identifican correctamente las áreas en las que como nación debemos cambiar, pero no entienden que las soluciones que presentan están arraigadas en el marxismo. En su celo por la justicia, no se dan cuenta que los están usando para avanzar una agenda anti bíblica. Aquí es donde necesitamos la dirección de los padres. Cuando los chicos escuchan la retórica marxista disfrazada de justicia social y de otras metas aparentemente nobles, les puede ser difícil detectar todo el mal que hay bajo la superficie.

Discernir lo malo y lo bueno de la justicia social requiere de mucho masticar y escupir. Tenemos que asegurarnos de que no estamos rechazando el mensaje en su totalidad simplemente porque sabemos que lleva al comunismo. Cuando nuestros jóvenes nos escuchen criticar a la justicia social sin afirmar lo bueno, perderán fe en nuestra objetividad. A sus ojos pareceremos drones ignorantes que seguimos perpetuando los problemas que ellos quieren resolver de manera desesperada. Ellos necesitan saber que nosotros también vemos los problemas y que nosotros también estamos interesados en resolverlos. Así que, ¿qué podemos afirmar?

Primero, un guerrero de la justicia social está preocupado por el marginado, así como Jesús. Si no somos profundamente compasivos con el pobre y el marginado, entonces no entendemos el corazón de Dios (véase Deuteronomio 10:8; Salmos 140:12; Santiago 1:27).

Segundo, el deseo legítimo de los SJW es erradicar el racismo y el sexismo de la sociedad actual. Quisiéramos ver que hemos dejado atrás el racismo, pero todavía está vivo y activo. Tengo amigas de color que me han contado historias que me ponen furiosa. No son activistas raciales y tampoco han caído en la identidad política. De la misma manera, el movimiento de YO TAMBIÉN ha demostrado cuán amplio es el maltrato a las mujeres todavía, especialmente ¡dentro de la iglesia! Me entristece que un movimiento secular haya sido el que esté presionando a los cristianos a comenzar la limpieza por su propia casa. El abusador puede seguir sosteniendo su autoridad espiritual porque "tiene un ministerio tan poderoso" o porque "es un maestro asombroso". Mientras tanto, se les dice a las víctimas que perdonen a sus perpetradores y que confíen en el proceso de la iglesia de una "exploración interna". Esta respuesta anti bíblica traumatiza aún más a las víctimas y facilita a los abusadores. Esto no es liderazgo bíblico correcto.

Tercero, necesitamos reconocer que el ambiente de la persona sí afecta su comportamiento. Si un niño está más preocupado acerca de la próxima comida que tendrá o por ser víctima nuevamente de la pandilla de su barrio, quizá una prioridad mucho menor para él será estudiar para un examen semestral de inglés. Cuando los niños no se sienten seguros en su propio hogar, a menudo no pueden madurar emocional y psicológicamente. Donde disiento es en que no creo que todos esos problemas se erradicarán dándoles dinero. El dinero por sí mismo no puede reemplazar la estabilidad y la seguridad que se da en familias saludables y funcionales.

Cuarto, ¿hay abusos legítimos del capitalismo? ¡Claro que sí! Existen dueños de empresas inescrupulosos que abusan de sus trabajadores. Son gente que explota la mano de obra barata de los inmigrantes ilegales y de los indocumentados porque no tiene protección alguna. Existen personas que tienen tres trabajos, y aun así no pueden hacer todos sus pagos.

Si todo lo que hacemos es rechazar los argumentos de los SJW con ejemplos de todos los aspectos positivos de Norteamérica y del capitalismo, abandonarán la conversación pensando: "Ella no me escucha. ¿Tendré que gritar más fuerte?"

Reconozca. Lamente. Trabaje por una reforma. La convicción piadosa es buena. Deje que las verdaderas injusticias muevan su corazón a la acción. Pero esté alerta contra las mentiras del movimiento de justicia social que debemos denunciar. Nuestros hijos necesitan saber que afirmamos las verdades y rechazamos las mentiras. La justicia bíblica siempre va a estar alineada con la naturaleza y carácter de Dios, pero eso no siempre es verdad respecto a la justicia social.

Mentira #1: Para amar a una persona, debe amar sus creencias

Hay una mentira que al momento está permeando todas las áreas de nuestra sociedad: una persona no puede separarse de sus ideas. Debes amarlos a ambos o rechazarlos del todo. ¡Qué táctica tan sutil del enemigo! Si esto fuera real, entonces Dios no podría amar a ninguno de nosotros.

Mentira #2: Las diferencias son más importantes que las similitudes

En la política de identidad, se le enseña a la gente a centrarse en sus diferencias y sus comunidades individuales en vez de hacerlo en sus experiencias colectivas y compartidas. Noticia: *Todo mundo* se ha sentido menos. *Todo mundo* se ha sentido invisible. *Todo mundo* se ha sentido pequeño o a punto de morir. Nuestras experiencias compartidas se manifiestan en diversas maneras, pero estas condiciones humanas son universales. Lo que me lleva al siguiente punto.

Mentira #3: La gente puede generalizarse

Cuando se generaliza a la gente como "blanca", "negra", "rica" o "pobre" debemos preguntar: ¿de cuáles estamos hablando? Hay gente rica o pobre en cualquier raza y género. El banquero inversor puede ser tan egoísta como la ama de casa y el pandillero. Ningún grupo tiene el monopolio de algún vicio o virtud.

Mentira #4: El trasfondo de la persona puede descalificar su opinión

Llene los espacios en blanco: "Tú solamente estás diciendo eso porque eres (religión), (raza) (género) que creciste en (trasfondo) con (estatus socio económico)". Alerta obvia: aun la gente que tiene el mismo género, religión, raza y barrio difiere ampliamente en sus percepciones.

Mentira #5: La humanidad puede resolver los problemas de la sociedad

Una de las más grandes mentiras del marxismo es que el ser humano es al mismo tiempo pecador y salvador. Cuando la gente se centra en cualquier cosa que no sea el pecado como el problema, de forma inevitable va a ignorar la solución. El sexismo no es el problema. Es un síntoma del problema, el cual es el pecado de nuestro corazón. El racismo es un síntoma, pero el verdadero problema es el pecado. La avaricia es un síntoma, el problema es el pecado. Cualquier solución que proponga colocar a la gente en diferentes circunstancias para resolver los síntomas del pecado está condenada a fallar. El pecado es el problema y la única solución es tratar con él. Las únicas soluciones para el pecado son el arrepentimiento, la redención en Cristo y la obra santificadora del

Espíritu Santo. Poner a la gente en diferentes circunstancias podría hacer más difícil o más fácil el pecado, pero no lo van a erradicar. Nuestra naturaleza humana va a surgir sin importar la situación en la que nos encontremos. (Sin embargo, con esto no queremos negar el papel legítimo que juega el ambiente al formarnos).

Mentira #6: La jerarquía es injusta

Esta también es una gran mentira y afecta muchas más áreas de las que entendemos a primera vista. Mientras que los SJW arremeten contra los del 1 por ciento, se nos enseña a creer que toda jerarquía necesariamente nos conduce a la injusticia. Seamos claros: existe una jerarquía dentro del mismo Dios. La primera institución de Dios en la tierra fue el matrimonio que consiste en la jerarquía dentro de la familia. Dios creó la jerarquía dentro del sacerdocio judaico, así como entre los ángeles. El Nuevo Testamento afirma la jerarquía dentro del gobierno de la iglesia. Quizá también habrá jerarquía en el cielo (Mateo 19:28; Apocalipsis 22:5). *Así que la jerarquía y el poder no son el problema. El problema es que la gente pecadora abusa de su rol de poder.*

Cuando los marxistas definen la jerarquía como el problema, la jerarquía económica es su mayor ejemplo. Pero los marxistas no solamente buscan derrocar las jerarquías. Están en contra de cualquier cosa que se detecte como jerarquía. Esa es la razón por la que el Marxismo está en contra innata de cualquier forma de religión organizada, familias fuertemente unidas, o estructuras de poder dentro de los negocios, porque los tres operan bajo una jerarquía con autoridades establecidas, llámese Dios, padres o jefes. Es más, la literatura marxista culpa a la familia nuclear y a la religión por "crear personalidades habituadas a la autoridad" como si eso fuera algo muy malo.[17]

Tal como lo explica Gottlieb: "La familia nuclear tiende a crear gente que piensa de sí misma primariamente como individuos en vez de ser miembros de comunidades o clases. Este auto entendimiento dificulta la organización política y los movimientos masivos radicales".[18]

Mentira #7: Promover el resentimiento es un gran fundamento para el cambio

Esto parece ser el modo de operación de mucha de la ideología de la justicia social. Baste con decir que el resentimiento no es una estrategia bíblica para el cambio. Según la teoría marxista, la única manera de hacer que el proletariado (la clase obrera) es levante y derroque a los "peces gordos de la opresión" es haciéndolos enojar lo suficiente como para que lo hagan. Así que mucho del marxismo está dirigido a crear divisiones entre los oprimidos y los opresores, con la esperanza de unificar a los oprimidos bajo una sola "clase" que se va a sublevar y demandar gobernarse a sí mismos. (Esto es lo que estaba en juego en la franquicia de los "Juegos del Hambre"). Hasta ahora todo lo que hemos visto es que esto hace a la gente susceptible a la influencia de personalidades carismáticas que prometen un mundo de justicia… pero luego se convierten en sus dictadores totalitarios.

Hay más mentiras y no puedo abordarlas todas aquí. Para ver la lista de las metas comunistas tal como las documentó un ex agente del FBI en los años 1950, entre al blog de Mamá osa. Se sorprenderá de cuántas ya se han logrado y quedará aún más asombrada al saber cuán conectadas están ¡con el comunismo!

> **Nuestra agenda no trata de convencer a los demás de que estamos en lo correcto. Es amar como Cristo amó y eso incluye saber cuándo hablar y cuándo estar en silencio.**

ARGUMENTE por un acercamiento más saludable

Hay una razón por la que Colosenses 2:8 nos advierte diciendo: "que nadie os engañe por medio de filosofías y huecas sutilezas, según las tradiciones de los hombres, conforme a los rudimentos del mundo, y no según Cristo". Como con la mayoría de los *ismos* de este libro, no estamos tratando con rebeldes voluntarios, sino con personas cautivas, gente que ha sido secuestrada por ideas equivocadas. La primera regla en una situación de secuestro es: Si no tienes una oportunidad clara de abatir al secuestrador, no dispares. Recuerde, demolemos ideas, no gente. Si una persona está demasiado cerca de sus ideas, no podrán definir la diferencia entre el ataque a sus ideas y el ataque a su identidad.

Cuando abordamos las mentiras inherentes del marxismo y la justicia social, esté preparada para que la etiqueten como opresora. No entre a su juego. Nuestra agenda no se trata de convencer a los demás de que estamos en lo correcto. Es amar como Cristo amó, y eso incluye saber cuándo hablar y cuándo estar en silencio.

A continuación, encontrará algunas maneras para combatir las mentiras.

1. *Reconozca la verdadera injusticia*. Donde vea una verdadera injusticia ¡alce la voz! Sin embargo, no se deje llevar por la palabra injusticia. No todas las declaraciones de injusticia lo son en realidad. Aquí en Norteamérica ahora tenemos la novedad de que las llamadas micro agresiones ya se utilizan como ejemplos de injusticia. Lo siento, pero deténgase. Tenemos que luchar contra las verdaderas injusticias del mundo como la esclavitud sexual, el genocidio, la mutilación de genitales femeninos, asesinatos de honor, dictaduras, secuestros, verdadero racismo y sexismo y mucho más. Si hacemos de cualquier cosa un ejemplo de opresión, entonces la palabra perderá su significado y la gente se volverá indiferente.

1. *Rechace cualquier cosa que ignore el pecado como el verdadero problema y que categorice a toda la gente en un solo grupo*. A menudo la gente trata de tomar los síntomas del pecado (sexismo, racismo, etc.) y los hacen el problema principal. O hablan en generalidades y señalan ciertos pe-

cados y se los atribuyen a toda una clase de gente (como si la riqueza y la avaricia fueran un solo paquete). Los esfuerzos por comparar un pecado contra otro y asignarles un grupo demográfico, es solo un ciclo interminable de "quien es el mayor pecador". Entonces solo hay dos clases de personas: los pecadores y los que no lo son. Dios y la humanidad. Adivine bajo qué clase caemos.

2. *Unidad sobre las diferencias.* Una vez mi mamá me dijo que Dios debe amar la diversidad porque existen más de 200 especies de rosas. Apreciemos nuestras diferencias dadas por Dios y recordemos que finalmente nuestra unidad se encuentra solo en Cristo. La cruz es el gran igualador. Todos estamos condenados como pecadores y todos (los que han aceptado el regalo gratuito de la salvación) estamos justificados como hijos de Dios. Al pie de la cruz "no hay griego ni judío, circuncisión ni incircuncisión, bárbaro ni escita, siervo ni libre, sino que Cristo es el todo, y en todos" (Colosenses 3:11). ¿Nuestras diferencias de trasfondo étnico nos darán experiencias diferentes? Sin duda. ¿Y nuestro género? Claro que sí. Pero cuando estamos en Cristo, ya no nos definimos por nuestro género, raza, educación o estatus socioeconómico. Estamos definidos por Cristo. Punto.[19] Empecemos a actuar en consecuencia.

REFUERCE *a través de la discusión, el discipulado y la oración*

1. Para los niños más pequeños: juegue el juego de la "imagen de Dios". Este juego le ayuda a los pequeños a

entender que todos fuimos hechos a la imagen de Dios y les recuerda que todos somos humanos, en oposición a centrarnos en nuestras diferencias. En cualquier ocasión en que se encuentre con alguien diferente a usted (color de piel, color de cabello edad, forma de cuerpo, enfermedad, estado mental), pregunte a sus hijos: "¿Esa persona está hecha a la imagen de Dios?" Siembre una identidad colectiva como portadores de la imagen de Dios sin importar nuestras diferencias.[20]

2. Secundaria y preparatoria: esté alerta ante palabras clave como justicia, injusticia, equidad, diferente. Pida a su adolescente que defina lo que es justo, injusto o desigual en una situación dada. Lea Mateo 15:14-30, la parábola de los talentos. ¿Qué partes de esa parábola diría nuestra cultura que son injustas? ¿Qué enseñanza estaba tratando de dar Jesús?

3. Identifique quién está usando su poder para hacer el bien o el mal. Si está viendo una película en la que el esposo trata mal a su esposa, pregunte a sus adolescentes si el hombre está usando su poder para el bien o para el mal (claro, para el mal). Cuando un líder toma una buena decisión reconozca cómo ha usado su poder para el bien. Refuerce que el poder en sí no es ni bueno ni malo. Más bien es la forma en que se usa lo que marca la diferencia.

4. Pregunte a sus hijos si estar en desacuerdo con alguien significa que lo odia. Recuerde ejemplos de ocasiones

en las que usted y su cónyuge o familia, han estado en desacuerdo, pero aun así se aman unos a otros. Refuerce que el desacuerdo no es igual a odiar.

USE SUS GARRAS PARA ORAR

Alabanza

Dios Todopoderoso, te alabo por concederle valor a los seres humanos, porque hemos sido hechos a tu imagen. Nos ofreces oportunidades iguales a través del regalo gratuito de la salvación para todo aquel que confiese tu nombre, confiese sus pecados y te haga su Señor y Salvador. Eres un Dios justo y el único árbitro de lo que es correcto. Tus normas son objetivas y verdaderas y no haces favoritismo.

Reconozca

Señor, soy pecador. Todos hemos pecado y no alcanzamos tus normas. Ante tu cruz todos estamos igualmente necesitados de un Salvador. Tú eres el Salvador, no el gobierno. Perdónanos por tratar de justificar el pecado de nuestro corazón y explicarlo de esa manera.

Adoración y acción de gracias

Gracias Padre celestial porque fui hecha a tu imagen y porque tengo un alma capaz de aceptarte como mi redentor. Gracias porque seré prefecta y completa cuando esté en tu presencia en el cielo. Gracias por ordenar una jerarquía para lograr el orden, la responsabilidad y la rendición de cuentas.

Cuando se implementa de manera apropiada y bajo tu control, la jerarquía es algo bueno.

Súplica

Ayuda a mis hijos a no ser influenciados por las enseñanzas del marxismo que inunda nuestras escuelas y en especial nuestras universidades. Muéstrame como lanzarles el salvavidas de tu palabra. Ayúdame a proclamarla con tal verdad, claridad y convicción de que ningún hombre puede salvarse a sí mismo. Tú eres nuestro único rescate. Que pueda enseñar a mis hijos a no equiparar el poder con el privilegio, sino con la responsabilidad. Como agente de paz ayúdame a ser ejemplo de comprensión y no de resentimiento, a apreciar las diferencias dadas por Dios y comprometerme con una ética de trabajo que te dé la gloria. Que los que tenemos a Cristo compartamos con los demás las buenas nuevas de la igualdad y unidad en él.

Te alabamos, El Shaddai, Todopoderoso y todo suficiente Dios, Jehová Shalom, nuestra paz. Amén.

PREGUNTAS PARA REFLEXIONAR

1. **Rompehielos**: Vea las notas al final, y entre a los enlaces de los artículos de la revista *Teen Vogue*. Léalos en voz alta y discuta sus pensamientos.

2. **Tema principal**: Cuando se ignora el pecado original como el problema principal de la humanidad, ninguna solución que se proponga funcionará. Imagínese decir a sus hijos que realicen sus quehaceres "por el bien de la humanidad". ¿Cuán efectivo cree usted que sería esto? ¿Cómo cree que responderían ellos si les quitara sus recompensas o mesada por realizar sus quehaceres? ¿Qué nos dice esto acerca de la motivación humana? ¿Es este un motivo malo? ¿Por qué sí o por qué no? ¿Qué nos dicen los siguientes pasajes acerca de las motivaciones? 1 Corintios 9:24, 3:8; Mateo 5:10-12.

3. **Autoevaluación:** La mayoría de la gente anhela tener una vida mejor en la tierra. ¿Hay ocasiones en las que se siente tentada a pensar que el dinero o las políticas económicas son más importantes que la influencia del Espíritu Santo en la sociedad? ¿Por qué piensa que estamos inclinados a buscar otras soluciones antes de acudir a Jesús?

4. **Lluvia de ideas**: Lea Hechos 2:44-47 y 4:32-35. ¿Cómo interpretaría un marxista la Biblia, diciendo que aboga por el comunismo?[21] ¿Cree que lo hace? Ahora lea Mateo 25:14-30, la parábola de los talentos. ¿Cómo podría

verse esta parábola en apoyo al capitalismo? ¿Cree que lo hace? ¿Qué podemos aprender al aplicar ambos principios que se respaldan en la Biblia? ¿Cómo trasciende la Biblia a la política?

4. **Suelte al oso que lleva dentro**: Durante la cena o en un viaje largo de auto, hable con sus hijos acerca de lo que piensan que sucedería si las escuelas no dieran calificaciones, o si todas las calificaciones se promediaran y se distribuyeran igualmente entre los alumnos. ¿Creen que los alumnos trabajarían más duro o menos duro? ¿Por qué? Lea Santiago 1:27 y hablen al respecto. Los huérfanos y las viudas eran gente que no tenían protección o poder alguno en los tiempos bíblicos. Pregunte a sus hijos a quienes ha puesto Dios en su camino para servirles. ¿Cuál es la diferencia entre pedirles a los individuos a servir versus pedirles que gobiernen para servir a favor de una nación? ¿Cuál da más responsabilidad al individuo? ¿Es esto bueno o malo?

EL FUTURO ES FEMENINO

-Feminismo-

Rebeca Valerius, Alisa Childers y Hillary Morgan Ferrer

"¡Soy una mujer repugnante!" gritó la actriz Ashley Judd desde un escenario dirigido a un mar de mujeres animadas con gorros rosa que simbolizaban los genitales femeninos.[1] Se trató de la multitud de más de 500.000 mujeres que se reunieron en Washington D.C. el 12 de enero de 2017. "Soy repugnante como la sangre que ensucia mis sábanas" continuó en un mensaje dirigido en su mayor parte al nuevo presidente de los Estados Unidos.[2] Madonna también hizo oír su voz declarando (en medio de improperios) "Quiero comenzar una revolución del amor", dijo: "He pensado mucho acerca de hacer explotar la Casa Blanca".

Se realizaron varias marchas simultáneamente en las ciudades principales del país, las organizadoras estimaron que en total más de un millón de mujeres con gorros rosas se reunieron en todo el país de costa a costa y salieron a las calles para marchar por los derechos de las mujeres…. O ¿se trataba de la igualdad? O ¿para protestar contra el patriarcado? O ¿para objetar las burdas declaraciones del recién electo presidente? La gran variedad de respuestas que se dieron en las entrevistas parecían indicar que nadie estaba segura en realidad.

Según el sitio web de la marcha, este "movimiento dirigido por mujeres" reunió a gente de "todos los géneros, edades, razas, culturas, afiliaciones políticas, discapacidades y trasfondos en la capital del país… para afirmar su humanidad y pronunciar el mensaje de sangre de la resistencia y la auto determinación".[3] Durante el día casi todos los canales de noticias transmitieron una cobertura continua del evento, identificándolo como un momento histórico a favor de la causa de los derechos de las mujeres.

¿Esto representó un paso hacia adelante o un gigantesco paso hacia atrás para las mujeres? ¿Me permite sugerir que los miles de mujeres usando el símbolo de sus partes privadas sobre su cabeza y gritando despreocupadamente: "soy una mujer repugnante" fue una gigantesca falla para la causa del empoderamiento femenino y especialmente una devastadora pérdida en cuanto a la dignidad?

No me entienda mal. Como cualquier hija consciente de la modernidad, agradezco en alguna medida al feminismo. Y como cristianas, agradecemos a Dios habernos dado mandatos que honran a la mujer y que rompieron con las tradiciones culturales.[4] Las primeras feministas abrieron el camino para la igualdad que las mujeres disfrutan hoy. Pero seguimos luchando para conectarnos con muchas de las feministas contemporáneas, especialmente las que se encuentran en un estado constante de agitación. Su discurso de oposición al "patriarcado" parece algo extraño para alguien que como yo (Rebekah) tengo hermanos y que sabemos de primera mano la lucha que los hombres tienen que soportar, a menudo por parte de las mujeres. Y en mi opinión, la más reciente versión del movimiento perdió toda moral cuando decidió fallar con el tema del aborto, la cual irónicamente es una práctica que daña a más bebés femeninas que niños.

Aun así, protestar contra los comentarios groseros del presidente difícilmente fue productivo, porque respondieron en formas igualmente groseras. En la historia, nuestras antepasadas feministas lucharon para elevar el nivel del discurso. Pero en contraste, las feministas de hoy enfrentan las ofensas con mayores ofensas.

En la actualidad, cuando una mujer se define a sí misma como feminista, no siempre queda claro qué quiere decir. La definición del feminismo en sí mismo ha cambiado mucho desde que se concibió. Está claro que las que protestaron con sus gorros rosas se veían a sí mismas como representantes de la causa a favor de todas las mujeres, pero muchas mujeres (incluyéndonos a nosotras tres) nos sentimos ajenas y aun lo reprobamos. De todos modos, no nos hubieran invitado. Las mujeres pro-vida oficialmente no fuimos invitadas a la marcha (aunque algunas de ellas no recibieron el memorándum").[5]

¿Qué significa ser feminista en la actualidad y cómo ha cambiado el significado de la palabra a lo largo del tiempo? ¿Cómo preparamos a nuestros hijos a pensar de manera crítica acerca del movimiento que organizó tal marcha? Para entender realmente el feminismo, debemos ver su historia y cómo han cambiado sus metas. Esto es crucial para entender cómo llegamos a la Marcha por las Mujeres de 2017.

Breve historia del feminismo

Las raíces más antiguas del feminismo datan de un par de siglos. Pero el término *feminismo* en el sentido en que lo conocemos, se trata de un fenómeno que se gestó a finales del siglo diecinueve y en el siglo veinte. Al examinar el feminismo de la era moderna esperamos que tome nota de que aun hoy el feminismo no es monolítico. Muchas de las críticas que presentamos en este capítulo tienen que ver con las feministas más escuchadas de nuestros días. Esperamos que al entender la historia del feminismo y las tres olas que lo conforman, vea no solamente los mejores aspectos del pasado, sino que aprenda a abogar por un verdadero feminismo y bíblicamente saludable para el porvenir.

Primera ola de feminismo
Según la filósofa Christina Hoff Sommers (conocida como la Feminista Factual), la primera ola del feminismo (entre 1900 y 1960) puede dividirse en dos grupos que ella etiquetó como las feministas igualitarias y las feministas maternales.[6,7]

Las feministas igualitarias defendían los derechos de las mujeres independientemente de su género, y luchaban por el derecho de la mujer a operar en los mismos roles que los hombres. Las feministas maternales defendían los derechos de las mujeres y la equidad dentro de su singular rol de madres y cuidadoras.

Estos dos grupos lucharon esencialmente por las mismas metas (derecho al voto, educación, derecho a la propiedad, etc.) Sin embargo, era la forma en la que hacían su defensa por sus derechos las que distinguían a las dos. El ala igualitaria era más parecida a las feministas de hoy. La igualdad para ellas significaba que las mujeres podían actuar como los hombres, hacer todo lo que los hombres podían hacer e ir a cualquier lugar que los hombres fueran. Minimizaron las diferencias inherentes entre los sexos y promovieron el derecho de la mujer para forjar su propio destino hasta donde el hombre llegaba.

El ala maternal inicial está representada por mujeres como Hannah More y Frances Willard, que reconocían que hombres y mujeres somos diferentes. Esas feministas afirmaban el rol singular de las mujeres en la sociedad, especialmente como cuidadoras y criadoras. Luchaban por tener los mismos privilegios que las igualitarias, pero las feministas maternales no competían para que las mujeres fueran iguales a los hombres. Más bien luchaban por un valor igual, dignidad y derechos como miembros de la raza humana sin desconocer su identidad como mujeres. Las feministas maternales previeron las implicaciones del feminismo igualitario.

Se preocupaban de que, si las igualitarias obtenían lo que querían, un día las mujeres perderían sus privilegios actuales, como la caballerosidad, la exención del servicio militar y los baños separados.

A pesar de sus diferencias, estas dos alas del feminismo todavía lograron trabajar juntas y sus esfuerzos lograron la corrección del artículo 19 donde obtuvieron el derecho al voto. Eso también permitió a las mujeres el derecho a tener propiedad, acudir a la universidad y tener sus propios negocios. Infortunadamente la primera ola fue la última vez que los dos grupos trabajaron juntos de manera significativa. La inclinación individualista del feminismo igualitario tomó un rumbo peligroso durante la segunda y tercera ola y el movimiento como tal dejó atrás la perspectiva maternal y se aliaron mas bien con el pensamiento marxista.

La segunda ola del feminismo

La segunda ola comenzó a principios de la década de los 1960 y duró aproximadamente dos décadas, expandieron la idea de los derechos de las mujeres defendiendo lo que llamaron los "derechos de reproducción" y reduciendo las desigualdades en el trabajo. Fue en este punto que se empezaron a mostrar las fisuras dentro del movimiento. Las feministas de la segunda ola minimizaban de manera consistente el papel singular de la mujer en la sociedad y en vez de ello centraron su mensaje de auto determinación y autonomía o independencia. En otras palabras, soy mi propio jefe y puedo hacer lo que yo quiera... incluyendo mi cuerpo (es decir, "mi cuerpo es mi decisión"). Las feministas igualitarias se hicieron cada vez más radicales y establecieron nuevos lazos con los que defendían políticas de izquierda. Pero ¿por qué?

Las mujeres ahora podían votar, postularse para presidenta, asistir a las mismas universidades y obtener los mismos trabajos que los hombres, pero sus estadísticas mostraban que todavía muchas mujeres preferían la vida doméstica. Esto dejó a las feministas de la segunda ola preguntándose qué pasaba. ¿Por qué después de haber obtenido todas esas libertades, *todavía* había mujeres que *decidían* quedarse en casa, cuidar de su hogar y criar a sus familias? Y si escogían el camino de una carrera, ¿por qué entraban en campos que les pagaban menos? Su única explicación fue que debía existir algún tipo de sistema opresivo que de forma invisible estaba limitando a las mujeres, entonces el "patriarcado" llegó a ser el enemigo público #1, en el mismo tenor que el capitalismo lo era para Marx.

Las activistas de la segunda ola peleaban porque una paga igual no era suficiente para que se las considerara iguales a los hombres. También requerían al acceso total al control de la natalidad y el aborto, un argumento clave que demostró un cambio cultural hacia la devaluación de la vida en el hogar. En 1963, Betty Friedan escribió un éxito de librería llamado La Mística Femenina. Aceptamos que hizo varias críticas legítimas del estereotipo del ama de casa de los años 1950. Pero como en la mayoría de los movimientos correctivos, movió el péndulo demasiado en dirección opuesta y comparó la vida de una ama de casa promedio con un "campo de concentración cómodo".[8] (Como si decorar un pizarrón de Pinterest con ideas de comidas divertidas se comparara con el holocausto). Friedan reprobó a las amas de casa por ceder a lo que ella veía como un estereotipo artificial y opresivo. Ella escribió:

> ¿No han, las mujeres que viven en la imagen del misticismo femenino, caído en la trampa dentro de las estrechas paredes de sus hogares? Han aprendido a "ajustarse" a su rol biológico. Se han vuelto dependientes, pasivas, infantiles; han abandonado su marco de referencia del adulto para vivir a un menor nivel humano de comida y de cosas. El trabajo doméstico no requiere de capacidades de adultos; es un ciclo sin fin, monótono y sin recompensas... están sufriendo una muerte lenta de su mente y espíritu. Igual que con los prisioneros de los campos de concentración, existen mujeres que han resistido la muerte, que han logrado mantener un poco de sí mismas y que no han perdido contacto con el mundo exterior, que utilizan sus capacidades para lograr un propósito creativo. Son mujeres de espíritu e inteligencia que se han rehusado a "ajustarse" como amas de casa.[9]

Eso no suena a condescendiente para nada, ¿o sí? (Esperamos que detecte nuestro sarcasmo). Es evidente que sentir el crecimiento de un ser humano en nuestro vientre, darlo a luz, alimentarlo (a menudo de nuestro propio cuerpo) crear un hogar cálido y amoroso y básicamente enseñar a todos los seres humano a ser, buenos, humanos ¿es monótono y sin recompensa? Igual que G.K. Chesterton nosotras decimos:

"Diez mil mujeres marcharon por las calles gritando: "ya no nos van a seguir dictando y luego fueron a ser estenógrafas".[10]

Las feministas maternales de la segunda ola reconocieron este ataque sobre la femineidad tradicional por lo que era: activismo radical que buscaba eliminar los roles de género en su obsesión por la igualdad. La labor de esas nuevas feministas era despertar a las mujeres de su supuesto displicente sopor y reconocer su esclavitud al patriarcado insidioso.[11]

Tercera ola del feminismo (¡Esto significa guerra!)

La tercera ola comenzó alrededor de los años 1980 y continúa hasta el día de hoy.[12] Aunque las primeras dos olas tuvieron un rotundo éxito al lograr sus metas, las feministas de la tercera ola han declarado una guerra frontal contra el supuesto patriarcado. Creen que una transformación completa de la sociedad desde sus bases liberará a las mujeres de los guantes para el horno, quiero decir, de sus cadenas. (Una vez más note el énfasis marxista en la transformación total). Creen que los hombres, se den cuenta o no, todavía son parte de un sistema de opresión que detiene a las mujeres. Sin mencionar que las mujeres ya han incursionado de manera exitosa en todos los campos que tradicionalmente habían sido solo para los hombres. La opresión es real y no se les dirá algo diferente.

Christina Hoff Sommers hace notar que en la actualidad la guerra ha alcanzado un punto en el que las feministas más prominentes ya no discuten cómo pueden las mujeres unirse a los hombres en términos igualitarios. Más bien, proclaman que la sociedad debería renovarse por completo para que se pueda proteger a las mujeres del "látigo opresivo y violento de los hombres" que continúa oprimiéndolas; más retórica marxista.[13] Más que nunca, las activistas feministas intentan utilizar las investigaciones científicas modernas para avanzar su agenda. En su celo, a menudo interpretan las estadísticas en una forma que refuerzan sus prejuicios, fenómeno que Sommers registra en su blog de hechos feministas.[14]

Las feministas de hoy en la tercera ola creen que una vez que se aprende a detectar la misoginia sistémica, se encontrará en todos lados. Interpretan la más mínima interacción entre un hombre y una mujer a través de los lentes de la diferencia de poder. (¿Ese chico me abrió la puerta? Está ejerciendo su superioridad percibida y su dominio físico sobre mí. ¡Misógino!)

¡RUJAN COMO OSOS!

RECONOZCA el mensaje

Muchos de los mensajes que proceden del feminismo moderno son confusos y contradictorios. "¡No cosifiquen el cuerpo de las mujeres (y si lo hacen, bueno, vamos a protestar topless)![15] "Dejen de explotar a las mujeres (pero vamos a marchar por los derechos de las sexo-servidoras y vamos a ignorar por completo cómo se lapida a las mujeres en otras partes del mundo por desobedecer a sus esposos)".[16]

Si recuerda del capítulo del marxismo, esa falta de claridad podría ser estratégica. De forma breve voy (Hillary) a centrarme en algunos de los mensajes más populares y fundamentales equivocados que escuchará.

1. *¡Poder de chicas!* Leerá este mensaje en las mochilas pequeñas de las niñas, en carpetas de escuela, camisetas, playeras y más. No hay nada de malo en estar orgullosa de la forma en que Dios nos hizo. Es cuando elevamos un género sobre el otro cuando comenzamos a pisar terreno peligroso. Jamás veremos un término ¡poder de chicos! en ningún lugar. Eso se llama masculinidad tóxica y ahora ya hay píldoras para eso.[17]

2. *¡Detengan las guerras contra las mujeres!* El aborto y el feminismo están tan ligados, que los que abogan provida se etiquetan literalmente como quienes "están en guerra contra las mujeres". (Mhhh, hablando del robo lingüístico). Busque la frase en línea y se encontrará con un tsunami de artículos. El compromiso para apoyar los derechos al aborto es uno de los principales aspectos del feminismo de la tercera ola que ha perdido de sus filas a las conservadoras, y ha provocado que muchas otras se sientan incómodas con el movimiento.

3. *Los hombres son superfluos.* Esto comenzó en el año 1970 cuando se dijo que "una mujer necesita a un hombre, así como un pescado necesita una bicicleta".[18] Preste atención a las películas y los programas de televisión (aun la programación infantil) y verá un constante diálogo e historias que refuerzan el mensaje de la autonomía femenina y la incompetencia del varón.[19] Las mujeres

no necesitan a los hombres para nada, ni siquiera para tener hijos. ¡El futuro es femenino!

3. *Cualquier cosa que pueda hacer el hombre, la mujer puede hacerlo mejor.*[20] Las mujeres ya no están tratando de probar que son tan buenas como los hombres, sino que son mejores. Para leer un interesante comentario sobre lo que eso está haciendo en la psiquis de los niños, lea el libro de La Guerra Contra los Niños de Christina Hoff Summer.[21]

OFREZCA discernimiento

No podemos ejercer discernimiento sobre este tema sin primero reconocer que se ha maltratado a las mujeres en el pasado, se les sigue maltratando, y lo más seguro es que lo seguirán sufriendo en el futuro. No solo la historia está repleta de ejemplos, pero nuestro mundo está lleno de novias niñas, esclavitud sexual, mutilación de genitales femeninos, mujeres que se les trata como objetos y aborto selectivo con base en el sexo. Aun en nuestro Occidente supuestamente moderno y educado, todavía tenemos que lidiar con la violación, el abuso doméstico y acoso sexual, que se han fortalecido de manera significativa por la masiva cosificación y explotación de las mujeres a través de la pornografía y la prostitución.

> Una víctima que está desesperada porque la escuchen va a ignorar las fallas de un movimiento que está dispuesto a escucharla y a enojarse a su favor.

Tristemente la iglesia no es inocente en este problema. Cuando tenga la oportunidad lea las páginas 10-22 del reporte del gran jurado en cuanto al abuso sexual infantil en la Diócesis de Pensilvania.[22] Al hacerlo, póngase en el lugar de las víctimas y trate de imaginar a todos los involucrados en encubrir masivamente los eventos que destruyeron sus vidas. Tenga esa imagen en mente cuando lea esta siguiente declaración:

La víctima que está desesperada porque la escuchen, va a ignorar las fallas de un movimiento que está dispuesto a escucharla y a enojarse a su favor. Léalo una vez más. Y otra vez. Siga leyéndolo hasta que lo entienda por completo. ¿Puede ver lo que está sucediendo aquí? Hay algunas mujeres que han sido víctimas de tanto abuso, que se alinean con cualquiera que esté dispuesto a escucharlas, creerles y compartir con ellas su ira sin importar nada más. El abuso en sí ya es suficientemente malo, pero ignorarlo deliberadamente y cubrir lo que persigue, solo produce más daño.

La iglesia solo está viendo la punta del iceberg con el movimiento denominado *Yo También*. (Y por cierto #MeToo para una de nosotras). ¿Por qué tuvo que ser un movimiento secular el que presionara a la iglesia al punto de que finalmente reconociera la necesidad de limpiar su propia casa? Existe un número casi imperdonable de historias que han emergido en los medios de comunicación de clérigos de la iglesia católica y la protestante que han encubierto a líderes abusivos permitiéndoles seguir en sus puestos de autoridad. Antes de criticar al feminismo moderno (¡y hay mucho que criticar!) debemos primeramente quitar las tremendas vigas de nuestros propios ojos. Negar la verdad de estas atrocidades dentro de la iglesia no es una buena forma de luchar contra las mentiras culturales que están incrustadas dentro del feminismo moderno. Podemos levantarnos firmes por los derechos de las mujeres sin tragarnos las mentiras que se han mezclado entre ellos.

Segundo, podemos estar agradecidas por la defensa del feminismo y la protección hacia las mujeres en términos de oportunidades económicas. En el pasado, las mujeres solteras tenían medios muy limitados para sobrevivir, por lo cual algunas tuvieron que volverse a la prostitución para subsistir. El matrimonio era la forma principal de que se les cuidara. Pero si a una mujer la golpeaban en su hogar, ¡qué lástima! Qué mal. Lo único que podía hacer era esperar y dejarse, o marcharse y quedar sin hogar, o quizá lanzarse a una situación mucho peor. Sí, muchas mujeres han tomado su libertad que tanto ha costado y han abusado de ella. Pero a favor de aquellas que han sido capaces de escapar de situaciones verdaderamente violentas, gracias, feminismo.

Finalmente, ¿recuerda el capítulo sobre el robo lingüístico? La palabra *patriarca* ha sido secuestrada. De manera histórica el vocablo patriarca significada el "reino de los padres". No significa el "reino de los hombres". Desde el punto de vista cristiano, se les ordena bíblicamente a los padres que dirijan, sirvan y protejan a sus familias y se espera que lo hagan de una manera que refleje el amor y cuidado de Dios. Deben hacerlo con gentileza y en total dependencia de la dirección y fortaleza de Dios. En los tiempos bíblicos no existía tal cosa como un sistema de beneficencia, departamento de educación o departamento de finanzas. Todo sucedía dentro del contexto de la familia. Dado ese ambiente, debía haber un sentido de orden y autoridad. La estructura patriarcal se dio con la intención de proteger, no de ser opresivo.

De manera trágica, hay hombres que han abusado de su rol y han explotado y maltratado a las mujeres. Así que como cristianas podemos estar completamente de acuerdo con el feminismo moderno que dice que eso está moralmente mal. De eso se trataba la primera ola del feminismo. (Para el propósito de este capítulo, usaremos el término patriarcal en la forma moderna en que lo usan las feministas, ¡pero no nos gusta! #TakeBackPatriarchy!, ¡Quiten el Patriarcado!).

¿Cuáles son algunas de las mentiras más comunes del feminismo contemporáneo?

Mentira #1: Nuestra sociedad aparentemente democrática en realidad trata de que los hombres controlen a las mujeres

Las mujeres que no aceptan este mensaje son vistas por las feministas de la tercera ola como la prueba de que el patriarcado está vivo y activo y que es altamente efectivo para engañar a las mujeres bajo su opresión. Alisa tuvo una *encantadora* batalla de dos días en *Twitter* con un grupo de hombres que trataban de explicarle el feminismo, e insistiendo que reconociera lo oprimida que se encontraba. Casi nos ahogamos en la ironía.

Mentira #2: La biología es injusta

En vez de ver las diferencias entre hombres y mujeres como algo bello y complementario, se ve algo como el embarazo como desventaja, una enfermedad, no, más bien, como un tumor que se debe extirpar. La capacidad de terminar un embarazo supuestamente nivela el campo de juegos entre hombres y mujeres. A eso respondemos que, si las mujeres necesitaran una cirugía para ser iguales a los hombres, entonces básicamente es admitir que no nacimos iguales a ellos. Esa desigualdad supuesta en realidad es ofensiva para nosotras las mujeres y aun así son las mujeres las que promueven esa tontería. El aborto "bajo demanda y sin remordimiento" se ha convertido en un derecho sagrado para las feministas modernas. Olvídese del patriarcado, ahora tenemos que pelear contra nuestro propio cuerpo para lograr la igualdad. Pero una vez que comenzamos a negar la biología, la idea del género se convierte en nada más que un invento social opresivo. *Amiga, si debes negar la realidad para ganar la lucha, ya perdiste la batalla.*

Mentira #3: El dominio masculino tradicional es más importante

Trabajar fuera del hogar se concibe como el dominio masculino, y el reino privado de la chimenea y el hogar se ve como algo femenino. El mensaje sutil respaldado por las mujeres de hoy es que si eres una mamá que se queda en su hogar o trabajas en los lugares tradicionalmente femeninos (como enfermería o enseñanza), entonces te estás conformando a un reino mucho menor. Es triste, pero las feministas modernas no pueden ver cómo están degradando a la feminidad al devaluar las áreas en las que las mujeres suelen ser sobresalientes.

Mentira #4: El derecho a la autonomía completa eclipsa el derecho a la vida

En ningún lugar de la sociedad se nos garantiza el derecho de hacer lo que queramos con nuestro cuerpo. Solo pregúntele a cualquiera que ha recibido una multa de tránsito por no llevar puesto el cinturón de seguridad. Jamás verá que las feministas protesten por eso. Las feministas luchan por la supuesta igualdad a cualquier costo, aun a costa de los no nacidos. ¿Recuerda cómo, en el capítulo del relativismo moral, la sociedad a menudo escoge una virtud, en este caso el libre albedrío; y lo eleva por encima de todos los demás? Esto es lo que sucede en este caso.

Mentira #5: El feminismo libera a las mujeres

Esta es una verdad a medias. Es verdadera para el feminismo de la primera ola y parcialmente verdadera para el de la segunda que luchaba contra el acoso en los lugares de trabajo. Pero en cuanto a la tercera ola, creemos que un argumento mucho más firme se podría hacer respecto a que el feminismo liberó a los hombres más de lo que liberó a las mujeres. Las mujeres salieron a la fuerza de trabajo, pero los varones no se movieron hacia la cocina en números equitativos. Como resultado de ello, muchas mujeres tienen el equivalente de dos trabajos de tiempo completo, uno en el hogar y otro fuera de él. Las mujeres tampoco ganaron en los dormitorios. Al mismo tiempo que la promiscuidad sexual se convirtió en la norma, muchos hombres dejaron de sentir la presión para comprometerse y ahora viven vidas de adolescencia extendida, jugando juegos de video y obteniendo todo el sexo que quieran tener sin culpa y sin consecuencias. *¿Cómo es esto mejor para las mujeres?* [23,24]

Mentira #6: La ira es poder

Las tres hemos observado esta tendencia en el movimiento feminista y yo (Hillary) tengo una teoría. Cuando la respuesta de *huye o pelea* se activa en nosotras, experimentamos un impulso bioquímico que imita a la energía y provee un enfoque más concentrado. Como aprendimos en el capítulo 3, cuando una persona está en modo de huye o pelea, es menos propensa a pensar de manera racional. Nuestro problema de hoy es que la gente se está lanzando a este estado de frenesí a propósito, y pienso que es porque están confundiendo esa "subida" biológica con un sentimiento de *empoderamiento*. Para seguir empoderada, una debe seguir enojada. Podría equivocarme, pero esta descripción podría explicar la caricatura de la "feminista enojada".

ARGUMENTE por un acercamiento más saludable

Esperamos que ahora pueda ver que el feminismo es mucho más complejo de lo que piensa la mayoría de la gente. Así que, ¿cómo ayudamos a nuestros cachorros a navegar a través del pensamiento de campo minado del feminismo?

1. *Reconozca que no existe una sola versión del feminismo que sea unitalla.* Algunas mujeres se identifican como feministas porque reaccionan en contra del abuso real contra las mujeres. Otras de ellas, simplemente odian a los hombres. Infortunadamente, puesto que estas facciones y muchas otras caen bajo el amplio paraguas del feminismo, puede ser difícil separar lo que es legítimo y lo que no lo es. Esa es la razón por la que es crucial ejercer discernimiento. Mastique y escupa y enséñeles a sus hijos a hacer lo mismo.

2. *Tenga compasión de las feministas airadas, pero no de sus ideas.* Si una mujer se siente más cómoda estando en un estado perpetuo de huye o pelea, asuma que hay algo que está evitando y que probablemente es terrible. A menudo esas son mujeres temerosas, dolidas, y que llevan heridas emocionales enterradas muy en lo profundo de su ser. Podría ser fácil para nosotros burlarnos de ellas, pero eso no es un buen ejemplo para nuestros hijos. Demuela las ideas al mismo tiempo que ama a las personas.

3. *Varón y hembra los creó.* Al criar a nuestros hijos, debemos inculcarles una comprensión bíblica del género.[25] El mensaje de la dignidad y valores igualitarios con res-

pecto a todo ser humano, sin importar su género, raza, religión, cultura, capacidades, sueldo o estatus de desarrollo, ese es en realidad el mensaje cristiano. El apóstol Pablo declaró en Gálatas 3:28: "Ya no hay judío ni griego; no hay esclavo ni libre; no hay varón ni mujer; porque todos vosotros sois uno en Cristo Jesús". Quizá esto hoy no suene impactante, pero este fue un concepto revolucionario en el mundo romano del primer siglo.

REFUERCE a través de la discusión, el discipulado y la oración

1. *Discuta las diferencias de género que Dios creó.* Es más, ¡celébrelas! Muestre cómo es que estas diferencias son complementarias y a menudo necesarias. Si tiene varones, hable con ellos acerca de cómo un día serán más grandes y fuertes que usted. ¿Cómo usarán su fortaleza para proteger en vez de explotar y controlar? Hable con las niñitas acerca de cómo un día podrían estar rodeadas de hombres más grandes y más fuertes que ellas. ¿Cómo se van a defender y ser fuertes sin castrar a los hombres que las rodeen?

2. *Defina de manera correcta al "vaso más frágil".* Lean 1 Pedro 3:7 juntos. Algunas versiones dicen "compañero más débil" y otras dicen "vaso más frágil". Muchas personas escuchan "más frágil" y piensan que eso significa que son "menos que" o "debiluchas". Busque un objeto en su casa que sea delicado, como un plato de la vajilla china de bodas de su tatarabuela: Hable de cómo trataría a ese plato de forma diferente a como lo haría con

los platos de plástico. Pregúntele a sus hijos "¿Quieres decir que porque debemos tratar a este plato con mayor cuidado es de menor valor"? Utilice este ejemplo para explicar cómo el "más frágil" no está dicho con un sentido negativo.

3. *Enseñe perspectivas saludables del género.* Uno de los detonantes del feminismo enfermizo es la forma ilegítima de estereotipar a alguien. Refuerce que el género no significa que le decimos a las niñitas que son lindas y a los niños que son fuertes, como si las niñas solamente fueran valiosas por su apariencia y los niños no fueran más que la suma de sus habilidades. Quizá usted tenga una hija a quien le gusten los deportes, la ciencia y tirarse al lodo, o un hijo a quien le gusta la danza, cocinar y pintar. Muestre a sus hijos cómo su masculinidad y femineidad cuadran con los intereses y talentos que Dios les dio y no al revés.

4. *Las relaciones de género saludables comienzan en el hogar.* No es suficiente con criticar solo lo que está mal de nuestra cultura. Debemos ser modelos y ser ejemplo de algo mejor. Que nuestros hijos nos vean tratando a su padre y a nuestro esposo con respeto. Déjelos ver lo que significa someterse al liderazgo sin ser tapetes o perder nuestra opinión. Si tiene hijos pregúntese: "¿Es esta manera de tratar a su padre la forma en que a mí me gustaría que la esposa de mi hijo lo tratara a él?" Si tiene hijas pregúntese si la forma en que usted trata a su esposo es un modelo de la expectativa saludable que ellas deben

tener a la hora de ser tratada por su futuro esposo. Si usted es un hombre leyendo este libro, muestre a sus hijos lo que significa vivir de manera comprensiva con su mamá y amarla de la manera en que Cristo amó a la iglesia.

Un pensamiento final

El desafío que tenemos como mamás es elevar la femineidad sin denigrar la masculinidad. Dios hizo tanto al hombre como a la mujer a su imagen. Así como los hombres y las mujeres son iguales en su valor, somos igualmente afectados por la caída y necesitamos la redención. La cruz de Cristo es la gran igualadora de toda la humanidad.

No debemos pelear para que las mujeres sean idénticas al hombre porque no lo somos. Ni deberíamos avergonzar a los hombres por no ser más como las mujeres. Jamás lo serán. De manera personal en padres nos gustan las diferencias entre nosotras y nuestros esposos. ¡Viva la diferencia!

Disfrute de la tensión y al mismo tiempo recuerde que vamos juntos en este loco viaje atravesando los mares llenos de tempestades de una cultura que cada vez está más confundida. Como hombres y mujeres de Dios, nos debemos la más profunda lealtad los unos a los otros a pesar de nuestras diferencias. Debemos trabajar juntos para evitar que nuestro barco se hunda y para que podamos rescatar a tantas almas necesitadas como nos sea posible.

USE SUS GARRAS PARA ORAR

Alabanza

Te alabo Dios Trino, Padre, Hijo y Espíritu Santo porque, aunque tienen roles diferentes son iguales. Tienes propósitos en tu diseño al habernos creado hombre y mujer conforme a tu imagen, lo cual declaraste que era "bueno en gran manera" (Génesis 1:31).

Reconozca

Perdónanos por nuestra inconformidad por nuestros roles dados por Dios, por distorsionar lo bueno que hay en las diferencias que nos complementan. Perdónanos por reducirnos el uno al otro a estereotipos y por no honrar los talentos y habilidades singulares que nos has dado tanto a hombres como a mujeres. De manera personal te pido perdón cuando deseo más autonomía y antepongo la auto determinación a la sumisión y a tu plan para mi vida. Padre, no permitas que esté entre las que denigran a los hombres y su masculinidad; te pido perdón y que me corrijas. Sálvame de negar la biología y los roles de género con los que nos dotaste.

Adoración con acción de gracias

Te alabo Padre porque hiciste a hombres y mujeres de manera singular, con diferencias innatas y porque nos diseñaste como piezas de un rompecabezas que se complementa uno a otro. Gracias porque ser femenina no significa ser "débil" y que a tus ojos ambos géneros tienen igual dignidad y valor. Gracias por los que en el pasado lucharon por los derechos que hoy en día podemos disfrutar.

Súplica

Señor, ayúdame a tener contentamiento en mi llamamiento y a no juzgar a otras mujeres por el de ellas, especialmente otras hermanas en Cristo que deciden ir tras situaciones en su hogar y en su trabajo que son diferentes a las mías. Que proteja lo sagrado de mi hogar y que complemente y no compita con mi esposo y que sea un buen ejemplo de relaciones saludables de género para mis hijos. Ayúdame a ver las formas singulares en que has dotado a mis hijos para que pueda alentarlos en su masculinidad y femineidad con esos dones, talentos e intereses sin imponer mis propias ideas. Tú los creaste, no yo. Protege a mis hijos de las mentiras que se enseñan sobre el género y equípalos para que estén seguros de quiénes son y a quien pertenecen. En el nombre del Padre, del Hijo y del Espíritu Santo. Amén.

PREGUNTAS PARA REFLEXIONAR

1. **Rompehielos**: ¿Cuáles son algunas de las mejores cosas de ser mujer y cuáles de las mas frustrantes?

2. **Tema principal**: Las feministas han pasado de tratar situaciones legítimas a ser coleccionadoras de problemas. Finalmente, los hombres y las mujeres fueron creados con igual valor y dignidad conforme a la imagen de Dios. ¿Cree que las cristianas deberían identificarse como feministas? ¿Por qué sí o por qué no?

3. **Autoevaluación:** Consideremos una escala. En una hoja de papel dibuje una línea horizontal. En un lado escriba "Tapete Tere" y en el otro "Odia hombres Olga". ¿Dónde cree usted que se encuentra en esa escala y por qué?

4. **Lluvia de ideas**: Haga una compilación y lista de tantos efectos positivos del feminismo que pueda pensar. Ahora haga lo mismo con los efectos negativos ¿Cómo podemos defender una femineidad bíblica sin afirmar las mentiras de las feministas modernas?

5. **Suelte el oso que lleva dentro**: Lea el artículo de Sue Bohlin titulado Criando Hijos Saludables Respecto al Género (vea la nota final 25). Escoja una forma en la que puede animar a su hijo(a) en su género o dentro de sus talentos y habilidades.

EL CRISTIANISMO NECESITA UNA TRANSFORMACIÓN

-*Cristianismo progresista*-

Alisa Childers

Cuando era niña nuestra familia tenía la tradición de ir a la pizzería local para comer hasta saciarnos de pizza, soda y jugar juegos de video. Me encantaba la comida y los juegos, pero lo que más me atraía era la máquina para servir refresco. Tomaba un vaso y con singular alegría me servía un poco de cada una de las opciones. Un poco de Coca Cola, un poco de Dr. Pepper, un poco de refresco Sunkist de naranja, Fanta de uva, Sprite. Al final había creado una nueva mezcolanza de color raro y sabor aún más extraño. Y. A mí. Me gustaba.

No era el sabor lo que me agradaba tanto, aunque no era tan malo. Era el sentido de *independencia* que sentía por hacer algo diferente, algo que se desviaba de la norma. Supongo que a los doce o trece años de edad eso fue lo más rebelde que hice como niña bien portada asistente asidua a la iglesia.

Ahora imagine que todos los "ismos" que usted ha leído hasta ahora en este libro fueran opciones en una máquina de refrescos. Tome un vaso etiquetado con la palabra "cristiano", acérquese a la fila y ponga en él un poquito de todo. Un chorro de nueva espiritualidad, de pluralismo, auto ayuda, feminismo, marxismo, relativismo, naturalismo, escepticismo, postmodernismo y emocionalismo. ¿Cuál será la nueva libación que habrá creado? ¿Estará satisfaciendo su sed espiritual con una fusión efervescente de diferentes ideas llamada cristianismo progresivo? Pero esté alerta: esta mezcla no es inofensiva como la que solía hacer en la pizzería. Estas ideas tienen consecuencias de vida o muerte. Esta es una lección que aprendí a la mala.

El cristianismo progresista llegó a su florecimiento total a finales del año 2000. Ya me había casado y había llegado nuestra bebé. El influjo de todas estas nuevas enseñanzas pasó por encima de mi radar, porque en esos días me pasaba dando pecho, cambiando pañales y haciendo comida para bebé. Mis noches las pasaba sin poder dormir, cuidando de mi hermosa pequeñita, dulce e inquieta, que nunca quería descansar. Cualquier energía intelectual que me quedaba la invertía investigando la mejor crema para pezones, pañales de tela y opciones de colchones orgánicos. Estaba exhausta. Dicho de manera simple, no estaba contemplando las complejidades teológicas profundas de mi cristianismo, solamente trataba de sobrevivir.

Cuando nuestro pastor me invitó a ser parte de un pequeño y exclusivo grupo para recibir un entrenamiento de ministerio en una iglesia sin denominación, asistimos como familia, pues sonaba como el escape perfecto de mis rutinas diarias, una oportunidad para enganchar mi lado intelectual el cual, para ser honesta, estaba gravemente famélico. Puede imaginarse mi emoción cuando dejé a la bebé con su abuelita y me dirigí a la primera clase.

Encontré mi lugar y esperé que comenzara la reunión. El pastor abrió la sesión diciendo: "Todos ustedes están aquí porque de alguna manera cada uno es peculiar". (¿Quién? ¿Yo?) Explicó que los aproximadamente doce que estábamos ahí, éramos pensadores fuera de la caja y que la clase sería una oportunidad para trabajar nuestras preguntas y reexaminar los paradigmas teológicos que habían definido lo que creíamos acerca del cristianismo. Luego en un esfuerzo de derribar cualquier noción que hubiéramos tenido acerca de lo que habíamos creído, anunció: "Me gusta llamarme a mí mismo agnóstico con esperanza". Era una clase que puso bajo cuestionamiento las creencias cristianas antiguas dirigido por un pastor agnóstico, ¿qué podría salir mal?

Poco imaginé que al mismo tiempo se estaban reuniendo grupos, clases, reuniones, foros en línea y conversaciones inundando todo el país cuyo propósito era que la gente cuestionara las creencias cristianas históricas tales como la expiación, el exclusivismo del cristianismo, la autoridad de la Billa, la resurrección literal de Jesús, la naturaleza del pecado, la definición del cielo y la realidad del infierno. Con

En defensa de la fe de nuestros hijos

la explosión de los medios de comunicación y un par de almas valientes dispuestas a llevar estas nuevas ideas al público, estos inquisidores se encontraron los unos a los otros, "deconstruyeron" juntos (recuerde esto del capítulo sobre el postmodernismo) y se unieron. Así que nació un nuevo movimiento llamado *cristianismo progresivo*.

El grupo del que formé parte cuestionó todo lo que había creído toda mi vida acerca de Dios, Jesús y la Biblia. Me cimbró hasta la médula. Me llevó a un tiempo de mi vida de duda y sentía que me habían lanzado a un océano tormentoso sin salvavidas, y sin un bote de rescate a la vista. Gracias a Dios él me sacó de todo ello y vi su mano soberana a cada paso. Como resultado de esa agitación teológica, descubrí la apologética y una fe profunda, robusta e intelectual. Hasta donde yo sé, soy la única alma de esa clase que salió con una fe intacta. Todos los demás siguieron adelante identificándose, junto con la iglesia misma, como una comunidad de cristianos progresivos.

Breve historia del cristianismo progresista

Los participantes de la clase pensaban que habían encontrado algo nuevo, pero en realidad lo que hicieron fue sacudir algunas de las ideologías antiguas. Hallaron sus raíces en los "ismos" de los que ya hemos hablado, así que el cristianismo progresivo hace eco de formas anti bíblicas de pensar que comenzaron a introducirse en las denominaciones cristianas a principios del siglo veinte. Durante ese tiempo existía

– 392 –

una tensión creciente entre los cristianos comprometidos con el pensamiento bíblico y los desafíos que presentó la evolución de Darwin y la alta crítica alemana, las cuales llamaban al cuestionamiento de la comprensión tradicional de la Biblia. Los cristianos que se aferraban con firmeza a las enseñanzas clave de la Biblia, comenzaron a retraerse de las denominaciones principales para formar sus propias iglesias y escuelas, dejando las ideas cristianas aisladas del resto del mundo. El cristianismo se vio en una encrucijada.

Una vez más nos encontramos en una encrucijada. ¿Lograrán sobrevivir las doctrinas del cristianismo histórico ante el escepticismo del naturalismo y el cientificismo? ¿Lograrán sobrevivir a las experiencias subjetivas del postmodernismo, el relativismo, la autoayuda y el emocionalismo? ¿Sobrevivirán ante las ideologías del marxismo, feminismo y nueva espiritualidad? Tengo buenas noticias: el evangelio ya ha sobrevivido a todos estos sistemas de pensamiento y claro que sobrevivirá al cristianismo progresivo.

¡RUJA COMO UN OSO!

RECONOZCA el mensaje
¿Qué creen los cristianos progresivos? A diferencia del cristianismo histórico, no hay credos o declaraciones oficiales de sus creencias que definan a un grupo de creencias comunes y unificadoras. Es más, nada hará que los progresistas corran más rápido para huir de lo que rechazan como el "pecado de la certeza" que alientan los credos.[1]

El cristiano progresista David Felten y Jeff Procter-Murphy claramente admiten esto en su encuesta abarcadora del cristianismo progresivo:

> El entendimiento tradicional de la Cristología, la expiación y la encarnación, están en estado de fluctuación. Es más, muchas personas consideran estos conceptos irrelevantes para la espiritualidad contemporánea. Pensar teológicamente crea un desequilibrio que nos hace repensar de continuo nuestras creencias a la luz del cambio de nuestra comprensión y experiencias continuas.[2]

Pero al abandonar las doctrinas esenciales de la fe, este repensar finalmente resultará de manera inevitable en una religión que tenga sus propios dogmas, solamente que estos dogmas se definirán según los caprichos de la cultura y de las preferencias personales. La nueva vaca sagrada es... que no hay vacas sagradas.

J. Gresham Machen es un teólogo cristiano que escribió contra el liberalismo de principios del siglo veinte y fue quien reconoció esta contradicción. Escribió: "Hay doctrinas del liberalismo moderno tan tenaces e intolerantes que se sostienen como cualquier doctrina que halle lugar en los credos históricos... al parecer para objetar toda la teología, el predicador liberal a menudo se encuentra objetando un sistema de teología para favorecer otro".[3]

Así que ¿cuáles son algunas de las doctrinas que con tanta tenacidad sostiene el cristianismo progresivo? Existen cinco creencias clave:

1. **El rechazo de la exclusividad del cristianismo (que Jesús es el único camino para llegar a Dios).**

Por ejemplo, en su tour del 2016 llamado "¡todo es espiritual!" Rob Bell dictó una conferencia en la que describió a Dios en términos de una "energía" o "fuerza" que conecta todas las cosas.[4] Cuando llegó a la parte de su historia respecto a Jesús, declaró que cuando los apóstoles se referían "al Cristo" se referían a la "energía universal animadora que sostiene a todo el universo unido". Aquí Rob hizo referencia superficial a Colosenses 1:17: "Y él es antes de todas las cosas, y todas las cosas en él subsisten". Rob describió esto como la "conciencia de Cristo" (¿lo recuerda del capítulo de la nueva espiritualidad?)

2. **Un rechazo del sacrificio con sangre expiatoria de Jesús en la cruz**

En la conferencia de Rob Bell que ya mencionamos, la única referencia que hizo a la expiación por sangre de Jesús fue su explicación de la eucaristía (Santa Cena para los protestantes). Explicó que la característica que define comer el pan y el vino era la invitación a todo el mundo a "darse cuenta que hay una humanidad común que compartimos y que vence sobre cualquier otra forma que hayamos inventado para dividirnos". Así que ¿en realidad la última cena fue una pequeña fiesta que Jesús organizó con la esperanza de motivar a la gente para que se llevaran bien?

Bell aun tuvo la ocurrencia en son de broma de decir que la doctrina de la expiación de los 2,000 años de cristianismo podría resumirse en siete palabras: "Dios es menos enojón; gracias a Jesús". Todo mundo en su audiencia soltó la carcajada y Bell siguió explicando que no se trata de eso. Pasamos el pan y la copa específicamente para "elevar nuestros sentidos de unión con nuestros hermanos y hermanas con quienes compartimos la humanidad". No hubo mención de la sangre de Jesús, del pecado, el sacrificio o la salvación.

En su "bendición" final, Bell exhortó a la multitud: "Que se alineen con las energías fundamentales del universo que siempre se mueven hacia adelante y más allá en amor, complejidad, profundidad y unidad".

En un blog acerca de cómo hablar con los niños acerca de la Pascua, una pastora de niños, cristiana progresiva, escribió que decir a los niños que Jesús murió por sus pecados podría ser "psicológicamente dañino".[5] Luego siguió diciendo que Jesús no murió específicamente por la gente. Más bien murió porque era una amenaza política y religiosa a los que ostentaban el poder. Si quitamos la noción del pecado de nuestro vocabulario, se da el mensaje de que estamos muy bien por nosotros mismos, que no necesitamos que nadie nos salve de nuestros pecados,

3. Un punto de vista más bajo de la Biblia

De manera histórica, los cristianos han visto la Biblia como inspiración de Dios y una autoridad para su vida. Sin embargo, muchos cristianos están abandonando la autoridad bíblica y volviéndose a sus propios pensamientos, sentimientos e instintos como la fuente final de la verdad. Pero no nos equivoquemos: si vamos a quitar al único Dios verdadero del trono de nuestra adoración, lo vamos a reemplazar con nosotros mismos. Si somos la fuente final de "nuestra verdad" podemos hacer a Dios fácilmente a nuestra semejanza y no al revés.

Hablando de hacer a Dios a nuestra imagen, el líder progresivo Brian McLaren sugiere que los cristianos deberían cambiar la forma en que leen la Biblia. En vez de leerla como la fuente autoritativa de la verdad, recomienda que se lea como una "biblioteca inspirada" que preserva los mejores esfuerzos de nuestros (evidentemente con menos conocimiento) ancestros espirituales para entender a Dios en sus propias culturas y épocas. Él compara a la Biblia con los fósiles que se deben desempolvar y observar, en vez de ser la revelación de Dios que debemos obedecer. En otras palabras, al crecer y llegar a ser más iluminados, podemos leer lo que comunicaron los escritores bíblicos y entender mejor lo que creyeron acerca de Dios, aun si lo que escribieron acerca de él no era completamente correcto.[6]

David Felton y Jeff Procter-Murphy lo dijeron así: "La Biblia es el testimonio de generaciones de gente fiel que registraron su propio entendimiento de lo divino en su tiempo, lugar y cultura particulares. Este pluralismo teológico revela las ideas cambiantes, en desarrollo, y en ocasiones, conflictivas acerca de Dios".[7] Esta es solamente una versión cristianizada del mensaje de "vive tu verdad".

4. Una redefinición de palabras (robo lingüístico)

Los progresivos por lo general se enzarzan en robos lingüísticos cuando hablan de las doctrinas cristianas históricas. Por ejemplo, cuando le dije a mi pastor agnóstico que no me sentía cómoda por la forma en que se llevaban y hacia donde se dirigían algunas de nuestras discusiones en clase, me animó a hacerle a él cualquier pregunta que tuviera. Me prometió responder con honestidad y me dijo que ninguna pregunta estaba fuera de lugar. Entonces le pregunté: "¿cree usted en el infierno?" Y "¿cree usted que la Biblia está divinamente inspirada?" Respondió que sí sin titubeos a ambas preguntas. Eso me hizo sentir más aliviada para continuar en la clase, aunque me sentía muy confundida en cuanto a cómo podía creer en la inspiración divina y aun así cuestionar su veracidad.

Unos meses más tarde, llegué a descubrir lo que él quería decir con "inspiración divina". Él creía que la Biblia era inspirada tanto como los escritos de C.S. Lewis y A.W. Tozer, pero no de manera especial. ¿Y el infierno? Él quería decir que lo creía en su sentido figurado, como viviendo las consecuencias negativas de las malas decisiones que tomamos en esta tierra.

5. Enfoque en la justicia social

Como ya lo hemos aprendido en este libro, ejercer la justicia bíblica verdadera es bueno. Jesús vino a salvar a los perdidos. En Marcos 2:17 dijo: "Los sanos no tienen necesidad de médico, sino los enfermos. No he venido a llamar a justos, sino a pecadores".

Todos los cristianos reconocen la necesidad de alcanzar a los pecadores, llevar amor y justicia al oprimido y aceptar a la gente como es. Sin embargo, los cristianos progresivos han elevado la justicia social y la han confundido con el evangelio. El *blogger* progresivo popular, escritor y pastor John Pavlovitz admite esto abiertamente. En su blog en el que define al cristianismo progresivo escribió: "Creemos que la justicia social es el corazón del evangelio".[8]

El amor y la justicia son conceptos bíblicos y atributos de Dios, en tanto que usemos las definiciones bíblicas de esos términos. Pero la justicia social es un término cultural que lleva mucho bagaje. Aristóteles definió la justicia como darle a cada persona lo que merece. Sin embargo, hoy el término tiene a aplicarse a cualquier cosa que sea la causa liberal del día. Los cristianos progresivos han adoptado la definición cultural de la justicia social y le han añadido para reinterpretar las enseñanzas de Jesús. Pero en realidad Jesús nunca afirmó los *comportamientos* pecaminosos. Él afirmó a la *gente,* a quien invitó al arrepentimiento, a tomar su cruz cada día y seguirlo.

Sin una definición bíblica de la justicia, la justicia social se convierte totalmente en subjetiva y en un término adaptado culturalmente. Esta es la razón por la que muchos cristianos progresivos están luchando por aceptar el comportamiento de la comunidad LGBTQ, el feminismo moderno y el aborto, todo en el nombre de Jesús.

OFREZCA discernimiento

Cuando los cristianos progresivos aparecieron en escena, ofrecieron críticas contra la cultura cristiana evangélica que eran válidas y muy necesarias. Reconocieron la hipocresía de condenar la homosexualidad al mismo tiempo que se guiñaba el ojo al pecado de la glotonería. Reconocieron los abusos espirituales y los efectos dañinos del legalismo. Correctamente señalaron que no deberíamos temer hacer preguntas y pensar bien acerca de lo que creemos y por qué lo creemos. Esto es lo que hace que el cristianismo progresivo sea tan atractivo para mucha gente, parece proveer un lugar seguro para procesar estas preocupaciones.

Sin embargo, en vez de quedarse dentro de los límites del cristianismo ortodoxo y hacer las reformas desde adentro, los progresistas fijaron su meta en las doctrinas del cristianismo en vez de hacerlo contra los abusos que cometían los cristianos. La doctrina no abusa de la gente, la gente abusa de la gente. En vez de identificar cómo la gente ha tomado las verdades de Cristo y las ha usado para golpear a los demás en la cabeza, los progresistas han llamado al cuestionamiento de las doctrinas esenciales de la fe. Para ellos todo es un juego justo. Nada se queda fuera del tablero.

En una ocasión, conocí a una mujer que había sido víctima del terrible abuso de parte de su padre. Siendo niña, él la menospreciaba de forma constante y era pronto para estallar en ira ante el menor error que ella cometía. Me dijo que pensar acerca de la aceptación de Dios y del sacrificio de Jesús en la cruz, la hacía sentirse confundida e incómoda. ¿Cómo podría un Padre amoroso pedir que su propio Hijo derramara su sangre? Ella relacionaba a su propio padre iracundo y abusivo con el perfecto amor y la justicia de Dios y ciertamente yo podía entender su confusión. Gracias a Dios ella decidió procesar esa tensión sin abandonar su creencia en la obra expiatoria de Jesús en la cruz. Pero para muchos cristianos progresivos éste no es el caso.

Muchas personas han dejado el cristianismo histórico por causa de las experiencias de abuso que vivieron en iglesias hiperfundamentalistas. Otros se han marchado por causa de la hipocresía y la falta de carácter de los líderes de la Iglesia. Otros más han rechazado la moralidad bíblica por ser demasiado demandante o demasiado difícil. Estas razones para apartarse de la fe son entendibles, pero es importante reconocer que no podemos juzgar a un sistema de creencias con base a los abusos de algunas personas, y no podemos abandonar la verdad objetiva porque suene demasiado difícil para seguirla o nos parezca que pide demasiado de nosotros.

ARGUMENTE por un acercamiento más saludable

Como cristianos, ¿cómo podemos evitar los extremos y desarrollar una fe bíblica y saludable? Primero, necesitamos estar atentas al vaivén del péndulo.

En algún momento, todos hemos entrado en una oficina y hemos visto lo que se llama la cuna de Newton. En la parte más alta se encuentran dos varas delgadas de metal paralelas una a la otra. De ahí están suspendidas cinco bolitas de acero. Cuando se jala una de las pelotitas externas y la suelta, le pega a la siguiente pelotita, lo cual crea el impulso que manda a la pelotita externa al lado opuesto y se balancea hacia afuera, mientras que las otras tres pelotitas de en medio permanecen relativamente sin moverse. Luego la otra pelotita se columpia otra vez y choca con las tres de en medio e impulsa a la otra pelota externa hacia el lado opuesto. Las pelotitas externas siguen balanceándose de un lado a otro por un largo tiempo y las de en medio casi ni se mueven.

Si nos imaginamos que el cristianismo progresivo es una de las pelotitas externas y que el hiperfundamentalismo es la pelotita externa opuesta, tenemos una figura perfecta de lo que puede suceder cuando la gente reacciona a ideas extremas con ideas opuestas y extremas. Esos dos extremos seguirán chocando y balanceándose sin parar mientras que las tres pelotas de en medio continúan fijas, absorbiendo el impacto.

La lección que podemos aprender de esto es que tenemos todo tipo de información que nos está golpeando, pero no tiene que mandarnos a columpiarnos de un lado a otro. Esta es la razón por la que tenemos la palabra de Dios. Es de vital importancia que nos aferremos a la doctrina de la autoridad bíblica (es decir, que la Biblia tiene la última palabra cuando se trata de temas que se relacionan con su fe), si queremos vivir una vida cristiana saludable. Creer en la autoridad de la Biblia es la única manera de asegurar que su punto de vista está alineado con la realidad. En su libro Inquebrantable, Andrew Wilson lo escribió de esta manera: "Muchos de nosotros, cuando nos enfrentamos a dificultades bíblicas, y ¡hay suficientes de ellas! concluyen que son las Escrituras las que fallan… Pero si la Biblia es la palabra inquebrantable de Dios, que era lo que Jesús creía acerca de ella, entonces necesitamos un acercamiento diferente… Quizá somos nosotros los que fallamos y no la Biblia".[9]

Esta es la diferencia clave entre el cristianismo progresivo y el histórico. A través de las edades los cristianos han buscado someter su vida a las enseñanzas de la Biblia. Sin embargo, los cristianos progresivos ven la Biblia como un recurso útil, pero sujeto a sus propias opiniones y preferencias.

Si nos aferramos firmemente a la doctrina de la autoridad bíblica, aseguraremos que estamos exactamente en medio de la cuna de Newton. En la tormenta entre el cristianismo progresivo y el hiperfundamentalista, podemos permanecer asegurados en la verdad, golpeados, presionados y atacados, pero finalmente sin molestarnos.

REFUERCE por medio de la discusión, el discipulado y la oración

Al principio de mi plática titulada "Casi Real: Cómo el Cristianismo Progresivo ha Secuestrado al Evangelio" le muestro a la audiencia una foto de mi hija en una pantalla grande. Al final de la plática, trato de ayudar al auditorio a saber cómo detectar las ideas del cristianismo progresivo en los libros, blogs y en el contenido de las redes sociales. Les explico que la mejor manera en que podemos prepararnos para reconocer las ideas equivocadas es conociendo las que son verdaderas. Para aplicar este punto les muestro otra foto de mi hija: Solo que esta vez y sin que la audiencia lo sepa, no se trata de una foto de mi hija. Mas bien se trata de una foto de una niña que se parece a mi hija. Es de la misma edad, tiene el mismo color de cabello rizado y café, ojos cafés, piel color crema y una sonrisa llena de vida. La audiencia por lo general exclama oh y ah, por lo linda que es hasta que les dejo caer la bomba: "Esta no es mi hija. Pero no se dieron cuenta porque no conocen a mi hija. Pero yo sí la conozco y nadie nunca me va a engañar afirmando que lo es". Entonces continúo explicando que la mejor manera de detectar el cristianismo falso en cualquiera de sus formas es conociendo al verdadero.

Podemos enseñar a nuestros hijos acerca de la doctrina, historia de la iglesia, apologética y advertirles acerca de todos los "ismos" que hemos tratado en este libro hasta que se nos ponga el rostro morado (¡y deberíamos hacerlo!). Pero la única forma en que en verdad van a aprender es que nosotros lo personifiquemos. Como mamás ¿estamos amando a la gente que nos rodea entablando conversaciones acerca de la fe? ¿Estamos siendo ejemplo de la fe auténtica fuera de la iglesia los domingos por la mañana? ¿Estamos cuidando del pobre y defendiendo a los que sufren abuso? ¿Estamos viviendo las enseñanzas de la Biblia con amor y gracia?

Cuando estuve en esa clase que desafió mis creencias, una de las razones principales por las que pude permanecer firme fue por la fe genuina que mis padres habían modelado para mí y mis tres hermanas. No fueron perfectos, pero oraban con nosotras, nos leían la Biblia, se arrepentían frente a nosotras y pusieron su fe en acción de muchas maneras, incluyendo el cuidado de los pobres y menos afortunados. Amar a Jesús era de lo que se trataba toda su vida. No me heredaron un cristianismo tibio, superficial y falso contra el cual rebelarme. Era real.

Esto se dio en total contraste con casi todos los demás en la clase. Algunos de ellos habían crecido en iglesias faltas de amor y legalistas. Otros crecieron en medio de abuso espiritual. Otros más habían conocido cristianos artificiales e hipócritas. No conocían el verdadero cristianismo, lo cual los hizo vulnerables a lo que parecía casi real.

El cristianismo progresivo es solo eso, casi real. Las mejores mentiras y más convincentes vienen empacadas en verdad y existe suficiente verdad en el cristianismo progresivo para hacerlo atractivo y persuasivo para un creyente que no discierne. Pero el camino puede llevarlo a otro "ismo" del cual hablamos en el capítulo respecto al escepticismo: el ateísmo.

¿Cómo pasamos del cristianismo progresivo al ateísmo? ¿No es ese un gran salto? El ex cristiano progresivo y ahora humanista secular Bart Campolo no lo ve así. Es el hijo del famoso cristiano (y ahora progresivo) maestro y escritor Tony Campolo. Bart comenzó a abandonar las doctrinas cristianas históricas cuando no pudo reconciliarlas con la pobreza y el sufrimiento que se veía en el ministerio urbano. Después de que su fe comenzó a desmoronarse, dijo que su creencia en Dios "había muerto por causa de mil oraciones no contestadas".[10]

Campolo cree que la transición del cristianismo histórico al cristianismo progresivo lleva de manera natural a un abierto ateísmo. Esto hace mucho sentido si consideramos el hecho de que la mayoría de las objeciones progresivas a las doctrinas cristianas reflejan las mismas objeciones que sostienen los ateos y los agnósticos. Campolo nota que es muy adictivo descartar las enseñanzas históricas acerca del infierno, la soberanía de Dios, la autoridad e inspiración bíblica y la sexualidad; una vez que empieza, no puede parar.

Este es un recordatorio serio para nosotras como mamás de que debemos enseñar a nuestros hijos a no permitir que las dificultades, sufrimientos u oraciones percibidas como no contestadas dicten su teología. Lo que creemos acerca de Dios debería estar sustentado por la Biblia, no por nuestros sentimientos, percepciones y experiencias. Es más, en tiempo de prueba y lágrimas, es reconfortante saber que el cristianismo histórico es verdad, ya sea que sintamos o no que está "funcionando".

Como individuos podemos progresar en nuestro entendimiento de la verdad y los caminos de Dios, pero Dios mismo y su verdad jamás cambian. Dios se ha revelado a sí mismo en la Biblia como fue, es y siempre será. El cristianismo no es progresivo, es eterno.

USE SUS GARRAS PARA ORAR

Alabanza
Dios de la historia y el tiempo, solo tú eres el único Dios verdadero, real. Eres el autor de la historia, así como su Creador y sustentador. Nos has dado doctrina sana. Tus caminos, tu palabra, tus estatutos y leyes son perfectas. Ellos no cambian, ni necesitan ser cambiados. No hay sombra de duda contigo. Tú no cambias a mi antojo. Grande es tu fidelidad para mí, Señor.

Reconozca
Perdóname a mí, a mi familia y a los demás por tener un espíritu de rebelión que prefiere tu palabra hecha a nuestra manera. Ayúdanos a ser diligentes acerca de discernir la herejía. Perdona a quienes "no sufrirán la sana doctrina, sino que teniendo comezón de oír, se amontonarán maestros conforme a sus propias concupiscencias" (2 Timoteo 4:3).

Perdónanos por vernos a nosotros mismos como la fuente de la verdad y tratar de mejorar tus caminos.

Adoración con acción de gracias
Dios y Padre, te doy gracias porque tengo una fe intelectual con una historia de veracidad y principios comprobados. Me asombra la forma en que los valores cristianos han sido una fuerza de bien en el mundo. Gracias por la expiación, la autoridad de la Biblia, el don y la promesa del cielo. Gracias por los credos y doctrinas que se han arraigado y preservado a través de los siglos y por los principios de la fe. Por causa de tu naturaleza inmutable y obra perfecta, no necesitamos nada más respecto a tus preceptos, promesas y principios.

Súplica
Señor, derrama en mí y en tu iglesia un alto concepto de tu Biblia. Ayúdame a enseñar a mis hijos a examinar las ideas y enseñanzas y a entender los términos de manera correcta y que no sean engañados por mentiras que suenan atractivas. Ayúdame a enseñarles a mis hijos a aferrarse a lo que es bíblico y no a las definiciones culturales. Que mis hijos jamás alineen la Biblia con sus pensamientos, sino que, al contrario, que alineen sus pensamientos con tu palabra. Danos la capacidad de reconocer las mentiras convincentes y casi-verdades que se presentan como si fueran cristianas. Protege a mis hijos de empezar a andar en un camino que los lleve en un descenso lento hacia el ateísmo. Y en el inmutable nombre de Jesús, no permitas que nuestras experiencias dicten nuestra teología.

En el nombre del Dios eterno, amén.

PREGUNTAS PARA REFLEXIONAR

1. **Rompehielos**: Cuando era niña, ¿alguna vez creó un menjurje de refresco como el que describió Alisa? ¿Le gustó? ¿Era el sabor o la sensación de libertad?

2. **Tema principal**: La gente está cambiando las doctrinas cristianas históricas para acomodarlas a la época. ¿Cree que la Biblia está fuera de contexto en la sociedad? ¿Cree que adherirse a las normas de la sociedad es una prueba de la verdad? ¿Por qué sí o por qué no?

3. **Autoevaluación**: ¿Se siente atraída al cristianismo progresivo o siente repulsión contra él? ¿Qué tan fuerte es su reacción? ¿Por qué piensa que reacciona de la manera que lo hace? ¿En qué maneras puede discernir lo que lee o escucha?

4. **Lluvia de ideas:** ¿Dónde ha detectado estas ideas en libros, conferencias o devocionales? ¿Por qué piensa que el mensaje del cristianismo progresivo es tan atractivo? ¿Puede pensar en ejemplos específicos del pensamiento del cristianismo progresivo que ha leído o escuchado?

5. **Suelte el oso que lleva dentro**: Si algún día conversa con una persona (o con sus hijos) que han sido influenciados por el pensamiento del cristianismo progresivo, pregúnteles: "¿Cómo llegaste a esas conclusiones?" Recuerde todos los "ismos" que ha aprendido. ¿Creen que

la verdad es relativa (postmodernismo)? ¿Es escéptico ante los milagros (naturalismo)? ¿Piensa esa persona que las verdades de la Biblia son demasiado estrictas (emocionalismo)?

PALABRAS
FINALES
DE
ALIENTO

CÓMO RECIBIR TODA ESTA INFORMACIÓN Y RUGIR COMO UN OSO

Los padres osos

¡Lo logró! ¡Llegó al final! Quizá ahora se está rascando la cabeza pensando "Ok, esto fue demasiado para aprender para mí. ¿Y qué hago ahora?" He aquí algunos *tips* de algunos padres cuidadosos respecto a qué puede hacer con la información que acaba de leer y rugir como un oso.

Hillary Morgan Ferrer

Muchos libros de apologética traen preguntas y respuestas específicas o proveen la evidencia histórica de nuestras creencias. Este libro es más fundamental. Mi consejo principal para usted es que obtenga una comprensión clara de cada uno de los "ismos" para que pueda comenzar a reconocer cuáles están en juego cuando los detecte. ¿Cómo afecta el naturalismo a las preguntas de sus hijos respecto a la ciencia? ¿El postmodernismo está afectando su capacidad de creer que existe la verdad y que podemos conocerla? ¿El hiper escepticismo está obstaculizando aceptar respuestas porque espera la certeza absoluta?

Para padres con hijos más grandes, espero que este libro les ayude a entender de dónde provienen las preguntas de sus hijos, es decir, ¿en dónde se pueden estar fracturando sus fundamentos? Para quienes tienen hijos más pequeños, espero que este libro le ayude a edificar un fundamento fuerte para sus hijos para que cuando enfrenten preguntas difíciles reconozcan desde el principio las premisas falsas. Aunque el cristianismo alienta las preguntas difíciles, tiene respuestas aún más difíciles y el fundamento sobre el cual edificamos nuestras respuestas es firme.

Julie Loos

Padres, han tomado su primer paso para aprender y entrenar a sus hijos a amar a Dios con toda su mente. ¡Bravo! No importa la edad de sus hijos (o nietos) nunca es demasiado tarde para empezar. Ni tampoco es demasiado pronto. No subestime el valor de la oración en esta labor; nuestra guerra es espiritual. Podemos luchar en el ámbito natural a través de la apologética y en el ámbito espiritual a través de la oración. Francis Schaeffer escribió en su libro El Dios que Está Aquí: "Es importante recordar en primer lugar que no podemos separar la verdadera apologética de la obra del Espíritu Santo ni de una relación vital de oración al Señor de parte del cristiano. Debemos entender que eventualmente la batalla no es solamente contra carne y sangre".[1] Finalmente, los padres cuidadosos debemos recordar que cuando se trata de nuestros hijos, nuestra mejor apologética es nuestra vida (Asienta con William Lane Craig en ese pensamiento).

Hillary Short

Si esta ha sido su primera prueba de apologética cristiana, quizá se sienta sobrecargado. No permita que los términos y las ideas desconocidos le intimiden, si tiene la disposición de aprender, se está encaminando para equiparse y para ayudar a sus hijos a reconocer el error y responder adecuadamente. Mucha gente cierra la puerta para seguir creciendo en el conocimiento bíblico y su sabiduría, porque piensan que deben conocerlo todo como requisito para ser efectivos. Eso no es cierto. Me estremece pensar dónde estaría mi visión y relación con Cristo y cómo respondería las preguntas más importantes de la vida si no hubiera incursionado en la apologética e invertido tiempo para aprender de la academia robusta y la fortaleza histórica de la fe cristiana (¡gracias Howard!) Avance. Siéntase cómodo al analizar las cosas y hacer preguntas (porque esto nunca termina). Y nunca mire hacia atrás.

Teasi Cannon

Mi mayor palabra de ánimo para usted es que sea amable y llena de gracia al digerir toda la información que ha leído.

Quizá esta es la primera vez que ha escuchado algunos de los términos de este libro o que ha meditado con mayor profundidad sobre los temas que hemos abordado y ¡eso está bien! En vez de castigarse por lo que no sabe (algo que yo tiendo a hacer si no estoy alerta) anímese por lo que está aprendiendo. Usted ha decidido amar a Dios con toda su mente, lo cual no siempre es fácil. No todo mundo está dispuesto a hacer el trabajo mental arduo que usted acaba de hacer. (¡Felicidades!) Todo mundo comienza aprendiendo un nuevo concepto que lleva a otro y así sucesivamente. Unos aprenden más rápido que otros, unos retienen más que otros y otros simplemente son cerebros (yo no, en definitiva). Pero recuerde que esta no es una competencia. Es un peregrinaje y estamos en esto juntos.

Rebekah Valerius

Recuerde que todos los "ismos" que ha aprendido en este libro, aunque parecen ser muy poderosos, finalmente carecen de poder alguno frente a quien se levantó de la tumba. Nuestro Señor ha vencido al mundo y eso incluye al naturalismo, escepticismo, feminismo, postmodernismo, etc. Anímense padres cuidadosos. Les dejo con unas palabras de sabiduría de uno de mis libros favoritos: "algunos creen que solamente un gran poder podría mantener a raya al mal, pero eso no es lo que he aprendido. Se trata de las pequeñas obras de cada día de la gente ordinaria las que evitan que las tinieblas nos invadan; así como los pequeños actos de bondad y amor" (De El Señor de los Anillos de J.R.R. Tolkien).

Cathryn Buse

Gracias padres por invertir tiempo para leer este libro. Significa que quieren preparar a sus hijos para enfrentar el mundo sobrecogedor de las ideas. Aplaudo su deseo de mostrar a sus hijos que la fe cristiana que se describe en Hebreos 11:1 no es una fe ciega. Es la fe que no tiene temor de hacer preguntas, porque está firme en un fundamento sólido de verdad.

No se preocupe si no tiene todas las respuestas, solamente ¡acepte las preguntas! Permita a sus hijos hacer preguntas y luego busque con ellos las respuestas. Al hacer esto, les mostrará que nunca son demasiado viejos para aprender y que debemos seguir creciendo en nuestra fe y conocimiento de Dios. Recuerde que Dios fue el que creó la biología, química, física, geología, tiempo, espacio, materia y todo lo demás. No debemos temer buscarlo en cualquiera de esas disciplinas. No debemos temer tratar de responder las preguntas difíciles que nos hace el mundo a nosotras y a nuestros hijos. "Mira que te mando que te esfuerces y seas valiente; no temas ni desmayes, porque Jehová tu Dios estará contigo en dondequiera que vayas" (Josué 1:9).

Alisa Childers

Jamás olvidaré aquella clase en la que un pastor agnóstico desafió mi fe cristiana. Me sentaba ahí pensando: ¿Por qué nadie me preparó para esto? Y quiero felicitarla por tomar el tiempo y la energía intelectual para leer este libro. Le acaba de hacer un gran favor a sus hijos y ha dado el paso necesario para prepararlos para enfrentar todo, desde la clase de biología evolucionista en la universidad hasta el profesor ateo de filosofía y al pastor agnóstico ¿Recuerda la historia del capítulo 2 en la que la mamá cuidadosa salvó a su hija adulta de los rápidos? Si ha leído este libro ¡esa clase de padre es usted! ¡Vengan esos cinco! Quiero animarle a seguir aprendiendo. Aunque en ocasiones podría parecer demasiada la cantidad de información por aprender, siempre me asombro de la manera en que Dios toma una cosa que he estudiado durante la última semana para responder a una pregunta de una amiga o de un ser querido en esta semana. Aproveche los increíbles recursos de lo que hemos hablado en las recomendaciones de lectura para que continúe en este peregrinaje. Como lo dice a menudo Hillary F.: "Estamos en esto juntos".

Capítulo 1: Llamado a todos los padres cuidadosos

Cautivas culturales: las creencias comportamiento de los jóvenes adultos norteamericanos, Stephen Cable

La encuesta de Jesús: Lo que los adolescentes cristianos creen en realidad y por qué, Mike Nappa

Conozca a la generación Z: Entendiendo y alcanzando al nuevo mundo post cristiano, James Emery White

Capítulo 2: Cómo ser un padre o una madre cuidadoso

Tácticas: un plan de juego para discutir sus convicciones cristianas, Greg Koukl

Hablando con sus hijos acerca de Dios: 30 conversaciones que todo padre cristiano debe tener, Natasha Crain

Capítulo 3: La mamá osa que discierne

La disciplina del discernimiento espiritual, Tim Challies

Capítulo 4: El robo lingüístico

El detective del engaño: treinta y ocho lecciones sobre cómo reconocer un mal razonamiento, Nathaniel Bluedorn y Hans Bluedorn

Capítulo 5: Dios ayuda a los que se ayudan a sí mismos

1-2ª de Pedro 1:3-11 (Dios nos ha dado todas las cosas que pertenecen a la vida y a la piedad).

El gran tejedor: cómo Dios nos forma a través de los eventos de nuestra vida, Ravi Zacharias

Capítulo 6: Naturalismo

La casa de naipes de Darwin: la odisea de un periodista a través de los debates de Darwin, Tom Bethell

La ciencia y la mente del Hacedor: lo que revela la conversación entre la fe y la ciencia acerca de Dios, Melissa Cain Travis

Capítulo 7: Escepticismo

La nueva vestimenta del ateísmo: explorando y exponiendo las declaraciones de los nuevos ateos, David Glass

La verdadera razón: confrontando lo irracional del nuevo ateísmo, Tom Gilson y Carson Weitnauer

Capítulos 8,9 y 10: Postmodernismo, relativismo moral y emocionalismo

No es una guardería: las consecuencias devastadoras de abandonar la verdad, Dr. Everett Piper

¿Cómo debemos vivir ahora?, Charles Colson con Nancy Pearcey

Relativismo: pies bien plantados en medio del aire, Francis Beckwith y Gregory Koukl

Verdad para ti, pero no para mí: venciendo las objeciones a la fe cristiana, Paul Copan

Salvemos la verdad: cómo encontrar el significado y claridad en un mundo post verdad, Abdu Murray

Capítulo 11: Pluralismo

Dios entre sagas: Por qué Jesús no es solamente otro líder religioso, Kenneth Richard Simples

Entendiendo los tiempos: una encuesta de las cosmovisiones en competencia, Jeff Myers y David Nobel (incluye secciones sobre el marxismo)

Enseñemos a otros a defender el cristianismo: lo que todo cristiano debe saber, Cathryn Bise

Capítulo 12: Nueva espiritualidad

¿Por qué Jesús? Redescubriendo su verdad en una era de espiritualidad de mercadotecnia masiva, Ravi Zacharias

El embelesamiento: la seducción paranormal de los niños de hoy, Marcia Montenegro

El dios "O": un diálogo sobre la verdad y la espiritualidad de Oprah, Josh McDowell y Dave Sterrett

Capítulo 13: Marxismo

Reglas para radicales: Una base práctica para los realistas radicales, Saúl D. Alinksy (básicamente un manual práctico del marxismo)

Marxismo 1844-1990: Orígenes, traición, renacimiento, Rogers S. Gottlieb (excelente explicación del marxismo, pero desde una perspectiva pro-marxista no-cristiana)

"*Comprendiendo la teoría crítica y la apologética cristiana*", Neil Shenvi y Patrick Sawyer, Radio Christi: Alianza apologética del campus, https://ratiochristi.org/blog/post/understanding-critical-theory-and-christian-apologetics/6371?fbclid=IwAR3CqEnI8IKsFx7AxrKLGISNbNd10CR_F8Npb161hV4aUli8QbWyTEP0zGU#

"*El cristianismo y la justicia social*", Neil Shenvi, Neil Shenvi, apologética, https://shenviapologetics.wordpress.com/christianity-and-social-justice/

Capítulo 14: Feminismo
La guerra contra los niños: cómo las políticas mal llevadas afectan a nuestros jóvenes varones, Christina Hoff Sommers

¿Quién se robó el feminismo? Como las mujeres han traicionado a las mujeres, Christina Hoff Sommers

Capítulo 15: Cristianismo progresivo
Distorsión: Cómo la izquierda del nuevo cristianismo está torciendo el evangelio y dañando la fe, Chelsea Vicari

Oración:
Mamás en oración: De pie en la brecha por sus hijos, Fern Nichols

NOTAS

Capítulo 1. ¡Llamado a todos los padres!

1. Ronald Tiersky, *"De quién es el verdadero Dios" Huffington Post* (julio 24, 2014; revisado el 23 de septiembre de 2014, https://huffingtonpost.como/ronaldtierski/whose-god-is-the-one-true_b_5618066

2. Un estudio de Lifeway reportó que mientras el 60% se marchan, alrededor de dos tercios de ellos regresan finalmente. Esto suena alentador hasta que hacemos cuentas y nos damos cuenta que eso todavía significa que estamos perdiendo al 45% de nuestros jóvenes para siempre en cada generación. Cuando los números son tan altos, empezamos a ver una pérdida exponencial, porque ese 45% ahora está criando a sus propios hijos y ellos están interactuando con los suyos. Véase la investigación de Lifeway, *"Razones por las que los jóvenes de 18-22 años se salen de la iglesia"*, investigaciones Lifeway (agosto 7, 2007) https://lifewayresearch.com/2007/08/07/reasons-18-to-22-year-olds-dop-our-of-church/.

3. David Kinsman, *Me perdiste: por qué los cristianos jóvenes se van de la iglesia… y repensando la fe* (Grand Rapids, MI: Baker, 2011), 23.

4. Alexander W. Astin, Helen S. Astin y Jennifer A. Lindholm, *Cultivando el espíritu: Cómo la universidad puede mejorar la vida interior de los alumnos* (San Francisco, CA: Jossey-Bass, 2011), 89.

5. Estudio Barna, "La mayoría de los veinteañeros colocan el cristianismo en un estante después de sus años de adolescencia espiritualmente activos" Barna (septiembre 11, 2006) https://www.barna.com/research/most-twentysomethings-put-christianity-on-the-shelf-following-spiritually-active-teen-years/.

6. T.C. Pinckney, "Estamos perdiendo a nuestros hijos: observaciones al comité ejecutivo de la Convención Bautista del Sur", Alianza por la separación de la escuela y el estado (septiembre 18, 2001), http://www.schoolandstate.org/SBC/Pinckney-weAreLosingOurChildren.htm.

7. Centro de investigaciones Pew, "Escogiendo una nueva iglesia o casa de adoración", Centro de investigaciones Pew (agosto 23, 2016), https//www.pewforum.org/2016/08/23/choosing-a-new-church-or-house-of-worship/.

8. Christian Smith y Melinda Lundquist Denton, *Búsqueda del alma: la vida religiosa y espiritual de los adolescentes norteamericanos* (Nueva York: Oxford, 2005), 133, 162-163.

9. Investigación Lifeway, 2016 *Estudio del estado de la teología norteamericana:* Reporte de investigación, comisionado por los ministerios Ligonier, *El estado de la teología*, https://thestateoftheology.com/assets/downloads/2016-state-of-america-white-paper.pdf.

10. Mike Nappa, *La Encuesta de Jesús* (Grand Rapids, MI: Baker, 2012), 60.

11. Josh McDowell y David H. Bellis, *La última generación cristiana* (Holiday, FL: Green Key, 2006), 15.

12. Nappa, *La Encuesta de Jesús*, 15.

13. Nappa, *La Encuesta de Jesús*, 81.

14. Nappa, *La Encuesta de Jesús*, 117.

15. Grupo Barna, "Seis mega temas que emergen de la investigación del grupo Barna en el 2010", Barna (diciembre 13, 2010), https://www.barna.com/research/six-megathemes-emerge-from-barna-group-research-in-2010.

16. Nappa, *La Encuesta de Jesús*, 10.

17. Nappa, *La Encuesta de Jesús*, 11.

18. Barry A. Kosmin y Juhem Navarro-Rivera, *La transformación de la generación X: cambios en la auto identificación religiosa y polít ca, 1990-2008* (Hartford, CT: Trinity College, mayo 22, 2012),17, http://commons.trincoll.edu/aris/files/2012/09/GENXreport2012_05_22.pdf.

19. Lifeway, "Razones por las que los jóvenes de 18-22 se van de la iglesia", 2007.

20. Stephen Cable, *Cautivos culturales: las creencias y comportamiento de los jóvenes adultos norteamericanos* (Plano, TX: Ministerios Probe, 2012), 7.

21. Investigación Pew, "El público de los Estados Unidos se está haciendo menos religioso", Centro de investigación Pew (noviembre

3, 2015), https://www.pewforum.org/2015/11/03/u-s-public-becoming-less-religious/.

22. James Emery White, *Conozca a la generación Z, entendiendo y alcanzando al nuevo mundo post cristiano* (Grand Rapids, MI: Baker, 2017), 49.

23. Ken Ham, Britt Beemer y Todd Hillard, *Ya se han ido, ¿Por qué sus hijos se irán de la iglesia y qué puede hacer para impedirlo?* (Green Forest, AR: Master Books, 2009), 38, 41.

24. Frank Turek, "El que busca iglesia; ¿hay alguien haciendo discípulos?" CrossExamined.org, https://crossexamined.org/church-beliefs/#toggle-id-1. Énfasis añadido.

25. Ed Stetzer, "¿Por qué muchos jóvenes adultos renuncian?" (CT Pastores, Otoño 2007, https://www.christianitytoday.com/pastors/2007/fall/10.15.html.

26. Cable, *Cautivos culturales*, 78.

27. Cable, *Cautivos culturales*, 78.

28. Ham, Beemer y Hillard, *Ya se han ido*, 31, 32.

29. Asociación nacional de evangélicos, "Cuando los norteamericanos se hacen cristianos", Asociación nacional de evangélicos (Primavera 2015), https://www.nae.net/when-americans-become-christians.

30. Jen Oshman, "La cosmovisión se forma antes de los 13 años: ¿Quién está formando a sus hijos?", La odisea Oshman (julio 25, 2017), https://www.oshmanodyssey.com/jensblog/n6pb5oppl-j5kaq12ihl4gahklx7ocl.

Capítulo 2: Cómo ser un padre o una madre cuidadoso

1. Melanie Shankle, *Aretes verdes brillantes: ver la luz en cualquier lado* (Carol Stream, IL: Tyndale, 2013), 175-176.

2. Michael Sheerer, "El número de norteamericanos que no profesan afiliación alguna a una religión está creciendo: aumentan los ateos", Científico americano (abril 1, 2018), www.scientificamerican.com/article/the-number-of-americans-with-no-religious-affiliation-is-rising/.

3. Natasha Crain, *Hable con sus hijos acerca de Dios: 30 conversaciones que todo padre cristiano debe tener* (Grand Rapids, MI: Baker, 2017), 87-88.

4. Martin D. Tullai, "Theodore Roosevelt: un hombre para todas las épocas", El mundo y yo (abril 1998), 327.

5. Thomas S. Mayhinney y Laura L. Sagan, "El poder de las relaciones interpersonales", Caleidoscopio: Lecturas clásicas y contemporáneas en la educación, eds. Kevin Ryan y James M. Cooper (Belmont, CA: Wadsworth, 2009), 16.

Capítulo 3: La mamá cuidadosa que discierne

1. 2 Samuel 12.

2. Santiago 1:27.

3. Para hacer justicia, debo calificar mi declaración acerca de que existen pocas cosas que pueden etiquetarse como "todo peligrosas". Es como las partes grasosas que le quito a mi bistec, hay ciertos elementos de la cultura popular que se pueden descartar de inmediato, como la pornografía. Podemos descartar con seguridad y sin temor alguno de estar perdiéndonos de un gramo de verdad. Sin embargo, la mayoría de nuestra cultura es una mezcla de verdad y error.

4. Sí, he tomado malas decisiones antes y como resultado tengo imágenes impresas en mi mente que jamás podré olvidar. Gracias a Dios por sitios web como www.kidsinmind.com. Hay cosas que definitivamente no se pueden escupir, por más que lo intente.

Capítulo 4: El robo lingüístico

1. Holly Ordway, *Apologética y la imaginación* (Steubenville, OH: Emmaus Road, 2017), 68.

2. Amy F.T. Arnsten, "Caminos que señala el estrés que afecta la estructura y función de la corteza prefrontal", Neurociencia 10, no. 6 (junio 2009): 410-422, https://doi.org/10.1038/nrn2648.

3. Jonathan Turley, "La hipocresía de Antifa", La colina (ago to 29, 2017), http://thehill.com/blogs/pundits-blog/civilrights/348389-opinion-antifa-threatens-to-turn-america-into-an.

4. Family Policy Institute of Washington, "Identidad de género: ¿Puede un hombre blanco de 1.80 mts. de altura, convertirse en una mujer china de 2 mts.?" (abril 13, 2016), www.youtube.com/watch?v=xfO1veFs6Ho.

5. Salmos 133:1; Juan 17:23; 1 Corintios 1:10; Efesios 4:3; Colosenses 3:13-14; 1 Pedro 3:8.

6. Acceda a biblehub.net y busque las palabras *justicia* e *injusticia* y verá cómo estos conceptos se encuentran por toda la Biblia.

7. Anemona Hartocollis y Stephani Saul, "La batalla de acción afirmativa tiene un nuevo enfoque: asiáticos-americanos", The New York Times (agosto 3, 2017), https://www.nytimes.com/2017/08/02/us/affirmative-action-battle-has-a-new-focus-asian-americans.html.

8. Erik Ortiz, "El departamento de justicia podría revisar la queja de los asiático-americanos en contra de las admisiones de Harvard", NBC News (agosto 3, 2017), https://www.nbcnews.com/news/asian-america/asian-americans-complaint-against-harvard-could-get-dept-justice-review-n789266.

Capítulo 5: Dios ayuda a los que se ayudan a sí mismos

1. John LaRosa, "Qué sigue para la industria del desarrollo personal valuada en $9.9 billones de dólares", MarketResearch.com (enero 17, 2018), https://blog.marketresearch.com/whats-next-for-the-9-9-billion-personal-development-industry.

2. Una filosofía helenista del tercer siglo a.C. que promovía el poder de la mente humana y la lógica como la fuente final de la felicidad humana.

3. Samuel Smiles, *Autoayuda* (Boston: Ticknor y Fields, 1863), https://www.econlib.org/library/YPDBooks/Smiles/smlSH.html?chapter_num=3#book-reader.

4. James Allen, *Como piensa el hombre* (N.P.: CreateSpace, 2006), https://www.amazon.com/As-Man-Thinketh-Complete-Original/dp/1523643536.

5. 2 Corintios 10:5.

6. La ciencia cristiana enseña la idea de que las enfermedades son una ilusión o que se pueden controlar con la mente de la persona. Si la gente cambiara su forma de pensar o dijera las oraciones correctas, entonces serían sanados.

7. Norman Vincent Peale, *El poder del pensamiento positivo: una guía práctica para dominar los problemas de la vida diaria* (London: The Quality Book Club, 1956; reimpreso por Self-Improvement eBooks, 2006), 6, http://www.makemoneywithpyxism.info/joinstevehawk.com/PowerOfPositiveThinking.pdf.

8. El *humanismo* es el sistema de creencias de que el hombre en esencia puede ser su propio dios. Anima a la gente a verse a sí mismos y no a buscar un ser divino o sobrenatural. Los humanistas creen que la gente nace buena y que, dadas las circunstancias y habilidades correctas, pueden volver a ser buenos.

9. Si quiere leer a alguien que en verdad entiende el pecado, vea el sermón de Jonathan Edwards: *"Pecadores en manos de un Dios airado"*. No lo lea como si fuera el evangelio porque le quita el amor al evangelio, pero el hombre comprendía muy bien al pecado.

10. Jonathan Edwards, *"Pecadores en manos de un Dios airado: Sermón predicado en Enfield, julio 8, 1741*, en la época del gran avivamiento; los que lo escucharon dieron excelentes opiniones (Boston: S. Kneeland y T. Green, 1741), reimpreso por el ed. Reiner Smolinski (Londres, NE: Universidad de Nebraska, Lincoln-Digital Commons, n.d.), https://digitalcommons.unl.edu/cgi/viewcontent.cgi?article=1053&context=etas.

11. Mateo 10:39.

12. Salmos 121:2; Zacarías 4:6; Juan 15:5.

Capítulo 6: Mi cerebro es confiable… según mi cerebro

1. Técnicamente las cosas materiales también pueden ser cosas demasiado pequeñas para que nuestros sentidos las detecten, pero todavía se pueden usar para crear reacciones repetibles en un laboratorio, las reacciones sí se pueden detectar por los sentidos.

2. Hay gente que tienen experiencias en las que han interactuado con ángeles o demonios, pero esas experiencias no son la norma, ni tampoco se puede confiar en ellas o reproducirlas más veces.

3. También existe una forma inmaterial del naturalismo, en la que una persono cree que todas las cosas son naturales, pero la naturaleza incluye cosas tanto materiales como inmateriales. Esta distinción no es tan común, así que no es de lo que estamos hablando aquí.

4. Richard Dawkins, conferencia en el festival internacional de ciencia de Edinburgh (abril 15, 1992), citado en "el caso de un científico contra Dios", El independiente (abril 20, 1992), 17.

5. Los científicos se refieren a este tipo de pensamiento como un "sistema abierto" en lugar de un "sistema cerrado". Un sistema cerrado no puede tener interferencia alguna del exterior, lo que significa que Dios no podría interactuar con su creación. Un sistema abierto permite que las cosas fuera de nuestro sistema (como Dios) puedan interactuar. Existen más que las leyes naturales, aunque las leyes naturales son suficiente causa para la mayoría de las cosas que estudiamos.

6. El año 1543 a.C. fue cuando Copérnico publicó *Sobre las revoluciones de las esferas celestiales*, el primer tratado científico que aseveraba el modelo heliocéntrico (centrado en el sol) en vez del geocentrismo (centrado en la tierra).

7. Una gran referencia es Ken Simple, *Un mundo de diferencia* (Grand Rapids, MI: Baker, 2007).

8. Malaquías 3:6.

9. Charles Darwin, *El origen de las especies* (publicado originalmente en 1859: reimpresión Nueva York: Barnes & Noble Classics, 2008), 77 (énfasis añadido).

10. Esta expectativa es un tema importante y jugará un papel preponderante cuando hablemos del escepticismo y el postmodernismo en los siguientes capítulos. La seguridad absoluta se obtiene cuando alguien ha probado algo más allá de cualquier duda posible.

11. Nosotros en el Occidente moderno nos hemos dado cuenta que solamente hay dos áreas en las que se puede lograr la absoluta seguridad: la lógica y las matemáticas. Aun a nuestras experiencias personales se les puede descartar de manera filosófica como sueños elaborados para la mente en un contenedor.

12. La palabra *eugenesia* significa "bueno" (eu) "genes" (genética). Básicamente tomaba la selección natural de Darwin y la usaba en los humanos de la misma manera en que los criadores de perros cruzan a los perros de manera selectiva: esterilizando a la gente que tienen genes menos deseables. Alrededor de 60,000 gentes fueron esterilizadas (muchos en contra de su voluntad) en la primera parte del siglo veinte. Muchos de ellos tenían problemas mentales o defectos de nacimiento. Fue la aplicación de los Estados Unidos de la enseñanza del Darwinismo de "purificar el acervo genético" la responsable de la Planificación de la paternidad, y también de las atrocidades que cometió Hitler. La palabra *eugenesia* fue mucho menos popular después de la segunda guerra mundial cuando vimos hasta donde la llevó Hitler, pero las ideas detrás de ello siguen en la Planificación de la paternidad y con el creciente movimiento para legalizar el suicidio auxiliado por un médico.

13. "Jesucristo es el mismo ayer, hoy y por los siglos" (Hebreos 13:8).

14. Debo mencionar que la hipótesis del universo eterno (también llamada la teoría del estado estable) fue destruida por completo cuando Hubble descubrió que el universo estaba en expansión. Algo que se está expandiendo *debe* haber tenido un punto de inicio.

15. Para una lista completa, véase Hugh Ross, "Primera parte: afinación fina de la vida en el universo", en *Razones para Creer* (Covina, CA: Razones para creer, 2008), https://d4bge0zxg5qba.cloudfront.net/files/compendium/compendium_part1.pdf.

16. Hay muchos lugares en los que usted puede ver la descripción de Lennox de este intercambio, por ejemplo: https://www.youtube.com/watch?v=CwwUnsqA5gl.

17. No podemos descartar el hecho de que la ciencia progresa de manera lenta. No estoy diciendo que esa es la razón por la que solo hemos entendido la superficie, y que nunca llegaremos al fondo de esto. Lo que digo es que sabemos muy bien lo que los procesos naturales pueden hacer y qué no pueden hacer, y la brecha entre los dos no se basa en la ignorancia, más bien se basa en el conocimiento. Este no es un argumento que aduce ignorancia. Es un argumento inductivo que se basa en la mejor explicación de lo que sabemos al momento; que es idealmente a lo que la ciencia debería limitarse a sí misma.

18. Si quisiera ver una ilustración terrorífica de cómo se ve esto cuando infunde esta creencia en el sistema de justicia, véase John West, *El día de Darwin en Norteamérica* (Wilmington, DE: Intercollegiate Studies Institute, 2007).

19. No es su plan para la salvación, eso solamente se encuentra en la Biblia.

20. Ben Stein en el documental *Expulsado*, hizo que Richard Dawkins admitiera que los *Aliens* eran su mejor opción. Véase Ben Stein, *Expulsado* (Premise Media y Rampant Films, 2008), 1:27:25-1:33:08, https://www.youtube.com/watch?v=V5EPymcWp-g.

21. Baruch A. Shalev, *100 años del premio Nobel* (Los Ángeles, CA: The Americas group, 2002), 46, 57.

22. Robert Jastrow. *Dios y los astrónomos* (Nueva York: W.W. Norton, 1992), 116.

Capítulo 7: Creería en Dios si hubiera alguna pizca de evidencia

1. Dan Wallace, "¿Ha sido el texto del Nuevo Testamento corrompido sin esperanza? *Una defensa de la Biblia: una apologética abarcadora sobre la autoridad de la Biblia*, eds. Stephen B. Cowan y Terry L. Wilder (Nashville, TN: Broadman & Holman, 2013), 156-57.

2. Tenemos los documentos originales como los registros del envío y los recibos, pero no los documentos originales de la literatura que se hayan copiado o circulado.

3. Josh McDowell y Sean McDowell, *La nueva evidencia que demanda un veredicto* (Nashville, TN: Thomas Nelson, 2017), 52-56.

4. David Hume, *Sobre la naturaleza humana y la comprensión*, Antony Flew, ed. (Nueva York: Collier Books, 1962), 163.

5. Hillary Short, "Apologética del jardín de juegos: tácticas apologéticas para mamás ocupadas", Apologética de Mamá osa (febrero 14, 2018), http://mamabearapologetics.com/playground-apologetics-intro/.

6. Bertrand Russell, "La adoración del hombre libre", The Independent review, vol. 1 (diciembre 1903), 415-24.

7. Richard Dawkins, "Pensamiento del día", Radio BBC (enero 2003), citado en Alister McGrath, *¿El engaño de Dawkins?* (Downers Grove, IL: InterVarsity, 2007), 19.

8. Si nunca ha visto programa de Bob Newhart "Solo deténgalo", búsquelo en línea. Créame, vale la pena la inversión de tiempo.

9. Christopher Hitchens, entrevista, *ABC Lateline* (noviembre 18, 2010), 11:10, https://www.youtube.com/watch?v=6uIJhUhPTFs.

10. Anna Skates, "El problema con la Pascua: Cómo (y cómo no) hablar con los niños acerca de la pascua, Padres que no son fundamentalistas", Patheos (abril 12, 2017), http://www.patheos.com/blogs/unfundamentalistparenting/2017/04/trouble-easter-not-talk-kids-easter/.

11. Richard Dawkins, "Abuso infantil físico versus mental", Fundación Richard Dawkins (enero 1, 2013), https://www.richarddawkins.net/2013/01/physical-versus-mental-child-abuse/.

12. Rebekah Valerius, "¿Es abuso enseñarles a los niños acerca del infierno?" Revista Christian Research 40, no. 3 (2018) 34-39.

13. Richard Dawkins, *El engaño de Dios* (Nueva York: Houghton Mifflin, 2006), 135.

14. Richard Dawkins, "Richard Dawkins: la revolución relacional", video cuyo anfitrión fue Intelligence² (julio 14, 2016), 1:09:07-1:11:02, https://www.youtube.com/watch?v=aWIQ5nWKyNc.

15. Dr. John D. Ferrer, "¿Rechazando a un Rembrandt?", Intelligent Christian Faith (abril 29, 2016), https://intelligentchristianfaith.com/2015/11/19/rejecting-a-rembrandt/.

16. Richard Dawkins, "Dios bajo el microscopio", video "el corazón del asunto" BBC One (septiembre 29, 1996), https://www.youtube.com/watch?v=2gTYFolrpNU.

17. Christopher Hitchens, "La fanática y fraudulenta madre Teresa", Slate (octubre 20, 2003), http://www.slate.com/articles/news_and_politics/fighting_words/2003/10/mommie_dearest.html.

Capítulo 8: La verdad es que no hay verdad

1. Gilbert K. Chesterton, "El avivamiento de la filosofía ¿Por qué?" Common man (Nueva York: Sheed & Ward), párrafo 1.

2. Nancy R. Pearcey, *Verdad total* (Wheaton, IL: Crossway, 2004), 103.

3. Stephen Hicks, *Explicación del postmodernismo: escepticismo y socialismo desde Rousseau hasta Foucault* (Loves Park, IL: Ockham´s Razor, 2014), 2.

4. Sí, mi mente interpreta la longitud de la onda de la luz para decirme que es morado, pero mi percepción no puede cambiar las longitudes de las ondas objetivas de la luz que se emiten.

5. Hicks, *Explicación del postmodernismo*, 3.

6. uando mi amiga Beth estaba leyendo un borrador de este capítulo, comentó que el hijo de una amiga llegó de la universidad diciendo que su profesor de religión en una institución cristiana le dijo que Jesús era homosexual y que podía comprobarlo con la Biblia. Me gustaría decir que casos como estos son inusuales, pero no lo son.

Capítulo 9: Te equivocas al decirme que me equivoco

1. C. S. Lewis, *Mero cristianismo* (Nueva York: Touchstone, 1996), 45.

2. Timothy Keller, *La razón de Dios: Creencias en una era de escepticismo* (Nueva York: Riverhead, 2008), 73.

3. Richard C. Lewontin, "Billones y billones de demonios", New York Review of Books (enero 9, 1997), https://www.nybooks.com/articles/1997/01/09/billiones-and-billions-of-demons/ (énfasis añadido).

4. Jonathan Merrit, "La muerte del relativismo moral", El atlántico (marzo 24, 2016), https://www.theatlantic.com/politics/archive/2016/03/the-death-of-moral-relativism/475221/.

Capítulo 10: Sigue tu corazón, ¡él nunca miente!

1. Fredric Heidemann, "Fui ateo hasta que leí "El Señor de los Anillos" Strange Notions (diciembre 19, 2016), https://strangenotions.com/i-was-an-atheist-until-i-read-the-lord-of-rings/.

Capítulo 11: Solo adora lo que sea

1. Brandon Showalter, "Solamente 1 de cada 10 norteamericanos tienen una cosmovisión bíblica, Solamente el 4 por ciento de los

milenials: Barna", The Christian post (febrero 28, 2017), https://www.christianpost.com/news/1-in-10-americnas-have-biblical-worldview-just-4-percent-of-millenials-barna-176184/.

2. Para mayor información acerca de los que pudo haber dicho San Francisco de Asís o no, vea Jamie Arpin-Ricci, "¿Predica el evangelio en todo tiempo?" Huffington Post (agosto 31, 2012), https://www.huffingtonpost.com/jamie-arpinricci/preach-the-gospel-at-all-times-st-francis_b_1627781.html.

3. 2 Corintios 10:5.

4. Cathryn Buse, *Enseñando a los demás a defender el cristianismo* (Denver, CO: CrossLink, 2016), 73-98.

5. Juan 14:6.

6. Buse, *Enseñando a los demás*, 93-96.

7. Lucas 12:51-53.

8. Hechos 4:20.

9. Nabeel Qureshi, *Buscando a Alá, encontré a Jesús* (Grand Rapids, MI: Zondervan, 2016), 90.

Capítulo 12: No soy religioso, ¡soy espiritual!

1. Otto Friedrich, "Armonías de la nueva era", Time (diciembre 7, 1987), 62-72.

2. Joseph Liu, "Los *nones* van en aumento", Pew Research Center (octubre 9, 2012), http://www.pewforum.org/2012/10/09/nones-on-the-rise/.

3. Marianne Williamson, "Cómo aplicar un curso de milagros en su vida diaria", posteado por Hay House en YouTube (marzo 14, 2016, https://www.youtube.com/watch?v=bgWBmiqR4pI.

4. Helen Schucman, *Manual para maestros en Un Curso Sobre Milagros* (Mill Valley, CA: Fundación para la paz interior, 1975; reimpresión 2007), 91 http://stobblehouse.com/text/ACIM.pdf.

5. Helen Shuchman, *Un curso sobre milagros (texto primario) en Un curso sobre milagros*, volumen combinado, 3a ed. (Mill Valley, CA:

fundación para la paz interior, 1975; Reimpresión 2007), cap. 4, introducción, párrafo 3.

6. Shuchman, *Manual para maestros*, 2007, sección 23, párrafo 4.

7. Shuchman, *Curso sobre milagros*, 1975, capítulo 3, introducción, párrafo 4.

8. Shuchman, *Libro de trabajo para alumnos en un curso sobre milagros, volumen combinado,* 3a edición (Mill Valley, CA fundación para la paz interior, 1975; reimpresión 2007), lección 61, párrafo 1.

9. Shuchman, *Libro de trabajo*, lección 259, párrafo 1.

10. Shuchman, *Libro de trabajo*, lección 70, párrafo 1.

11. Todd Gilchrist, "Discursos de la guerra de las galaxias, Yoda" IGN. US (agosto 29, 2006), https://www.ign.com/articles/2006/08/29/star-wars-speeches-yoda.

12. Bill Moyers y George Lucas "Del mito y los hombres", Time (abril 18, 1999), http://content.time.com/time/magazine/article/0,9171,23298,00.html.

13. Rob Bell, *Qué decimos cuando hablamos de Dios* (Nueva York: HarperCollins, 2014), 106.

14. Bell, *Qué decimos*, 118.

15. Ekhart Tolle, *El poder del ahora: una guía a la iluminación espiritual* (Vancouver, BC, Canadá: Namaste, 2004), 104.

16. Deepak Chopra, *El tercer Jesús: el Cristo que no podemos ignorar* (Nueva York: Random House, 2008), 9.

17. Marcia Montenegro, "Mindfulness: domesticando al mono, parte 1" Midwest Christian outreach journal, vol. 20, no. 1 (otoño 2014), párrafo 12, http://www.christiananswersforthenewage.org/Articles_MindfulnessMonkey.html.

18. Para saber más de esto, véase el cap. 3 del libro de Clay Jones *¿Por qué Dios permite el mal?* (Eugene, OR: Harvest House, 2017).

19. Mary Poplin, "Como entusiasta de la nueva era, me denominé con un espíritu libre y una buena persona", Christianitytoday.com (diciembre 21, 2017), http://www.christianitytoday.com/ct/2018/

january-february/as-new-age-enthusiast-i-fancied-myself-free-spirit-and-good-html.

Capítulo 13: El comunismo falló porque nadie lo hizo bien

1. Danielle Corcione, "Todo lo que debe saber acerca de Karl Marx", Teen Vogue (mayo 10, 2018), https://www.teenvogue.com/story/who-is-karl-marx.

2. Kim Kelly, "Todo lo que debe saber acerca del capitalismo", Teen Vogue (abril 11, 2018), https://www.teenvogue.com/story/what-capitalism-is.

3. Karl Marx y Frederick Engels, *Manifiesto del partido comunista* (1848), traducido por Samuel Moore y Frederick Engels, en Marx/Engels Obras selectas, vol. 1 (Moscú: Progress publishers, 1969), 98-137, traducción revisada y editada por Andy Blunden (Online: Marxists Internet Archive, 2004), 40.

4. Marx/Engels Obras selectas, 26.

5. Marx/Engels Obras selectas, 24.

6. Bruce Mazlish, El significado de Karl Marx (Nueva York: Oxford University Press, 1987), 8.

7. William Z Foster, *Hacia una Norteamérica Soviética* (Londres: Forgotten Books & Ltd., 2015).

8. W.A. Suchting, *Marx: una introducción* (Nueva York: Nueva York University Press, 1983)xviii.

9. Roger S. Gottlieb, *Marxismo: 1844-1990* (Nueva York: Routledge, Chaplain & Hall, 1992), 34.

10. Bertell Ollman "La visión de Marx del comunismo: la primera etapa" Marxismo dialéctico: los escritos de Bertell Ollman, https://www.nyu.edu/projects/ollman/docs/marxs_vision.php.

11. Robert Harvey, *Breve historia del comunismo* (Nueva York: Thomas Dunne Books, 2004), 25.

12. Karl Marx y Frederick Engels, *Manifiesto del partido comunista* (1848), traducido por Samuel Moore y Frederick Engels, en Marx/Engels Obras Selectas, vol. 1, páginas 98-137 (Moscú: Pro-

gress publishers, 1969), 98-137, traducción revisada y editada por Andy Blunden (Online: Marxists Internet Archive, 2004), 18.

13. Marx/Engels Obras Selectas, 25.

14. Marx/Engels Obras Selectas, 14.

15. Robert Harvey, *Breve historia del comunismo* (Nueva York: Thomas Dunne Books, 2004), 25.

16. Saul Alinksy, *Reglas para los radicales* (Nueva York: Vintage Books, 1971), 66.

17. Roger S. Gottlieb, *Marxismo*: 1844-1990 (Nueva York: Routledge, Chaplain & Hall, 1992), 124.

18. Gottlieb, *Marxismo*, 137.

19. John MacArthur tiene buenas series sobre esto. He aquí el primer mensaje de la serie: John MacArthur, "La justicia social y el evangelio", Ministerios gracia a vosotros (agosto 132, 2018), https://www.gty.org/library/blog/B180813.

20. Tuve esta idea a través de Kim Van Vlear y su *Curriculum de raíces profundas en la Biblia,* que se puede encontrar en https://deeprootsbible.com/.

21. Tengo que hacer notar que esas páginas no apoyan el comunismo porque el comunismo se apoya desde el gobierno. Note que la gente no estaba dando sus bienes para que el gobierno las distribuyera. Se los estaban dando a los apóstoles, los líderes religiosos. Así que si este pasaje aboga por algo es por una teocracia auto impuesta (es decir que se trataba de un gobierno en el cual los sacerdotes rigen según la guía divina). Israel antiguo era una teocracia. Cualquier gobierno que opera con libertad de religión no puede ser una teocracia. Sin embargo, podemos operar dentro del gobierno de la iglesia de manera en que la iglesia primitiva lo hizo.

Capítulo 14: El futuro es femenino

1. Diana Bruk, "Ashley Judd dio un increíble discurso lleno de fiereza en la marcha por las mujeres. He aquí una transcripción completa", Cosmopolitan (octubre 8, 2017), www.cosmopolitan.com/entertainment/a8625295/ashley-judd-womens-march-speech/.

2. Bruk, "Ashley Judd".

3. Los organizadores, "Nuestra misión", Marcha por las mujeres (2017), www.womensmarch.com/mission/.

4. En Génesis 1:27 Dios declara que tanto el hombre como la mujer fueron hechos a su imagen. En Génesis 16:10 Dios utiliza con Abraham el mismo lenguaje de pacto con Agar, una esclava egipcia. En el antiguo cercano oriente las mujeres eran un poco más que objetos, sin embargo, Dios mandó a los hijos a honrar a sus madres (primeras en la lista) igual que a sus padres (Levítico 19:3). En el Nuevo Testamento, solamente los estudiantes podían sentarse a los pies de un rabino y aun así, ahí se encontraba María, la hermana de Marta, en Lucas 10:38. Jesús rompió los tabúes culturales cuando habló con una mujer en el pozo (Juan 4) y escogió mujeres para ser las primeras testigos de la resurrección (Mateo 28), durante una época en la que el testimonio de una mujer no tenía valor, según Flavio Josefo y el Talmud (Josefo, *Antigüedades de los judíos*, 4.8.15; Talmud, Rose Hashannah 1:8).

5. Kelly Riddell, "A las mujeres pro vida se les prohibió asistir a la marcha por las mujeres contra Trump en Washington", The Washington Times (enero 17, 2017), https://www.washingtontimes.com/news/2017/pro-life-women-banned-anti-trump-womens-march-wash/.

6. Christian Hoff Sommers, *Feminismo de libertad* (Lanham, MD: Rowan & Littlefield, 2013), 10-12.

7. Las creencias del feminismo igualitario y maternal de la primera ola son similares, pero no idénticos con el debate actual de la iglesia entre los modelos igualitario y complementarios del matrimonio.

8. Betty Friedan, *La mística femenina*, edición del 50 aniversario (Nueva York: W.W. Norton, 2013), 337.

9. Friedan, *La mística femenina*, 368.

10. Atribuido a G.K. Chesterton.

11. Por cierto, ¿alguna vez alguien ha visto al patriarcado? ¿En dónde se reúne este club de chicos infames? ¿Quiénes son? Cuando se les preguntó a las mujeres de la marcha que identificaran a este grupo

nefasto, las feministas respondieron con sus mejores impresiones. Véase Summer White, "El feminismo implosiona en la marcha por las mujeres" Video Apologia Studios, YouTube (enero 23, 2017), https://www.youtube.com/watch?v=B5yI42X9-Yw.

12. Algunas personas dicen que estamos en la cuarta o quinta ola, pero el tiempo todavía debe confirmar si se trata de olas separadas o solo ondulaciones de la tercera.

13. Christina Hoff Sommers, *¿Quién se robó el feminismo?* Cómo las mujeres han traicionado a las mujeres (Nueva York: Touchstone, 1995), 25.

14. Christina Hoff Sommers, *Feminismo de hechos*, Youtube, https://www.youtube.com/playlist?list=PLytTJqkSQqtr7BqC1Jf4nv3g2yDfu7Xmd.

15. Caroline Mortimer, "El grupo por los derechos de las mujeres protestaron desnudas contra la cosificación", El independiente (septiembre 22, 2016), https://www.independent.co.uk/news/world/americas/women-naked-nude-female-body-protest-objectification-urbanudismo-argentina-feminism-sexuality-a7323376.html.

16. Hillary Morgan Ferrer, "Así que marchaste por las mujeres este fin de semana? 8 cosas que probablemente no sabías por lo que estabas marchado…" Apologética de Mamá osa (febrero 14, 2018), https://mamabearapologetics.com/marched-women-weekend-8-things-probably-didnt-know-marching/.

17. Cuando digo "píldoras" me refiero a la sobreabundancia de chicos que toman píldoras por déficit de atención. Véase Peg Tyre El problema d los chicos (Nueva York: Harmony, 2009) y Christina Hoff Sommers, *La guerra contra los chicos*, revisada y actualizada (Nueva York: Simon & Schuster, 2015).

18. Según una fuente, este proverbio feminista fue acuñado primeramente por Irmina Dunn, que lo escribió en la pared de un baño en 1970. Jennifer Baumgardner y Amy Richards, *Manifiesto: Jóvenes mujeres, feministas y el futuro*, 10mo aniversario ed. (Nueva York: Farrar, Straus, Giroux, 2010), 41.

19. Aunque me gustaba el programa de Los Simpson, creo que ayudó mucho para abrirle camino a este modelo con toda la bufonería de Homero.

20. Para que quede claro, estoy de acuerdo con esto cuando se trata de ciertos tipos de danza. Cualquier cosa que haga el chico, la mujer debe hacerlo al revés...y con tacones.

21. Christina Hoff Sommers, *La guerra contra los chicos: cómo las políticas desviadas están dañando a nuestros jóvenes varones* (Nueva York: Simon & Schuster, 2013).

22. Para descargar el reporte de la víctima, acceda a "Reporte 1 de los 40 gran jurado investigador a nivel del estado", Pennsylvania Diocese Víctim´s Report (agosto 27, 2018), https://www.attorneygeneral.gov/wp-content/uploads/2018/08/A-Report-of-the-Fortieth-Statewide-Investigating-Grand-Jury_Cleland-Redactions-8-12-08_Redacted.pdf.

23. Emily Badget, "El increíble aumento de las madres solteras en Norteamérica durante los últimos 50 años", The Washington Post (diciembre 18, 2014), https://www.washingtonpost.com/news/wonk/wp/2014/12/18/the-unbelievable-rise-of-single-motherhood-in-america-over-the-last-50-years/?utm_term=16clec4celae.

24. John Ferrer, "Desentrañando la guerra sobre las mujeres" *Intelligent Christian Faith* (agosto 6, 2016), www.intelligentchristianfaith.com/2016/08/06/unwaging-the-war-on-women-2/amp/.

25. Recomiendo el artículo de Sue Bohlin "Criando hijos saludables en cuanto al género" en https://probe.org/raising-gender-healthy-kids/.

Capítulo 15: El cristianismo necesita una transformación

1. Un erudito de influencia en el movimiento progresivo, Pete Enns desarrolló esta idea en su libro *El pecado de la certeza: por qué Dios desea nuestra confianza más que nuestras creencias "correctas"* (Nueva York: HarperOne, 2016).

2. David M. Felten y Jeff Procter-Murphy, *Viviendo las preguntas: sabiduría del cristianismo progresivo* (Toronto, Canada: HarperCollins, 2012), 23-24.

3. J. Gresham Machen, *El cristianismo y el liberalismo* (Grand Rapids, MI: Eerdmans, 2009), 16.

4. Rob Bell, "Todo es espiritual", RobBell.com. YouTube (mayo 1, 2016), https://www.youtube.com/watch?v=JT09JbaEh_1.

5. Anna Skates, "El problema con la pascua: Como (y cómo no) hablar con los niños acerca de la pascua - padres no fundamentalistas". Patheos (abril 12, 2017), http://www.patheos.com/blogs/unfundamentalistparenting/2017/04/trouble-easter-not-talk-kids-easter/.

6. Brian McLaren, *Un nuevo tipo de cristianismo: diez preguntas que están transformando la fe* (Nueva York: HarperCollins, 2010), 103.

7. Felten y Procter-Murphy, *Viviendo las preguntas*, 24.

8. John Pavlovits, "Explicando el cristianismo progresivo (conocido como cristianismo)", *John Pavlovits* (octubre 5, 2016), https://johnpavlovitz.com/2016/10/05/explaining-progressive-christianity-otherwise-known-as-christianity/.

9. Andrew Wilson, *Inquebrantable: Lo que el Hijo de Dios dijo acerca de la palabra de Dios* (Leyland, UK: 10 Publishing, 2014) 9-10.

10. Sam Hailes, "Bart Campolo dice que los cristianos progresivos se convierten en ateos. Quizá tenga razón" Premiere Christianity (septiembre 25, 2017), https://www.premierchristianity.com/Blog/Bart-Campolo-says-progressive-Christians-turn-into-atheists.-Maybe-he-s-right.

Capítulo 16: Cómo recibir toda esta información y rugir como oso

1. Francis Schaeffer, *El Dios que está ahí* (Downers Grove, IL: InterVarsity Press, 1998), 153.

Notas

Notas

 CENTRO DE LITERATURA CRISTIANA

Apreciado lector (a):

Gracias por comprar una edición autorizada de este libro y respetar las leyes de copyright. Cada vez que usted hace una compra, CLC destina recursos para la obra misionera y el trabajo social en el mundo.

Deseamos que este libro le sirva para su crecimiento espiritual. Su opinión es muy importante para nosotros, por favor escríbanos sus comentarios y qué temáticas considera necesarias para publicar a los siguientes correos:

mercadeo@clccolombia.com
contacto@editorialclc.com
editorial@clccolombia.com

Notas

Para Fomentar un hábito de

lectura en tu hogar, sigue estos consejos:

1. Dale importancia a la lectura
y disfruta de ese tiempo con tu familia.

2. Apaga la televisión, por un momento,
o cualquier dispositivo que pueda distraerlos.

3. Lee con tu familia en voz alta al
menos 15 minutos diarios.

4. Lee libros edificantes como: la Biblia,
cuentos infantiles clásicos, biografías, historia, etc.
Tus hijos lo verán y aprenderán de ti.

5. Alterna la lectura: un día puede leer el padre,
otro día el niño, la madre, etc. Hagan preguntas
de comprensión.

6. Destina un espacio en casa para
los libros, creen su propia biblioteca.

7. Visita con tu familia las librerías
cristianas, generales y las bibliotecas
de tu ciudad.

8. Forma parte de un club de
lectura o crea uno.

CLC
EDITORIAL

Para saber más de los libros de Editorial CLC y leer
capítulos de muestra, visite nuestro sitio web:

www.editorialclc.com